セクシュアル・ハラスメント法理の諸展開

山﨑 文夫

セクシュアル・ハラスメント法理の諸展開

学術選書
116
労働法

信山社

序

　最近，わが国で，職場のセクシュアル・ハラスメントに関するモノグラフは少ない。それは，セクハラに関する法理・実務がある程度成熟したことを反映したものであろう。

　わが国のセクシュアル・ハラスメント法理は，女性弁護士等により勝訴が勝ち取られた著名な福岡セクシュアル・ハラスメント事件判決（福岡地判平4・4・16労働判例607号6頁）やニューフジヤホテル事件判決（静岡地沼津支判平2・12・20労働判例580号17頁）以来，被害者の人格権侵害の不法行為や，被害者の雇用保護等に関する民事判例を中心に形成されてきた。

　わが国の男女雇用機会均等法21条（1997年改正）及び現行・同11条（2006年改正）は，この判例の積み重ねを基礎として，判例法理では充分に対応できないセクシュアル・ハラスメント予防や問題解決を補うために，事業主に対するセクシュアル・ハラスメント防止等の措置義務（1997年改正では配慮義務）を規定し，事業主に対して，①セクシュアル・ハラスメントに関する企業方針策定・従業員への周知啓発，②相談窓口設置，③迅速・公正な対応，④関係者のプライバシー保護・不利益取扱禁止の義務を課している。この措置義務は，公法上の義務であり私法的効力を有しないが，行政指導により，企業内のセクシュアル・ハラスメント防止や問題解決に効果を挙げている。

　セクシュアル・ハラスメントという言葉が考案されたのは，1970年代アメリカ合衆国であり，先進諸国等でセクシュアル・ハラスメント法理形成の契機となったのは，セクシュアル・ハラスメントがアメリカ1964年公民権法第7編の性差別に当たるとする1986年ヴィンソン事件アメリカ連邦最高裁判決である。しかし，公民権法などの差別禁止法がないわが国では，セクシュアル・ハラスメント法理形成は，アメリカとは異なった道筋をたどっている。

　一方，アメリカでも，従来から不法行為訴訟や刑事手続も用いられている

序

し，ヴィンソン事件判決以後，連邦最高裁は，その差別法理を発展させ，違法性判断に関する合理的人間基準（1993年），企業内苦情処理手続整備による使用者免責（1998年），同僚・同性間セクシュアル・ハラスメント（1998年），過敏な被害者問題（2001年），報復からの保護（2009年）などに関して判決を下しており，公民権法第7編の第1次的目的は労働者の雇用保護にあり損害賠償は第2次的目的であることを再確認するなど，差別法理は当初のそれとは様相を異にしている。

他方，EUでも，各国がセクシュアル・ハラスメントについて，各国独自の対応を模索した後，セクシュアル・ハラスメントを性差別とする2002年及び2006年の男女均等待遇指令が定められ，加盟各国は，それを国内法化しているが，フランス刑法典のセクシュアル・ハラスメント罪や，イギリスのハラスメント規制法上のハラスメント罪・不法行為類型など，それら以前に定められた各国独自の法令や法理を用いた各国独自の対応は，依然機能している。

わが国が，セクシュアル・ハラスメントを性差別として民事責任や刑事責任等を課する差別禁止法を制定するか否かは，今後の課題であるが，差別禁止法が制定されたとしても，これまで形成されてきたわが国独自の法理は残るのである。人格権侵害の不法行為等の法理で対応できる部分と，差別法理で対応できる部分は異なり，差別法理だけが万能というわけではない。筆者は，わが国独自の法理がもっと評価されていいのではないかと思っているが，性差別禁止法制定によるセクシュアル・ハラスメント規制は今後の課題である。

また，これとは別に，現在のわが国では，個別事案に応じた加害者への適正な懲戒処分，セクシュアル・ハラスメント被害者への労災補償適用，被害者等への報復規制，セクシュアル・ハラスメント罪制定による刑事規制等の問題が浮上している。

本書は，筆者が，旧著『改訂版　セクシュアル・ハラスメントの法理～職場におけるセクシュアル・ハラスメントに関するフランス・イギリス・アメリカ・日本の比較法的検討』（労働法令，2004年刊）刊行以前より研究を進め

てきた，セクシュアル・ハラスメントと差別法理の関係，過敏な被害者問題，セクシュアル・ハラスメントとジェンダーハラスメントの峻別問題，セクシュアル・ハラスメントと女性に対する暴力概念の関係等に関わる理論的な問題と，それらにも関連する，上記懲戒処分，労災補償，報復禁止，セクシュアル・ハラスメント罪制定など，現在筆者が，研究に取り組んでいる問題について，筆者の考えを提示するものである。

本書の出版をこころよく引き受けてくれた信山社と，同社の稲葉文子氏に感謝いたします。

2013年　雪のかぶった浅間山を遠望できる早春の研究室にて

山﨑 文夫

本書の刊行については，平成国際大学より，2013年度平成国際大学出版助成金の助成を受けている。堂ノ本眞学長，高乗正臣副学長，溝呂木健一法学部長ほか，先輩・同僚の教職員の方々に感謝いたします。

目　次

序

第1部　セクシュアル・ハラスメントと法的アプローチ

第1章　2006年均等法改正とセクシュアル・ハラスメント …… 3
　　は じ め に …………………………………………………………… 3
　　第1節　2006年改正均等法上のセクシュアル・ハラスメント
　　　　　　概念 ………………………………………………………… 4
　　第2節　事業主の雇用管理上の措置義務 ……………………… 16
　　第3節　企業名公表・過料及び紛争解決援助 ………………… 27
　　む す び ……………………………………………………………… 30

第2章　セクシュアル・ハラスメントと過敏な被害者問題 …… 33
　　は じ め に …………………………………………………………… 33
　　第1節　アメリカにおける過敏な被害者問題 ………………… 34
　　第2節　わが国における過敏な被害者問題 …………………… 42
　　む す び ……………………………………………………………… 51

第3章　ジェンダー・ハラスメントの法理 ……………………… 53
　　は じ め に …………………………………………………………… 53
　　第1節　アメリカにおけるジェンダー・ハラスメントの法理 …… 56
　　第2節　イギリスにおけるジェンダー・ハラスメントの法理 …… 62
　　第3節　フランスにおけるジェンダー・ハラスメントの法理 …… 65
　　第4節　わが国におけるジェンダー・ハラスメントの法理 ……… 66
　　む す び ……………………………………………………………… 78

第4章　セクシュアル・ハラスメントと性差別 ………………… 81
　　は じ め に …………………………………………………………… 81
　　第1節　EUにおけるセクシュアル・ハラスメントと差別法理 …… 83

目　次

　　　第 2 節　EU 指令とフランス国内法……………………………………85
　　　む　す　び………………………………………………………………95
　　　翻訳資料　共同体法差別禁止分野への適合規定を定める
　　　　　　　　2008 年 5 月 27 日の法律……………………………………98

第 5 章　セクシュアル・ハラスメントと女性に対する暴力概念………105
　　　は じ め に………………………………………………………………105
　　　第 1 節　国連における女性に対する暴力とセクシュアル・
　　　　　　　ハラスメント…………………………………………………107
　　　第 2 節　EU 及びフランスにおける女性に対する暴力と
　　　　　　　セクシュアル・ハラスメント………………………………114
　　　第 3 節　わが国における女性に対する暴力とセクシュアル・
　　　　　　　ハラスメント…………………………………………………121
　　　む　す　び………………………………………………………………124

第 2 部　セクシュアル・ハラスメントに関する最近の法的諸問題

第 6 章　セクシュアル・ハラスメントと懲戒処分…………………………129
　　　は じ め に………………………………………………………………129
　　　第 1 節　セクシュアル・ハラスメントと法規制……………………129
　　　第 2 節　セクシュアル・ハラスメントと懲戒処分の基準…………130
　　　第 3 節　セクシュアル・ハラスメントと管理監督責任………………133

第 7 章　セクシュアル・ハラスメントと労災補償…………………………135
　　　は じ め に………………………………………………………………135
　　　第 1 節　アメリカの労災補償……………………………………………135
　　　第 2 節　わが国の労災補償………………………………………………147
　　　む　す　び………………………………………………………………160

第 8 章　セクシュアル・ハラスメントと報復禁止…………………………161

　　　　　　　　　　　　　　　　　　　　　　　　　　目　次

　　はじめに……………………………………………………………… *161*
　　第 1 節　わが国の報復禁止法制………………………………… *161*
　　第 2 節　EU 諸国の報復禁止規定………………………………… *165*
　　第 3 節　アメリカの報復禁止規定……………………………… *168*
　　む　す　び…………………………………………………………… *178*

第 9 章　フランスのセクシュアル・ハラスメント罪と罪刑法定主義… *181*
　　はじめに……………………………………………………………… *181*
　　第 1 節　刑法典セクシュアル・ハラスメント罪……………… *182*
　　第 2 節　憲法院セクシュアル・ハラスメント罪違憲判決……… *183*
　　第 3 節　セクシュアル・ハラスメントに関する
　　　　　　 2012 年 8 月 6 日の法律………………………………… *187*
　　む　す　び…………………………………………………………… *192*
　　翻訳資料　セクシュアル・ハラスメントに関する
　　　　　　　2012 年 8 月 6 日の法律及び司法大臣通達………… *194*

第 10 章　台湾のセクシュアル・ハラスメント罪……………………… *223*
　　はじめに……………………………………………………………… *223*
　　第 1 節　性騒擾罪………………………………………………… *224*
　　第 2 節　わが国とセクシュアル・ハラスメント罪……………… *226*

結　語……………………………………………………………………… *229*

事項索引（*231*）

セクシュアル・ハラスメント法理の諸展開

第1部
セクシュアル・ハラスメントと法的アプローチ

第1章　2006年均等法改正と
　　　　セクシュアル・ハラスメント

はじめに

　わが国では，セクシュアル・ハラスメントに関する初期の民事判例である著名なニューフジヤホテル事件判決（静岡地沼津支判平2・12・20労判580号17頁）や福岡セクシュアル・ハラスメント事件判決（福岡地判平4・4・16労判607号6頁）が下されてからかなりの年月が経過した。また，最高裁判決を含めて数百件を超える不法行為等の民事判例が蓄積され，民事判例中心というわが国独自のセクシュアル・ハラスメント法理が形成されている。しかも，1997年改正（1999年施行）の男女雇用機会均等法21条により，事業主（使用者）のセクシュアル・ハラスメント防止の配慮義務が規定され，これを根拠として，各企業に対して強力な行政指導が行われてきたところである[1]。

　この民事判例法理と均等法21条の配慮義務の関係については，従来から学説において論じられてきたところであるが，2006年6月には再度均等法が改正され，21条が改正されて11条となり，2007年4月1日から施行されている。2006年改正均等法のセクシュアル・ハラスメントに関する主な改正点は，①女性のみならず男性に対するセクシュアル・ハラスメントも同法の対象となったこと（11条），②職場におけるセクシュアル・ハラスメント対策として事業主に指針で定める雇用管理上必要な具体的措置を講ずることを義務づけたこと（同），③事業主が厚生労働大臣の是正指導に応じない場

---

[1] 2006年均等法改正前までのセクシュアル・ハラスメントに関するわが国の法的状況については，拙著『改訂版セクシュアル・ハラスメントの法理〜職場におけるセクシュアル・ハラスメントに関するフランス・イギリス・アメリカ・日本の比較法的検討』（労働法令・2004年）219頁以下等を参照。

第1部　セクシュアル・ハラスメントと法的アプローチ

合の同大臣による企業名公表の対象にセクシュアル・ハラスメントが追加されたこと（30条），④同大臣による事業主に対するセクシュアル・ハラスメントに関する報告徴収に対して報告をしなかった者や虚偽の報告をした者に対して過料（20万円）の罰則が設けられたこと（33条），⑤セクシュアル・ハラスメントに関する事業主と労働者間の紛争が紛争調整委員会の調停の対象に追加されたこと（16条以下），である[2]。

本章は，セクシュアル・ハラスメントに関する2006年均等法改正の内容を検討し，その法的な意義及び到達点と，問題点を検討するものである。

第1節　2006年改正均等法上の
　　　　セクシュアル・ハラスメント概念

1　男女共通のセクシュアル・ハラスメント概念

2006年改正均等法により，均等法上女性のみならず男性に対するセクシュアル・ハラスメントも同法の規制対象となった。すなわち，改正均等法は，「（職場における性的な言動に起因する問題に関する雇用管理上の措置）第11条　事業主は，職場において行われる性的な言動に対するその雇用する労働者の対応により当該労働者がその労働条件につき不利益を受け，又は当該性的な言動により当該労働者の就業環境が害されることのないよう，当該労働者からの相談に応じ，適切に対応するために必要な体制の整備その他の雇用管理上必要な措置を講じなければならない。」と規定している。

このことは，均等法自体が，改正前の女性労働者のみを保護の対象とする法律から，男女労働者双方に対する性差別を禁止する法律となったことによるものである。すなわち，改正均等法は，「（基本的理念）第2条　この法律においては，労働者が性別により差別されることなく，また，女性労働者にあっては母性を尊重されつつ，充実した職業生活を営むことができるように

---

[2]　パンフレット「男女雇用機会均等法が変わります!!～平成19年4月1日スタート」（厚生労働省雇用均等・児童家庭局，都道府県労働局（雇用均等室）・平成18年7月）。

することをその基本理念とする。／2　事業主並びに国及び地方公共団体は，前項に規定する基本的理念に従って，労働者の職業生活の充実が図られるように努めなければならない。」と規定したのである。

　1985年均等法制定に関わる審議以来，男女平等を目指す観点から，女性労働者のみを保護の対象とする均等法の片面性については，学説の批判があったところであり[3]，均等法がセクシュアル・ハラスメントについて女性労働者のみを保護の対象とすることについても批判があり（国家公務員のセクシュアル・ハラスメントに関する人事院規則10-10は，男女を問わず保護の対象としている），また，男性労働者が被害者となるいわゆる逆セクシュアル・ハラスメントや男女双方の同性間セクシュアル・ハラスメントの事案が少数ながら判例にあらわれていたところである[4]。今回の改正により，これらの点が改められたのであるが，改正法施行に関する通達「改正雇用の分野における男女の均等な機会及び待遇の確保等に関する法律の施行について（平成18・10・11雇児発第1011002号）」（以下「新通達」という）は，この点について，「1　職場における性的な言動に起因する問題に関する雇用管理上の措置（法第11条）／(1)職場におけるセクシュアルハラスメントは，労働者の個人としての尊厳を不当に傷つけ，能力の有効な発揮を妨げるとともに，企業にとっても職場秩序や業務の遂行を阻害し，社会的評価に影響を与える行為であり，社会的に許されない行為であることはいうまでもない。特に，職場におけるセクシュアルハラスメントは，いったん発生すると，被害者に加え行為者も退職に至る場合がある等双方にとって取り返しのつかない損失を被ることが

---

[3]　笹沼朋子「募集・採用差別」（日本労働法学会編・講座21世紀の労働法第6巻『労働者の人格と平等』有斐閣，2000年）216頁。
[4]　林弘子「書評・山﨑文夫『セクシュアル・ハラスメントの法理』」日本労働研究雑誌490号71頁，浅倉むつ子『均等法の新世界～二重基準から共通基準へ』有斐閣，1999年，98頁以下，前掲拙著20頁以下。逆セクシュアル・ハラスメントや同性間セクシュアル・ハラスメントに関するわが国の法的状況については，前掲拙著405頁以下を参照。中野麻美「セクハラ防止対策Q&A(上)」労務事情1107号12頁は，女性労働者の露出度の高い服装や香水の強い香りは均等法上の環境型セクシュアル・ハラスメントに該当するとする。

第1部　セクシュアル・ハラスメントと法的アプローチ

多く，被害者にとって，事後に裁判に訴えることは，躊躇せざるを得ない面があることを考えると，未然の防止対策が重要である。／また，近年，女性労働者に対するセクシュアルハラスメントに加え，男性労働者に対するセクシュアルハラスメントの事案もみられるようになってきたところである。／こうしたことから，法第11条第1項は，職場におけるセクシュアルハラスメントの対象を男女労働者とするとともに，その防止のため，当該労働者からの相談に応じ，適切に対応するために必要な体制の整備その他の雇用管理上必要な措置を講ずることを事業主に義務付けることとしたものである。」としている。

　改正前の旧指針（事業主が職場における性的な言動に起因する問題に関して雇用管理上配慮すべき事項についての指針（平成10・3・13労働省告示第20号））は，「1　はじめに」において，「雇用の分野における男女の均等な機会及び待遇の確保を図るためには，職場において行われる性的な言動に対する女性労働者の対応により当該女性労働者がその労働条件につき不利益を受け，又は当該性的な言動により女性労働者の就業環境が害されること（以下「職場におけるセクシュアルハラスメント」という。）がないようにすることが必要である。／しかしながら，現状では，職場におけるセクシュアルハラスメントの内容についての事業主や労働者の理解が十分ではなく，また，その防止のための措置を講じている事業主が少ない状況にある。また，職場におけるセクシュアルハラスメントに係る状況等が多様であることから，事業主が職場におけるセクシュアルハラスメントが生じないよう雇用管理上配慮するに当たっては，その状況等に応じて最も適切な措置を講ずることが重要である。／この指針は，こうしたことを踏まえて，職場におけるセクシュアルハラスメントの内容を示すとともに，事業主が雇用管理上配慮すべき事項を定めるものである。」としていた。また，改正前の旧通達（雇用の分野における男女の均等な機会及び待遇の確保等に関する法律の施行について（平成10・6・11女発第168号））も，「第3　女性労働者の就業に関して配慮すべき措置（法第3章）」において，「本章は雇用の分野における男女の均等な機会及び待遇の確保のための前提条件を整備する観点から，女性労働者の就業に関して配慮すべき措

置を規定したものであって，第2章の規定と相まって女性労働者の職業生活の充実を図ることを目的としているものであること。／1　職場における性的な言動に起因する問題に関する雇用管理上の措置（法第21条）／(1)職場におけるセクシュアルハラスメントは，女性労働者の個人としての尊厳を不当に傷つけ，能力の有効な発揮を妨げるとともに，企業にとっても職場秩序や業務の遂行を阻害し，社会的評価に影響を与える行為であり，社会的に許されない行為であることはいうまでもない。特に，職場におけるセクシュアルハラスメントは，いったん発生すると，被害者に加え行為者も退職に至る場合がある等双方にとって取り返しのつかない損失を被ることが多い。また，被害者にとって，事後に裁判に訴えることは，躊躇せざるを得ない面がある。／こうしたことを考えると，職場におけるセクシュアルハラスメントに対しては，未然の防止対策こそが重要である。／このため，法第21条第1項は，職場におけるセクシュアルハラスメントを『職場において行われる性的な言動に対するその雇用する女性労働者の対応により当該女性労働者がその労働条件につき不利益を受け，又は当該性的な言動により当該女性労働者の就業環境が害されること』と規定するとともに，その防止について雇用管理上必要な配慮を事業主に義務づけることとしたものである」としていた。これらの内容と，前記新指針・通達の内容とを比べると，男女雇用平等の観点からは，均等法21条制定からわずか9年で隔世の感がある変化といわざるを得ない。

2　均等法上のセクシュアル・ハラスメント概念と違法性

　女性のみならず男性に対するセクシュアル・ハラスメントも均等法の対象となったことに伴い，セクシュアル・ハラスメントの定義は，改正均等法11条2項に基づく「事業主が職場における性的な言動に起因する問題に関して雇用管理上講ずべき措置についての指針（平成18・10・11厚生労働省告示第615号，平成19・4・1適用）」（以下「新指針」という）により，「2　職場におけるセクシュアルハラスメントの内容／(1)職場におけるセクシュアルハラスメントには，職場において行われる性的な言動に対する労働者の対応に

第1部　セクシュアル・ハラスメントと法的アプローチ

より当該労働者がその労働条件につき不利益を受けるもの（以下『対価型セクシュアルハラスメント』という。）と，性的な言動により労働者の就業環境が害されるもの（以下『環境型セクシュアルハラスメント』という。）がある。……／(5)『対価型セクシュアルハラスメント』とは，職場において行われる労働者の意に反する性的な言動に対する労働者の対応により，当該労働者が解雇，降格，減給等の不利益を受けること……／(6)『環境型セクシュアルハラスメント』とは，職場において行われる労働者の意に反する性的な言動により労働者の就業環境が不快なものとなったため，能力の発揮に重大な悪影響が生じる等当該労働者が就業する上で看過できない程度の支障が生じること」とされている。

これらの点については，「女性労働者」が「労働者」となり，「労働者」には正社員のほかにパートタイム労働者や契約社員等の非正規労働者及び派遣労働者（労働者派遣法47条の2）が含まれることが明記された以外は，「職場」及び「性的言動」の定義とともに，法改正前後で変更はない。

しかし，均等法上のセクシュアル・ハラスメント概念に該当するか否かを判断するための基準については，新通達は，「『性的な言動』及び『就業環境が害される』の判断基準／『労働者の意に反する性的な言動』及び『就業環境が害される』の判断に当たっては，労働者の主観を重視しつつも，事業主の防止のための措置義務の対象となることを考えると一定の客観性が必要である。具体的には，セクシュアルハラスメントが，男女の認識の違いにより生じている面があることを考慮すると，被害を受けた労働者が女性である場合には『平均的な女性労働者の感じ方』を基準とし，被害を受けた労働者が男性である場合には『平均的な男性労働者の感じ方』を基準とすることが適当であること。／ただし，労働者が明確に意に反することを示しているにも関わらず，さらに行われる性的言動は職場におけるセクシュアルハラスメントと解され得るものである」としている。これは，旧通達（女発第168号）が，「㊄『性的な言動』及び『就業環境が害される』の判断基準／『女性労働者の意に反する性的な言動』及び『就業環境が害される』の判断に当たっては，女性労働者の主観を重視しつつも，事業主の防止のための配慮義務の対象と

8

第1章　2006年均等法改正とセクシュアル・ハラスメント

なることを考えると一定の客観性が必要である。具体的には、セクシュアルハラスメントが、男女の認識の違いにより生じている面があることを考慮すると、『平均的な女性労働者の感じ方』を基準とすることが適当であること。／ただし、女性労働者が明確に意に反することを示しているにも関わらず、さらに行われる性的言動は職場におけるセクシュアルハラスメントと解されうるものである」としていたことと比べると、大きな変更である。

　この点について、新通達は、旧通達のいわゆる「合理的女性基準」から、「合理的男性基準」及び「合理的女性基準」の双方を採用し、合理的な人間（一般人）基準を採用しなかった形だが、これは、わが国の均等法が行政指導の根拠規定として制定されていることと関連がある[5]。すなわち、均等法のセクシュアル・ハラスメントの定義は、事業主には企業における服務規律上の概念を示すものに過ぎず[6]、改正均等法11条は、事業主に対して、セクシュアル・ハラスメントに対応するための措置義務（労働者からの相談に応じ、適切に対応するために必要な体制の整備その他の雇用管理上必要な措置を講じる義務）を課するものであり、同義務は、事業主が国に対して負う公法上の義務である[7]。同義務には、後述のように、事業主が厚生労働大臣（都道府県労働局長）の是正指導に応じない場合の企業名公表という制裁（30条）と、同大臣（同）によりセクシュアル・ハラスメントについて均等法の施行に関し報告を求められたことに対して報告をせず又は虚偽の報告をした場合に20万円以下の過料に処せられるという制裁があるが（33条）、同義務は、それ以外は、行政指導の根拠となるに過ぎない。均等法11条は、事業主に対して、セクシュアル・ハラスメント防止に関して指針に定められた具体的対応を求めるものであり、同法のセクシュアル・ハラスメント概念は、それに抵触する具体的行為の違法性を定めるものではない。前記新指針は、旧指針

---

[5]　日本の均等法が、行政指導の根拠規定として制定されていることに大きな問題点があることについては、神尾真知子「均等法における『性差別禁止』の広がりと深化〜男女双方に対する性差別禁止と間接差別」季刊労働法214号100頁以下を参照。

[6]　前掲拙著344頁以下。

[7]　措置義務の法的性質は、法改正前の配慮義務と類似のものと思われるが、均等法の配慮義務の法的性質については、前掲拙著356頁以下を参照。

第1部　セクシュアル・ハラスメントと法的アプローチ

と同様に，「相談窓口においては，職場におけるセクシュアルハラスメントが現実に生じている場合だけではなく，その発生のおそれがある場合や，職場におけるセクシュアルハラスメントに該当するか否か微妙な場合であっても，広く相談に対応し，適切な対応を行うようにすること。」としており，事実上，均等法上のセクシュアル・ハラスメント概念は，企業実務においては，かなり幅広い範囲の行為を捉えるものとならざるを得ない。

　アメリカ合衆国，イギリス，フランスなどでは，セクシュアル・ハラスメント概念は，違法性判断のための概念である。たとえば，アメリカでは，1964年公民権法第7篇に関して，損害賠償責任等に関わってセクシュアル・ハラスメント概念が問題となるが，1993年のハリス対フォークリフトシステムズ事件連邦最高裁判決及び1998年のオンクル事件連邦最高裁判決は，違法性判断の基準として合理的女性基準を否定して合理的人間基準を採用しており，フランス刑法典セクシュアル・ハラスメント罪やわが国の不法行為判例においては，一般人（平均人）の基準が採用されている。合理的人間や一般人の基準からみて適法な行為を不合理に非難する過敏な人間は法的に保護されないのである[8]。

　わが国では，前述のように不法行為を中心とする民事判例が蓄積されており，これに基づいてセクシュアル・ハラスメントに関する違法性の判断基準も徐々に明らかになってきているところである。すなわち，わが国の不法行為判例は，不法行為成立について保護される権利・利益と侵害の態様を相関的に考量する相関関係説をとっており，①強制わいせつなどの刑罰法規違反の行為は，それ自体違法な不法行為と判断され，②それ以外の行為は，行為者と相手方の職務上の地位・関係，当該言動の行われた場所・時間，行為の態様，被害者の対応等の諸般の事情を総合的に考慮して，行為が社会通念上許容される限度を超えたり，社会的見地から不相当とされるときは，人格権侵害として違法と判断され，③個々の行為はそれ自体違法性を有しないもの

---

(8)　詳しくは，前掲拙著407頁以下及び Mark Bell: A Patchwork Protection: The New Anti-discrimination Law Framework, The Modern Law Review, May 2004, vol.67, p.471; Julian Yew: A New Dawn？, New Law Journal,8 August 2003, p.1227. を参照。

第 1 章　2006 年均等法改正とセクシュアル・ハラスメント

でも，被害者が抗議したり回避行動をとるなど反対の意思を明確に表していたにもかかわらず繰り返したり，相手の気持ちを理解する立場にある者が執拗に尋ねるなどしたときは違法と判断されている。さらに，現在では，判例法理の成熟による判断基準の明確化の反面として，ごく軽微なセクシュアル・ハラスメントに関する損害賠償請求訴訟における原告敗訴例や，ごく軽微なセクシュアル・ハラスメントを理由とする就労拒否による解雇等の雇用喪失例が，判例に現れており，アメリカ同様に，法的保護の対象とならない「ハイパーセンシティブ・ビクティム（過敏な被害者）問題」が発生している(9)。

このハイパーセンシティブ・ビクティム問題はセクシュアル・ハラスメント事案に限られるものではないが，セクシュアル・ハラスメントについては，大変広範であいまいな均等法上のセクシュアル・ハラスメント概念がその問題発生の一因となっているふしがないでもないところから，均等法の対応が望まれるところである。

新通達は，旧通達同様，「イ　職場におけるセクシュアルハラスメントの内容／指針 2『職場におけるセクシュアルハラスメントの内容』」においては，事業主が，雇用管理上防止すべき対象としての職場におけるセクシュアルハラスメントの内容を明らかにするために，その概念の内容を示すとともに，

---

(9)　過敏な被害者問題については，本書第 2 章及び拙稿「セクシュアル・ハラスメント法とハイパーセンシティブ・ビクティム問題」国士舘法学 37 号 41 頁以下を参照。イギリスでは，2003 年以降，差別からの完全な保護のためにはハラスメントからの保護を含まなければならないという確立した事実認識から，セクシュアル・ハラスメント及びハラスメントを差別の一形態とみなす EU2002 年平等取扱指令等に国内法を適合させるための法改正により，すべてのハラスメントに統一的アプローチがとられており，この問題は人種ハラスメント（racial harassment）や宗教ハラスメント（religious harassment）などの他のハラスメントにも生じる問題であることについては，Lucy Vickers: Is All Harassment Equal? The Case of Religious Harassment, The Cambridge Law Journal, November 2006, vol.65, pp.580 et s.; M. Bell, ibid. を参照。ドイツでも EU 指令を国内法化してセクシュアル・ハラスメント及びハラスメントを差別とする一般平等待遇法が制定されたことについては，斉藤純子「ドイツにおける EU 平等待遇指令の国内法化と一般平等待遇法の制定」外国の立法 230 号 91 頁以下参照。

第1部　セクシュアル・ハラスメントと法的アプローチ

典型例を挙げたものである。/また，事実上，職場におけるセクシュアルハラスメントの状況は多様であり，その判断に当たっては，個別の状況を斟酌する必要があることに留意すること。/なお，法及び指針は，あくまで職場におけるセクシュアルハラスメントが発生しないよう防止することを目的とするものであり，個々のケースが厳密に職場におけるセクシュアルハラスメントに該当するか否かを問題とするものではないので，この点に注意すること。」としており，セクシュアル・ハラスメントの有無の判断に当たっての注意を促しているが，これは，均等法上のセクシュアル・ハラスメント概念を念頭に置いたものであり，不法行為訴訟等におけるセクシュアル・ハラスメント概念との関連性・整合性にも注意を促すものではない。裁判等の権力的な手法により紛争を解決するとすれば，いわゆる人権侵害の範囲が明確であることは，法治国家として当然必要であり[10]，セクシュアル・ハラスメントについても，その法的理解の確立と無用の混乱回避のためには，不法行為訴訟等におけるセクシュアル・ハラスメント概念と均等法上の概念との関連性・整合性にも注意を促すことは必要であろう。

　これに関して，判例にも，言動が行われた具体的状況や脈絡と離れた言葉や発言の評価に関して，所長らが原告女性労働者に被告財団の財務状況や年齢のことを述べたことが窺われ，原告は，その当時，他の客室係に対し，所長らから「40を過ぎれば女でない」と言われたと告げていることが認められるが，原告に対し述べた言葉が正確に再現されているか否か，正確に伝えられたか否かについては，必ずしも明らかとはいえず，また，どのようなやりとりの中で発言された言葉であるかも不明であり，発言の正確な内容や，発言のあった具体的状況が明らかでない限り，直ちに原告に対する不法行為を構成するとはいえないとした例がある（日本クリスチャン・アカデミー事件・大阪地判平18・6・29労経速1947号9頁）。また，加害者とされる者の言動の懲戒処分事由該当性については，被告男性労働者が女性労働者Dに対して話したと認めている「Dちゃん」，「ちょっと，お姉さん」などという事

---

[10]　富田善範「明日への指針～人権擁護行政の課題」民事法情報243号1頁。

第1章　2006年均等法改正とセクシュアル・ハラスメント

実だけでは，それが職場における呼びかけとして適切なものであったか否かは別としても，懲戒事由のひとつであると認めることはできないとした例があり（X社事件・宇都宮地判平18・8・28労経速1947号19頁），懲戒処分の相当性についても，男性管理職が，①女性職員に対して夫との関係などを尋ねたりしたこと，「とっちゃん」と呼んだこと，身体的特徴を指摘したこと，②他の女性職員に対し身体的特徴を指摘したこと，③他の女性職員に対して服装等について指摘したこと，④他の女性職員に対して毛深い場所についての発言をしたことについては，セクシュアル・ハラスメントに当たると認められるが，原告に対し，これまで何らの注意処分を経ることなく，いきなり，減給10分の1を1カ月という懲戒処分を加えることは，原告の言動に対して想定される処分に照らすと，原告に反省の態度が見られないことを考えても，重すぎる処分というべきであり，懲戒権者の裁量を逸脱したものといわざるを得ないとした例もある（X市事件・大阪地判平18・4・26労経速1946号3頁）。さらに，管理職の職務遂行の相当性については，浴室内において女性管理職が私服を着用している男性労働者に声をかけたという事案について，女性管理職が，労務や庁舎管理の責任を有する総務課の課長代理として，防犯パトロールの一環として浴室の状況を確認するために扉を開けたものであり，その際，浴室内に人がいるとは考えなかったためノックをしないで開けたに過ぎず，2回目に扉を開けた際も，通常の勤務時間中に浴室が使用された形跡が認められたことから，服務管理の観点から，再度浴室の状況を確認しようとしたものであって，その際には，浴室の扉が「空室」となっていることを確認し，ノックをした上で扉を開けており，また，その際，浴室内で女性管理職が男性労働者にとった行動も，勤務時間内かどうかを確認するために話しかけたにすぎず，目的も正当であり，そのために必要な範囲の質問をしたにすぎず，女性管理職の一連の行為は国家賠償法上の違法又は雇用契約上の義務違反といえるセクシュアル・ハラスメントに当たらないことは明らかであるとした例もある（日本郵政公社（近畿郵政局）事件・大阪高判平17・6・7労判908号72頁）。

第1部　セクシュアル・ハラスメントと法的アプローチ

3　セクシュアル・ハラスメントとジェンダー・ハラスメント

　均等法上のセクシュアル・ハラスメント概念には，性的性質又は目的を有する言動のみが含まれ，労働者の性別を理由とするハラスメントであるいわゆるジェンダー・ハラスメントは含まれない。均等法改正に関わる労働政策審議会雇用均等分科会の審議においては，セクシュアル・ハラスメントの定義にジェンダー・ハラスメントも含めるべきであるとの意見が出される一方で，セクシュアル・ハラスメントの定義にジェンダー・ハラスメントも含めると本来のセクシュアル・ハラスメントの定義自体が不明確になるので反対であるとの意見が出されていたが（「労働政策審議会雇用均等分科会における審議状況（平成17年7月）」），新通達は，旧通達同様，「性的な言動／指針2(4)は『性的な言動』の内容と例示を示したものであること。『性的な言動』に該当するためには，その言動が性的性質を有することが必要であること。／したがって，例えば，女性労働者のみに『お茶くみ』等を行わせること自体は性的な言動に該当しないが，固定的な性別役割分担意識に係る問題，あるいは配置に係る女性差別の問題としてとらえることが適当である」としている。

　なお，新旧通達とも，ジェンダー・ハラスメントを「固定的な性別分担意識に係る問題」として捉えており，同様に「性別役割分担意識に基づく言動」と捉える見解がないではないが，アメリカにおいては，1964年公民権法第7篇の性差別に関わる問題として，有能な部下の女性を職場から追い出すために郵便物配布を故意に遅らせるなどの非性的な仕事妨害行為がジェンダー・ハラスメント事案として判例に現れており，EU，イギリス，フランス，ドイツにおいても，性別を理由とする非性的な言動がジェンダー・ハラスメントを意味するハラスメント（EU，イギリス，ドイツ）やモラル・ハラスメント（フランス）に当たるとされている。これらの国や国際機構においては，セクシュアル・ハラスメント概念とジェンダー・ハラスメント概念は峻別され，両者については別個の法理構成と立法化が図られているのである。わが国においてみられる，女性労働者のみに対して反復的にお茶くみ等を行わせることは，改正均等法6条1号の配置における性別を理由とする差別的

取扱いとして禁止されており（新指針），代表取締役による「女性は結婚後，家庭に入るべきという考え」による女性労働者の結婚を契機とする退職勧奨（ダイヤモンド・ピー・アール・センター事件・東京地判平17・10・21労経速1918号25頁）も，改正均等法6条4号の退職の勧奨における性別を理由とする差別的取扱いとして禁止されており，これらの事案は，いずれも性別役割分担意識に基づく言動であるといえるが，法的には，ジェンダー・ハラスメントは労働者の性別を理由とするハラスメントであり，性別役割分担意識に基づく言動に限定されるものではない。今後のわが国におけるジェンダー・ハラスメントに関する議論においては，性別役割分担意識にこだわらず，ジェンダー・ハラスメントを労働者の性別を理由とするハラスメントとして広く捉えて議論する必要がある。また，わが国においても，ジェンダー・ハラスメントの概念・法理形成は，セクシュアル・ハラスメントの概念・法理とは別個に行われるべき問題であり，その場合，セクシュアル・ハラスメントと同様に，概念を明確化し，違法性を中心に，法理形成を図る必要があることはいうまでもないところである[11]。

　従来，わが国では，均等法上，ジェンダー・ハラスメントは，セクシュアル・ハラスメントには含まれないが，いわゆる「グレーゾーン」の問題と呼ばれ，セクシュアル・ハラスメントの原因あるいは関連する問題として，セクシュアル・ハラスメント防止のために一定の配慮の対象としてとらえることが必要であるとされてきたが（「職場におけるセクシュアル・ハラスメントに関する調査研究会報告書」労働省・平成9年12月），このような理解は，異なる問題を混同するものであり，それぞれの問題解決を見えにくくするものであろう。人事院規則10-10は，ジェンダー・ハラスメントを含めてセクシュアル・ハラスメントを定義しているが（「人事院規則10-10（セクシュア

---

(11) ジェンダー・ハラスメントの法理については，本書第3章及び拙稿「ジェンダー・ハラスメントの法理」法律論叢78巻2・3合併号171頁以下を参照。ドイツ法については，斎藤純子前掲論文93頁以下（同氏訳・2006年8月14日法を含む）を参照。女性を職場のライバルとしてハラスメントする男性がいることを強調するものとして，Vicki Schultz: Life's Work, Columbia Law Review, 2000, vol.100, p.1898. がある。

第1部　セクシュアル・ハラスメントと法的アプローチ

ル・ハラスメントの防止等）の運用について（通知）（職福－442　平成10年11月13日人事院事務総長）」），このような定義は，両者を混同するものであり，早急に変更される必要がある。

第2節　事業主の雇用管理上の措置義務

1　雇用管理上の措置義務の内容

　改正均等法11条は，「（職場における性的な言動に起因する問題に関する雇用管理上の措置）第11条　事業主は，職場において行われる性的な言動に対するその雇用する労働者の対応により当該労働者がその労働条件につき不利益を受け，又は当該性的な言動により当該労働者の就業環境が害されることのないよう，当該労働者からの相談に応じ，適切に対応するために必要な体制の整備その他の雇用管理上必要な措置を講じなければならない。／2　厚生労働大臣は，前項の規定に基づき事業主が講ずべき措置に関して，その適切かつ有効な実施を図るために必要な指針（……）を定めるものとする。……」と規定し，使用者のセクシュアル・ハラスメント防止に関する雇用管理上の措置義務を定めている。

　新指針は，事業主の措置義務の内容を詳細かつ具体的に規定している。すなわち，新指針は，事業主に対して，旧指針同様，①セクシュアル・ハラスメント禁止の企業方針の策定・従業員への周知・啓発の一般的防止策の実施，②相談窓口設置等のセクシュアル・ハラスメント未然予防施策実施，③セクシュアル・ハラスメント発生の際の迅速・公正な事業主の対応，④関係者のプライバシー保護及び不利益取扱禁止の措置を求めるものであるが，以下のように，旧指針より事業主の義務の内容をより詳しく具体的に定めるとともに，例示を増やしている。

①　セクシュアル・ハラスメント禁止の企業方針の策定・従業員への周知・啓発

「3　事業主が職場における性的な言動に起因する問題に関し雇用管理上

講ずべき措置の内容／事業主は，職場におけるセクシュアルハラスメントを防止するため，雇用管理上次の措置を講じなければならない。／(1)事業主の方針の明確化及びその周知・啓発／事業主は，職場におけるセクシュアルハラスメントに関する方針の明確化，労働者に対するその方針の周知・啓発として，次の措置を講じなければならない。／なお，周知・啓発をするに当たっては，職場におけるセクシュアルハラスメントの防止の効果を高めるため，その発生の原因や背景について労働者の理解を深めることが重要である。／イ　職場におけるセクシュアルハラスメントの内容及び職場におけるセクシュアルハラスメントがあってはならない旨の方針を明確化し，管理・監督者を含む労働者に周知・啓発すること。(方針を明確化し，労働者に周知・啓発していると認められる例)①就業規則その他の職場における服務規律等を定めた文書において，職場におけるセクシュアルハラスメントがあってはならない旨の方針を規定し，職場におけるセクシュアルハラスメントの内容と併せ，労働者に周知・啓発すること。②社内報，パンフレット，社内ホームページ等広報又は啓発のための資料等に職場におけるセクシュアルハラスメントの内容及び職場におけるセクシュアルハラスメントがあってはならない旨の方針を記載し，配布等すること。③職場におけるセクシュアルハラスメントの内容及び職場におけるセクシュアルハラスメントがあってはならない旨の方針を労働者に対して周知・啓発するための研修，講習等を実施すること。／ロ　職場におけるセクシュアルハラスメントに係る性的な言動を行った者については，厳正に対処する旨の方針及び対処の内容を就業規則その他の職場における服務規律等を定めた文書に規定し，管理監督者を含む労働者に周知・啓発すること。(方針を定め，労働者に周知・啓発していると認められる例)①就業規則その他の職場における服務規律等を定めた文書において，職場におけるセクシュアルハラスメントに係る性的な言動を行った者に対する懲戒規定を定め，その内容を労働者に周知・啓発すること。②職場におけるセクシュアルハラスメントに係る性的な言動を行った者は，現行の就業規則その他の職場における服務規律等を定めた文書において定められている懲戒規定の適用の対象となる旨を明確化し，これを労働者に周知・啓発するこ

第1部　セクシュアル・ハラスメントと法的アプローチ

と。」(なお，上記周知・啓発のための研修は，均等法6条の教育訓練に該当し，男女一方のみを対象として実施することは均等法違反となる(厚生労働省「改正男女雇用機会均等法等質疑応答集」問18))。

②　相談窓口設置等のセクシュアル・ハラスメント未然予防施策

「(2)相談(苦情を含む。……)に応じ，適切に対応するために必要な体制の整備／事業主は，労働者からの相談に対し，その内容や状況に応じ適切かつ柔軟に対応するために必要な体制の整備として，次の措置を講じなければならない。／イ　相談への対応のための窓口……をあらかじめ定めること。(相談窓口をあらかじめ定めていると認められる例)①相談に対応する担当者をあらかじめ定めること。②相談に対応するための制度を設けること。③外部の機関に相談への対応を委託すること。／ロ　イの相談窓口の担当者が，相談に対し，その内容や状況に応じ適切に対応できるようにすること。また，相談窓口においては，職場におけるセクシュアルハラスメントが現実に生じている場合だけではなく，その発生のおそれがある場合や，職場におけるセクシュアルハラスメントに該当するか否か微妙な場合であっても，広く相談に対応し，適切な対応を行うようにすること。(相談窓口の担当者が適切に対応することができるようにしていると認められる例)①相談窓口の担当者が相談を受けた場合，その内容や状況に応じて，相談窓口の担当者と人事部門とが連携を図ることができる仕組みとすること。②相談窓口の担当者が相談を受けた場合，あらかじめ作成した留意点などを記載したマニュアルに基づき対応すること。」(なお，相談員は，相談に応ずる能力を有するものを配置すべきものであり，必ずしも業務の性質上，相談者の性別に応じて一方の性のみに従事させる必要性があるとは考えられず，それゆえ，相談者の性別に応じて一方の性のみを配置することは，均等法6条の配置に関して違反となる(前掲「改正男女雇用機会均等法等質疑応答集」問42))。

③　セクシュアル・ハラスメント発生の際の迅速・公正な事業主の対応

「(3)職場におけるセクシュアルハラスメントに係る事後の迅速かつ適切な対応／事業主は，職場におけるセクシュアルハラスメントに係る相談の申出

があった場合において、その事案に係る事実関係の迅速かつ正確な確認及び適正な対処として、次の措置を講じなければならない。／イ　事案に係る事実関係を迅速かつ正確に確認すること。（事案に係る事実関係を迅速かつ正確に確認していると認められる例）①相談窓口の担当者、人事部門又は専門の委員会等が、相談を行った労働者（以下「相談者」という。）及び職場におけるセクシュアルハラスメントに係る性的な言動の行為者とされる者（以下「行為者」という。）の双方から事実関係を確認すること。また、相談者と行為者との間で事実関係に関する主張に不一致があり、事実の確認が十分にできないと認められる場合には、第三者からも事実関係を聴取する等の措置を講ずること。②事実関係を迅速かつ正確に確認しようとしたが、確認が困難な場合などにおいて、法第18条に基づく調停の申請を行うことその他中立な第三者機関に紛争処理を委ねること。／ロ　イにより、職場におけるセクシュアルハラスメントが生じた事実が確認できた場合においては、行為者に対する措置及び被害を受けた労働者（以下「被害者」という。）に対する措置をそれぞれ適正に行うこと。（措置を適正に行っていると認められる例）①就業規則その他の職場における服務規律等を定めた文書における職場におけるセクシュアルハラスメントに関する規定等に基づき、行為者に対して必要な懲戒その他の措置を講じること。併せて事案の内容や状況に応じ、被害者と行為者の間の関係改善に向けての援助、被害者と行為者を引き離すための配置転換、行為者の謝罪、被害者の労働条件上の不利益の回復等の措置を講じること。②法第18条に基づく調停その他中立な第三者機関の紛争解決案に従った措置を講じること。／ハ　改めて職場におけるセクシュアルハラスメントに関する方針を周知・啓発する等の再発防止に向けた措置を講じること。／なお、職場におけるセクシュアルハラスメントが生じた事実が確認できなかった場合においても、同様の措置を講じること。（再発防止に向けた措置を講じていると認められる例）①職場におけるセクシュアルハラスメントがあってはならない旨の方針及び職場におけるセクシュアルハラスメントに係る性的な言動を行った者について厳正に対処する旨の方針を、社内報、パンフレット、社内ホームページ等広報又は啓発のための資料等に改めて掲載し、

配布等すること。②労働者に対して職場におけるセクシュアルハラスメントに関する意識を啓発するための研修，講習等を改めて実施すること。」

④　関係者のプライバシー保護及び不利益取扱禁止

「(4)　(1)から(3)までの措置と併せて講ずべき措置／(1)から(3)までの措置を講ずるに際しては，併せて次の措置を講じなければならない。／イ　職場におけるセクシュアルハラスメントに係る相談者・行為者等の情報は当該相談者・行為者等のプライバシーに属するものであることから，相談への対応又は当該セクシュアルハラスメントに係る事後の対応に当たっては，相談者・行為者等のプライバシーを保護するために必要な措置を講ずるとともに，その旨を労働者に周知すること。（相談者・行為者等のプライバシーを保護するために必要な措置を講じていると認められる例）①相談者・行為者等のプライバシーの保護のために必要な事項をあらかじめマニュアルに定め，相談窓口の担当者が相談を受けた場合には，当該マニュアルに基づき対応するものとすること。②相談者・行為者等のプライバシーの保護のために，相談窓口の担当者に必要な研修を行うこと。③相談窓口においては相談者・行為者等のプライバシーの保護のために必要な措置を講じていることを，社内報，パンフレット，社内ホームページ等広報又は啓発のための資料等に掲載し，配布等すること。／ロ　労働者が職場におけるセクシュアルハラスメントに関し相談をしたこと又は事実関係の確認に協力したこと等を理由として，不利益な取扱いを行ってはならない旨を定め，労働者に周知・啓発すること。（不利益な取扱いを行ってはならない旨を定め，労働者にその周知・啓発することについて措置を講じていると認められる例）①就業規則その他の職場における服務規律等を定めた文書において，労働者が職場におけるセクシュアルハラスメントに関し相談をしたこと，又は事実関係の確認に協力したこと等を理由として，当該労働者が解雇等の不利益な取扱いをされない旨を規定し，労働者に周知・啓発をすること。②社内報，パンフレット，社内ホームページ等広報又は啓発のための資料等に，労働者が職場におけるセクシュアルハラスメントに関し相談をしたこと，又は事実関係の確認に協力したこと等を理由と

第1章 2006年均等法改正とセクシュアル・ハラスメント

して，当該労働者が解雇等の不利益な取扱いをされない旨を記載し，労働者に配布等すること。」である。

　厚生労働省によれば，セクシュアル・ハラスメントについては，1997年改正において事業主に対する配慮義務規定が設けられて以降，企業において防止のための取組は進展したが，都道府県労働局の雇用均等室にはなお多くの相談が寄せられており，中には深刻な例もみられるため，今般の改正により，同規定を措置義務とし，事業主に対し具体的な措置を講じることを義務付けたところであるとしている。同省は，さらに，セクシュアル・ハラスメントについては密室で行われることが多く，双方の言い分が食い違う等その事実確認が困難な場合もある等の状況もあり，改正法においては，事後措置について，指針において，事実確認をし事実関係が確認できたときは予め定めたルールにのっとり対応すべきことや調停に付すること等を示すことが適当である旨が建議されているとしている[12]。

　新指針は，前述のように，相談窓口の担当者が相談を受けた場合，あらかじめ作成した留意点などを記載したマニュアルに基づき対応することとするほか，事業主が，事実関係を迅速かつ正確に確認しようとしたが，双方の言い分が異なるなどして確認が困難な場合などについては，法第18条に基づく調停の申請を行うことその他中立な第三者機関に紛争処理を委ねること

---

[12] 厚生労働省雇用均等・児童家庭局雇用均等政策課「雇用の分野における男女の均等な機会及び待遇の確保等に関する法律及び労働基準法の一部を改正する法律」ジュリスト1319号90頁。厚生労働省・労働政策審議会雇用均等分科会「労働政策審議会雇用均等分科会における審議状況」(2005・8・1)には，セクシュアル・ハラスメントは人権侵害であり，現行法の抑止力を強めるため配慮規定から義務規定（適正な予防義務，事後対応義務）とし，紛争解決援助や公表制度の対象とすべきとの意見が出されたとの記載があり，労働政策審議会「今後の男女雇用機会均等対策について（建議）」(2005・12・27)は，「均等法のセクシュアルハラスメントに係る事業主の配慮義務規定については，男性に対するセクシュアルハラスメントも対象とするとともに，事業主の措置義務規定とすることが適当である。この場合，セクシュアルハラスメントの事後の対応措置については，指針において，事実関係の確認をし，事実関係が確認できたときには予め定めたルールにのっとり対応すべきこと，セクシュアルハラスメントに係る紛争を調停に付すことも事後措置の一つとなること等を示すことが適当」としている。

しているが，事業主による事実確認ができた場合とできなかった場合の対応策をそれぞれ別個に指示しているところに，旧指針との相違がある。事業主には，警察権がなく，事業主による調査・解決には限界があり，問題解決が宙に浮いた事案がままみられたところであり，このような措置義務の内容は適切なものであろう。

また，上記相談窓口担当者の対応に関わるマニュアルに記載された「留意点」には，「相談者が，相談窓口の担当者の言動等によってさらに被害を受けること等（いわゆる『二次セクシュアルハラスメント』）を防止するために必要な事項も含まれる」（新通達）とされているが，二次セクシュアル・ハラスメントの由来も定義も明らかではない（第37回労働政策審議会雇用均等分科会配布資料No.3「セクシュアルハラスメントを受けた女性労働者の相談とその後の状況」には担当者の不適切な言動による精神的被害増大の例が二次被害とされている）。相談窓口担当者の混乱と萎縮を防ぐために，この問題は精神医学に由来する問題であり，この留意点については，被害者がときとして過剰反応や情緒不安定に陥り，それが同僚，家族，友人，法律家，メンタルヘルス専門家等の被害者への支持（support）を失わせることがあり，それにより本来頼るべき人から支持されないことのダメージがセクシュアル・ハラスメントによる精神的被害を一層ひどくする「二次被害（second injury）」をもたらす可能性があるという精神医学の指摘を念頭に置いて[13]，事業主に二次被害防止の対応を求め，相談窓口担当者に注意を喚起するものであると解すべきである。

なお，措置義務については，今回の法改正は，改正前の漠然とした配慮義務を，当該労働者からの相談に応じ，適切に対応するために必要な体制の整備その他の雇用管理上必要な措置を講じる，より具体的な「措置」義務に強化しており，「女性労働者」という言葉を「労働者」に置き換え，規定の位置も，「事業主の講ずべき措置」という括りにして，第2章「雇用の分野における男女の機会の均等及び待遇の確保等」の中に移しており，これらによ

---

[13] Liza H. Gold, Sexual Harassment-Psychiatric Assessment in Employment Litigation, American Psychiatric Publishing, 2004, pp.75 et s.

り，当初の均等法が持っていた女性労働者のための「福祉」法的性格は，ほとんど姿を消したという均等法の法的性格（性差別禁止法か否かは不明）に関する指摘がある(14)。

2 セクシュアル・ハラスメント予防

新指針は，措置義務の内容である①セクシュアル・ハラスメント禁止の企業方針の策定・従業員への周知・啓発の一般的予防策実施については，職場におけるセクシュアル・ハラスメントがあってはならない旨の方針を明確化し労働者に周知・啓発することと，セクシュアル・ハラスメントに厳正に対処する旨の方針及び対処の内容を就業規則その他の職場における服務規律等を定めた文書に規定し労働者に周知・啓発することを定めている。

事業主の措置義務のうち，前記①の一般的防止策実施及び②相談窓口設置等のセクシュアル・ハラスメント未然予防施策実施の，セクシュアル・ハラスメント予防施策については，とくに従業員に対する教育・訓練が重要である。たとえば，アメリカ合衆国の連邦人事制度保護委員会の1994年調査によれば，同僚職員からの性的なからかい，ジョーク及びコメントについては，男性職員の64％がセクシュアル・ハラスメントであると認識しているにすぎないが，教育訓練によりセクシュアル・ハラスメントと指摘された行為については，90％前後以上の職員がこれらの行為がセクシュアル・ハラスメントであると認識していることが指摘されている（ちなみに，連邦職員の92％が職場のセクシュアル・ハラスメント・ポリシーを知っており，管理職の77％，非管理職の77％がセクシュアル・ハラスメント・トレーニングを受けている）(15)。わが国には，このような調査はないが，教育・訓練は，わが国にお

---

(14) 中窪裕也「均等法の第三ステージ」NBL834号70頁。均等法は，わが国の女子差別撤廃条約批准（1985年）を契機として1985年に制定されたが，同条約は女性に対する差別の撤廃を規定しているに過ぎず（山下泰子『女子差別撤廃条約の展開』勁草書房，2006年，45頁），今回の改正均等法は同条約を越えている。

(15) Theresa M. Beiner, Gender Myths v. Working Realities-Using Social Science to Reformulate Sexual Harassment Law, New York University Press, 2005, pp.36 et s. 詳しくは，前掲拙稿「セクシュアル・ハラスメント法とハイパーセンシティブ・ビク

第1部　セクシュアル・ハラスメントと法的アプローチ

いても従業員の意識変化をもたらすものであろう。

　ところで，アメリカ合衆国連邦裁判所は，1998年のバーリントン・インダストリーズ対エラース事件判決において，監督者による昇給拒否や解雇の不利益が実行された場合は対価型セクシュアル・ハラスメントとなるが，雇用上の不利益の脅迫だけでは対価型セクシュアル・ハラスメントとならず，環境型セクシュアル・ハラスメントとなるとしたうえで，公民権法第7篇の目的はセクシュアル・ハラスメントの防止にあって，使用者の対応促進にあることを明らかにし，使用者のセクシュアル・ハラスメント・ポリシー策定及び効果的な苦情処理メカニズムの創設などの対応措置をとることは，環境型セクシュアル・ハラスメントに関して使用者の免責の抗弁になりうることを明らかにしている[16]。

　これは，アメリカ連邦最高裁が，使用者の対応を通してセクシュアル・ハラスメント防止を図ろうとする立場を表明したものである。フランス破毀院も，刑法典のセクシュアル・ハラスメント罪を中心にセクシュアル・ハラスメント規制を行っているフランスにおいて，民法典の使用者責任の規定や労働法典の安全衛生に関わる使用者の労働契約上の安全配慮義務により使用者の損害賠償責任を認めて，使用者の対応を通してセクシュアル・ハラスメントやモラル・ハラスメント防止を図ろうとする方向を示している[17]。

　わが国の裁判所も，民法709条以下の不法行為や同715条の使用者責任や労働契約上の安全配慮義務の法理の適用により，使用者の法的責任を認めているが，使用者の対応を通してセクシュアル・ハラスメント防止を図ろうとする方向を示しているともいえる[18]。たとえば，セクシュアル・ハラスメ

　　ティム問題」46頁以下を参照。
(16)　詳しくは，前掲拙著180頁以下を参照。
(17)　Cass.Soc.21 juin 2006, D.2006, no 41, jurisprudence, p.2831 : Michel Miné: L'obligation de sécurité de résultat de l'employeur se cumuli avec la responsabilité civile de salarié, D.2006, no.41, jurisprudence, pp.2831 et s.; Jean-Emmanuel Ray, Droit du travail Droit vivant 2006/2007, Liaisons, 2006, pp.144 et s. フランスのセクシュアル・ハラスメント法制については前掲拙著43頁以下及び379頁以下を参照。
(18)　詳しくは，前掲拙著242頁以下を参照。

第1章 2006年均等法改正とセクシュアル・ハラスメント

ントに関する事業主の方針の明確化・周知・啓発を行わなくても何ら違法ではないが、従業員の勤務中に特にひわいな言動が認められるなど現実に職場秩序の乱れが認められるにもかかわらず、それらを行わない場合には、労働契約上の配慮義務違反の責任を負わなければならない（三重セクシュアル・ハラスメント（厚生農協連合会）事件・津地判平 9・11・5 労判 729 号 54 頁）。また、セクシュアル・ハラスメント事件が問題となる以前に、セクシュアル・ハラスメントを防止する組織的な措置は全く取られておらず、被告使用者が、女子職員がセクシュアル・ハラスメント行為等を受けないように職場環境を維持・整備する義務を尽くしていたとは言い難く、被告が日頃から職員に対してセクシュアル・ハラスメント防止についての組織的措置を取っていれば、職場の行事である研修旅行中に行われたセクシュアル・ハラスメント行為について防止できる可能性が高いというのであるから、被告は、職場環境維持・調整義務の懈怠として、原告がセクシュアル・ハラスメント行為により被った損害について不法行為に基づき、被告加害者と共同して賠償する責任を負うとの判例もある（鹿児島セクシュアル・ハラスメント（社団法人）事件・鹿児島地判平 13・11・27 労判 836 号 151 頁）。均等法の事業主の措置義務も、これらの判例法理と相まってセクシュアル・ハラスメント防止や適切な解決に寄与するものと思われる。

　なお、わが国の民間企業の多くにおいては、セクシュアル・ハラスメント予防のために社内に女性のポスターを貼らせないなどの対応がとられており、それ自体は、職場が仕事をする場所であり性的なものを持ち込むところではないことを明らかにするもので、セクシュアル・ハラスメント防止のために望ましいことである。しかし、職場から性的なものを一切排除し、社内恋愛を禁止する規則を制定するに至るなど使用者の規制に行き過ぎがあると、職場は、かえってもののいえない職場（the silenced workplace）になるという批判があることは注意すべき事柄である[19]。

---

(19) Kingsley R. Browne: The Silenced Workplace-Employee Censorship Under Title VII, in Catharine A. MacKinnon and Reva B. Siegel (ed.), Directions in Sexual Harassment Law, Yale University Press, 2000, pp.399 et s.

第1部　セクシュアル・ハラスメントと法的アプローチ

3　セクシュアル・ハラスメント発生の際の事業主の対応

　事業主の措置義務の③セクシュアル・ハラスメント発生の際の迅速・公正な事業主の対応については，使用者はどこまで対応しなければならないかという問題がある。

　これについて，判例は，信義則（民法1条2項）から，セクシュアル・ハラスメント被害の内容・程度に相応する範囲で使用者の不法行為上の注意義務ないし労働契約上の配慮義務を認めている。すなわち，酩酊して座り込んだ女性労働者を上司2人が脇から上腕部をとって立ち上がらせ，ひとりが正面から女性の両肩に手を置いたことを目撃し，セクシュアル・ハラスメントと感じた女性同僚が苦情を申し入れたという軽微な事案について，①関係者に対する個別ないし部長会等を通じた注意喚起，②セクシュアル・ハラスメントに関する会社方針の策定，③飲酒や女性への接し方を含む就業環境アンケート等の措置は，常識的にみて，対象行為の性質，程度及び結果の大きさ等に照らして必要十分なものと評価でき，これらを通じて就業環境の性的安全性は確保されたとする例がある（名古屋セクシュアル・ハラスメント（K設計・本訴）事件・名古屋地判平16・4・27労判873号18頁）。また，上司からの身体接触や愛情告白的言動の事案に関して，①使用者は，被害者から被害の申告を受けた日に即日加害者の職場を分離しており，その時点でもはや被害者が職場において加害者と顔を合わせる現実的危険はまずしくなったこと，②被害者は，使用者から訴訟提起等をしてもよいが被害者が退職する必要はないといわれていながら，結局退職に踏み切っていること，③被害者は，使用者の措置により加害者が移動になった際に，それだけでは飽き足らず加害者の退職まで求めていたため，話し合いによる解決ができなかった事情があること，④被害者が被害を申し出た後，仮に職場の雰囲気が悪化したならば被害者が職場に出勤しづらくなるという心情は理解できるにしても，被害者が退職したのは使用者に対する被害申出後約3カ月半経過後であることを総合考慮すれば，本件の身体接触や愛情告白的言動が被害者の退職の契機になった以上に，さらに退職と相当因果関係があるとまで認めるには足りず，結局，逸失利益は，加害者の不法行為と相当因果関係にある損害であるとは

認められないとした例がある（損害賠償請求事件・東京地判平16・5・14判タ1185号225頁。加害行為自体については使用者責任を認める）。

新指針が，職場におけるセクシュアル・ハラスメントが生じた事実が確認できた場合に，「行為者に対する措置及び被害を受けた労働者に対する措置をそれぞれ適正に行うこと。……改めて職場におけるセクシュアルハラスメントに関する方針を周知・啓発する等の再発防止に向けた措置を講じること。」としながらも，同時に，「なお，職場におけるセクシュアルハラスメントが生じた事実が確認できなかった場合においても，同様の措置を講じること。」としているのは，このような判例を意識したものと思われる。

第3節　企業名公表・過料及び紛争解決援助

1　事業主が是正指導に応じない場合の企業名公表の制裁等

改正均等法は，「(公表) 第30条　厚生労働大臣は，第5条から第7条まで，第9条第1項から第3項まで，第11条第1項，第12条及び第13条第1項の規定に違反している事業主に対し，前条第1項の規定による勧告をした場合において，その勧告を受けた者がこれに従わなかったときは，その旨を公表することができる。」と規定し，新たに，事業主がセクシュアル・ハラスメントに関する厚生労働大臣の是正指導に応じない場合に，同大臣が企業名を公表することができる旨を定めた。

また，改正均等法は，厚生労働大臣が事業主にセクシュアル・ハラスメントについて均等法の施行に関し報告を求めたときに報告をしない者又は虚偽の報告をした者を20万円以下の過料に処する罰則（行政罰）を設けた（33条）。これは，同大臣の報告徴収に応じて行政指導を受ける事業主がいる一方で，報告をせず又は虚偽の報告をすることで結果的に行政指導を逃れている実態があることを考慮したものである[20]。

なお，事業主の措置義務の私法上の効果については，改正前の均等法上の

---

(20)　日本経団連労政第二本部『Q&A改正均等法早わかり』日本経団連出版，2006年，80頁。

配慮義務に関する立法者意思は，同義務は行政指導の根拠となるものであり，私法上は事業主の努力義務に等しいものと考えており[21]，改正により配慮義務はより具体的な措置義務となっても基本的性格は変わらないと思われるので消極的に解さざるを得ない。

2 調停などの紛争解決援助

改正均等法は，「（紛争の解決の促進に関する特例）第16条 ……第11条第1項……に定める事項についての労働者と事業主との間の紛争については，個別労働関係紛争の解決の促進に関する法律……第5条〔＊あっせんの委任～筆者注〕……の規定は適用せず，次条から第29条までに定めるところによる。」と規定し，「（調停の委任）第18条 都道府県労働局長は，第16条に規定する紛争……について，当該紛争の当事者……の双方又は一方から調停の申請があった場合において当該紛争の解決のために必要があると認めるときは，個別労働関係紛争の解決の促進に関する法律第6条1項の紛争調整委員会……に調停を行わせるものとする。」と規定して，セクシュアル・ハラスメントに関する事業主と労働者間の紛争を調停による紛争解決援助の対象とした。

改正前，セクシュアル・ハラスメントについては，男女雇用機会均等の実効性を確保する手段として，個別労働紛争解決促進法の下でのあっせんの利用ができたが，改正均等法により，紛争調整委員会に調停申請ができるようになったのである。また，同時に，調停については，調停打ち切りの後に提訴した場合の調停申請時の時効の中断（24条）及び調停の共同申立による訴訟手続の中止（25条）に関する規定が設けられている[22]。

1997年改正均等法においてセクシュアル・ハラスメントが調停の対象で

---

(21) 安枝英訷「雇用機会均等法・労働基準法の改正と概要」ジュリスト1116号148頁，赤松良子『詳説男女雇用機会均等法及び改正労働基準法』日本労働協会，1985年，243頁以下，291頁以下，菅野和夫『労働法・第6版』弘文堂，2003年，173頁。詳しくは，前掲拙著363頁以下を参照。
(22) 石井淳子「改正男女雇用機会均等法の改正」NBL837号29頁。

第1章　2006年均等法改正とセクシュアル・ハラスメント

なかったのは、その事案の多くが特性として個人間のプライバシー問題に関わることがあり、それが事業主と労働者の紛争解決のための調停にはなじまないのではないかという考えがあってのことであるが、その後2001年制定の個別労働紛争解決促進法ではセクシュアル・ハラスメントも斡旋の対象となっており、性質として調停になじまないとはいえない状況になってきたので改正が行われたのである（労働政策審議会雇用均等分科会第51回議事録）。

事業主は、セクシュアル・ハラスメントの被害を受けたとする労働者から解決を求められたが事実関係の存否や解決方法について独力での判断に自信を持てない場合には、調停制度を利用して解決を図るという方法も選択肢の一つとなった[23]。警察権のない事業主による調査・解決には限界があることは前述の通りであり、当事者双方の主張が異なるなど解決が困難な場合には、紛争調整委員会の活用は、適切な解決方法を提供するものである。また、改正法は、調停当事者に対する出頭要請の規定を整備しており、同委員会が、調停のため必要があると認めるときは、関係当事者の出頭を求め、その意見を聴くことができるとし、同委員会が、調停のために必要があると認め当事者双方の合意があるときは、当事者のほか、セクシュアル・ハラスメントの行為者とされる者に対して出頭を求め、その意見を聴くことができるとしている（20条）[24]。ただし、加害者とされた者が同委員会の事情聴取に応じない場合の制裁規定は置かれておらず、同委員会の調停案にも拘束力はないことは、これまでと同様である。なお、前述のあっせんと調停との関係については、あっせんが維持されるのか調停に統合されるのか明確でないとの指摘がある[25]。

また、2006年4月1日施行の労働審判制度については、同制度は複雑で難しい事件が多いセクシュアル・ハラスメントには不向きであると考えられていたが、被害者から使用者に対する慰謝料請求がありその額が当事者間で

---

[23]　渡邊岳「『改正男女雇用機会均等法』の解説」労政時報3690号12頁。
[24]　山田省三「2006年男女雇用機会均等法改正案の内容と問題点」労働法律旬報1624号6頁。
[25]　野田進「労働審判制度と労働契約法」ジュリスト1331号51頁。

第1部　セクシュアル・ハラスメントと法的アプローチ

折り合わないが，当事者がリーゾナブルな解決であれば調停に応じるという姿勢であれば，その適用に問題はないとの指摘がある一方で，当初は，事実関係に争いがないセクシュアル・ハラスメントについて損害額を算定するために使用者側から労働審判制度に申し立てる事案も想定されたが，実際は使われていないとの指摘もある[26]。

これら紛争調整委員会等の内外を問わず，事業主等が，当事者間の和解（示談）を図る場合には，和解内容を口外しない旨の条項（「社内・社内において本件に関わることを誰にも開示しない」等）を取り入れる必要がある。過去においては，このような条項を欠く和解について，当事者間の紛争が再発した例がある（東京セクシュアル・ハラスメント（M商事）事件・東京地判平11・3・12労判760号23頁）。

む　す　び

2006年改正均等法は，本章で検討してきたように，男女双方に対するセクシュアル・ハラスメントに対する対応を，事業主の措置義務とし，事業主の対応を具体的に明確化したところに意義がある。とりわけ，事後的対応については，事実確認が困難な場合等について，紛争調整委員会の活用を勧め，解決の糸口を提供していることは，これまで解決できなかった事案の幾分かに解決をもたらす可能性がある。

また，厚生労働大臣の勧告に従わない事業主に対する企業名公表や同大臣により求められた報告に対する不報告・虚偽報告に対する過料の創設は，セクシュアル・ハラスメント問題解決に消極的な事業主に対する行政指導の実効性を上げるものとなろう。

しかしながら，従来から指摘されていたセクシュアル・ハラスメント概念のあいまい性と，違法性評価との関連性の明確化の問題は，依然残されたま

---

(26)　菅野和夫・德住堅治・中町誠・難波孝一「座談会・労働審判制度1年」ジュリスト1331号11頁以下，石嵜信憲「労働審判制度に対する評価とこれからの運用」自由と正義2007年6月号27頁。

まである。この問題は，行政指導の根拠規定という均等法11条の法的性格から生じる問題であるが，民事判例法理及び均等法に基く行政指導によるセクシュアル・ハラスメント問題への対応というわが国独自の法的対応を考えると，避けては通れない問題である。この問題は，また，他のハラスメント問題も含めてハラスメント法理を形成するうえでも，重要な課題である。

第 2 章　セクシュアル・ハラスメントと
　　　　　過敏な被害者問題

は じ め に

　わが国のセクシュアル・ハラスメントに関する判例には，軽微なセクシュアル・ハラスメントに関する事案ともいうべきものがある。たとえば，男性代表取締役が女性従業員 2 名とビールを飲みながら雑談した際に，「若い女性と飲むとおいしいね」，「今度お好焼きを食べにいきましょう」などと述べたことが，不法行為であるとして訴えられた事案（サンホーム事件・東京地判平 12・4・14 労判 789 号 79 頁）等である。これらの事案には，「過剰な反応」，「首を傾げたくなる言動」と評される状況がある[1]。

　このような状況は，セクシュアル・ハラスメントという言葉が生まれた国であるアメリカ合衆国においても，同様である。アメリカでは，このような問題は，過敏な被害者（ハイパーセンシティブ・ビクティム（hypersensitive victims）問題として，論じられている[2]。アメリカにおいて，過敏な被害者問題は，後述するように，セクシュアル・ハラスメント法理の成熟がもたらした問題である。

　アメリカでは，この問題について，2001 年に，アメリカ連邦最高裁判決

---

(1) 加茂善仁「時言　二次セクハラの成否」労働経済判例速報 1898 号 2 頁。
　　被害者の感じ方という点では，高校生が授業中の教室で他の高校生に爆弾を投げつけて逮捕された山口県立光高校生爆弾事件も同種の事件である。加害者の生徒は「恨みがあった」と述べているが，記者会見において，同校校長は，「事件の背景に広い意味でのいじめはあったかもしれない」と述べている（日本経済新聞 2005 年 6 月 14 日）。
(2) Theresa M. Beiner, Gender Myths v. Working Realities – Using Social Science to Reformulate Sexual Harassment Law, New York University Press, 2005, p.40.

第1部　セクシュアル・ハラスメントと法的アプローチ

（クラーク郡学区対ブリーデン事件）が下されている[3]。

本章は，アメリカにおける議論を参考に，わが国の判例を分析し，わが国の過敏な被害者問題を検討しようとするものである。わが国においても，過敏な被害者問題は，セクシュアル・ハラスメント法理の成熟がもたらした問題であると思われる。

第1節　アメリカにおける過敏な被害者問題

1　セクシュアル・ハラスメントに関するアメリカ連邦最高裁判所判例の発展

アメリカ合衆国において，1970年代半ばに，セクシュアル・ハラスメントが社会問題として提起されてから，すでに40年が経過している。また，アメリカ連邦最高裁判所が，1986年のヴィンソン事件において，セクシュアル・ハラスメントを1964年公民権法第7編の禁止する性差別とする判決を下してから，30年近くとなろうとしている。この判決以後も，連邦最高裁は，1993年のハリス対フォークリフト・システムズ事件判決，1998年のバーリントン・インダストリーズ対エラース事件判決，ファラガー対ボカレイトン市事件判決及びオンクル対サンドオウナー・オフショア・サービス事件判決，2001年の前述クラーク郡学区対ブリーデン事件判決等と，セクシュアル・ハラスメントに関して重要な判決を下しており，セクシュアル・ハラスメント法理は，判例法理として発展してきた[4]。

---

[3]　クラーク郡学区対ブリーデン事件連邦最高裁判決などセクシュアル・ハラスメントの程度に関するアメリカの近時の判例については，吉川英一郎『職場におけるセクシュアル・ハラスメント問題〜日米判例研究〜企業法務の視点でとらえた雇用主の責任と対策』レクシスネクシス・ジャパン，雄松堂出版，2004年，133頁以下，同「セクハラ・リスク・マネジメントを確立するために〜米国連邦裁セクハラ判例による日系国際企業への示唆」月刊国際法務戦略 vol.12-5, 1頁以下，同「米国連邦裁判例から学ぶセクハラ・リスク・マネジメント〜①違法となるハラスメントの程度：苛酷・蔓延のレベル（同僚によるセクシュアル・ハラスメントの事例を中心に）」月刊国際法務戦略 vol.12-9, 26頁以下が詳しい。

[4]　アメリカ連邦最高裁判決について，詳しくは，拙著『改訂版セクシュアル・ハラ

第2章 セクシュアル・ハラスメントと過敏な被害者問題

　すなわち，1986年のヴィンソン事件判決（Meritor Saving Bank v. Vinson, 477, U. S. 57（1986））は，セクシュアル・ハラスメントを1964年公民権法第7編の禁止する性差別と認めるとともに，対価型セクシュアル・ハラスメント及び環境型セクシュアル・ハラスメントというふたつのセクシュアル・ハラスメント類型を承認し，環境型セクシュアル・ハラスメントについては，「提訴できるためには，それが，『被害者の雇用条件を変更し，かつ，濫用的な労働環境を創りだす』に十分に重大又は蔓延的（sufficiently severe or pervasive）でなければならない」とした。同判決は，また，原告の服従の任意性ではなく，被告の行動の望まれないことについて審理がなされるべきことを明確にしている[5]。

　1993年のハリス対フォークリフト・システムズ事件判決（Harris v. Forklift Systems, Inc., 114 S. Ct. 367, 126, L. Ed. 2d 295, 63 F. E. P. Cases 225（1993））は，公民権法「第7編のもとで，行為が『濫用的労働環境』ハラスメントとして訴訟可能であるか否かを決定するヴィンソン事件の基準は，客観的に敵対的又は濫用的環境であること〜合理的人間が敵対的又は濫用的と認識するもの〜と，環境が濫用的であるという犠牲者の知覚を要求する。客観的に敵対的又は濫用的な労働環境を創りだすに十分に重大又は蔓延的でない行為は，第7編の範囲を超えるものであり，犠牲者が主観的に濫用的であると知覚しない行為についても同様である。」とした[6]。この判決は，セクシュアル・ハラスメントの違法性を判断するための基準として，合理的人間基準を採用し，合理的女性基準を否定するものである。

　1998年のバーリントン・インダストリーズ対エラース事件判決（Burlington Industries, Inc., v. Ellerth, 118, S. Ct, 2257（1998））は，監督者による昇給拒絶や解雇の不利益が実行された場合は，対価型セクシュアル・ハラスメントとなるが，雇用上の不利益の脅迫だけでは，対価型セクシュアル・ハラスメントの主張を行なうことはできず，それは，環境型セクシュアル・ハラスメン

　　スメントの法理』（労働法令，2004年），18頁以下，169頁以下，405頁以下を参照。
(5)　前掲拙著178頁以下，185頁以下。
(6)　前掲拙著186頁以下。

第 1 部　セクシュアル・ハラスメントと法的アプローチ

トの問題になるとした。また，同判決は，公民権法第 7 編の目的はセクシュアル・ハラスメント防止にあるのであり，使用者の対応促進にあることを明らかにし，使用者が反セクシュアル・ハラスメント・ポリシーの策定及び効果的な苦情処理メカニズムの創設などの対応措置をとることは，使用者の免責の抗弁になり得ることを明らかにしている[7]。

　同年のファラガー対ボカレイトン市事件判決（Faragher v. City of Boca Raton, 118, S. Ct, 2275（1998））は，「第 7 編の差別禁止規定のもとで，使用者は，被用者に直接又は高次の権限を有する監督者が創りだした損害賠償の根拠となる敵対的環境については，被害者である被用者に対して代位責任を負う。」とし，権限を有する上司の環境型セクシュアル・ハラスメントについて，使用者の法的責任を認めた。ただし，同判決は，「有形の雇用行為が行なわれない場合，使用者は，優越的証拠による証明と，(a)使用者は，セクシュアル・ハラスメント行動を防止するために合理的な配慮をしたこと，(b)被用者が，使用者が提供する予防又は矯正の機会を合理的理由なく利用しなかったこと，また，その他損害を避けることもしなかったことというふたつの必要条件を満たすことを要件として，積極的抗弁を行なうことができる」として，使用者が防止・解決策をとっており，犠牲者が苦情処理手続などを利用しなかった場合には，使用者の免責を認める判断を行なっている。連邦最高裁は，経営者及び上司の対価型セクシュアル・ハラスメントについては，使用者が，無条件に代位責任を負うが（無過失責任），上司の環境型セクシュアル・ハラスメントについては，上記の要件の下に免責を認めるのである。なお，連邦最高裁は，同僚労働者による環境型セクシュアル・ハラスメントについては，使用者は，過失責任を負うとする EEOC（雇用機会均等委員会）のガイドラインを支持している[8]。

　同じく 1998 年のオンクル対サンドオウナー・オフショア・サービス事件判決（Oncale v.Sundowner Offshore Services, Inc., 118 S. Ct, 998（1998））は，公民権法第 7 編は，女性同様男性も保護の対象としており，その適用につい

---

(7)　前掲拙著 180 頁以下。
(8)　前掲拙著 189 頁以下，449 頁以下。

第 2 章　セクシュアル・ハラスメントと過敏な被害者問題

て，同性労働者間のセクシュアル・ハラスメントを特に排除すべき理由はないとして，同性労働者間のセクシュアル・ハラスメントも公民権法の禁止するセクシュアル・ハラスメントであるとするほか（アメリカの下級裁判所は，比較的早期から女性から男性に対する逆セクシュアル・ハラスメントを公民権法第 7 編違反と認めている），1993 年のハリス対フォークリフト・システムズ事件判決の合理的人間基準判断を敷衍して，ハラスメントの客観的な重大性は，被害者のすべての状況（totality of circumstances）を考慮して，被害者の地位にある合理的人間の観点から判断されなければならないと述べて，合理的人間基準プラス総合的判断の枠組みを明らかにしている。この判決は，合理的女性基準が採用されないことを再確認している[9]。

さらに，2001 年のクラーク郡学区対ブリーデン事件判決（Clark County School District v. Breeden, 532 U. S. 268, 121, S. Ct. 1508（2001））は，採用部門において 3 人で求職者の審査中，男性上司が，ある求職者の調査書に同人がかつて同僚に「君とメイク・ラブすることはグランドキャニオンとメイク・ラブするみたいだって聞いた」とコメントしたことがあると記載されていたことを大声で読み上げ，女性の部下を見て，「何をいっているのか私にはわからない」と言ったところ，男性の部下が，「あとで説明しましょう」と言って，2 人でくすくす笑ったという行為を，女性の部下が公民権法違反で訴えた事案について，前記ヴィンソン事件判決を引用しつつ，セクシュアル・ハラスメントが公民権法第 7 編上提訴可能であるのは，ハラスメントがあまりにも重大又は蔓延的なため，被害者の就労環境を虐待的なものへと変貌させている場合に限られるとし，本件のグランドキャニオンうんぬんに関する出来事については，このようなただ 1 回の出来事が公民権法第 7 編の基準違反だと信じる合理的人間がいるはずがないと述べて，本件は，極めて深刻とは少しも考えられない単独の出来事で公民権法違反には当たらないと判断している[10]。

---

[9]　前掲拙著 414 頁以下。
[10]　前掲拙著 437 頁以下。

第1部　セクシュアル・ハラスメントと法的アプローチ

2　セクシュアル・ハラスメントに関するアメリカ人の意識の変化

　アメリカ人のセクシュアル・ハラスメントに関する意識調査を研究した最近の著作によれば，一般的に言えば，行為がより重大になればなるほど，人々は，それが，セクシュアル・ハラスメントであると認識する傾向がある[11]。

　まず，より深刻なタイプの行為がセクシュアル・ハラスメントであることについては，人々の間に非常に大きなコンセンサスがある。たとえば，性的賄賂，性的強要，性的暴行（sexual bribery, sexual coercion and sexual assault）についてである。

　女性の胸を触るなどの性的性質を有する身体接触（physical touching）も，人々は，セクシュアル・ハラスメントであると思っている。身体的な強要などの，より押しつけがましい行為も，人々は，セクシュアル・ハラスメントであると思っている。

　たとえば，1994年の連邦人事制度保護委員会（United States Merit System Protection Bord）の調査では，90％以上の男女の連邦職員が，これらの行為を，「絶対的に」あるいは「おそらく」セクシュアル・ハラスメントであるとしている。また，同じく90％以上の男女の連邦職員が，上司による故意の接触も，「絶対的に」あるいは「おそらく」セクシュアル・ハラスメントであるとしている。同じ行為が同僚により行なわれた場合も，96％の女性職員と89％の男性職員が，「絶対的に」あるいは「おそらく」セクシュアル・ハラスメントであるとしている。他の調査も，身体的接触を含む行為がセクシュアル・ハラスメントであると考えられているとしている。

　これに対して，よりあいまいな行為については，コンセンサスはより少なくなることが指摘されている。たとえば，性的コメント（sexual remarks），ジェスチャー（gestures），性差別的ジョーク（sexist jokes），デートの要求（requests for dates），ジェンダー・ハラスメント（gender harassment）その他の行為である[12]。

---

　(11)　T. M. Beiner, op. cit., pp.34 et s.
　(12)　T. M. Beiner, op. cit., pp.36 et s.

第2章　セクシュアル・ハラスメントと過敏な被害者問題

　しかし，それでも，ある調査は，70％〜80％の人々が，直接向けられたジェスチャー，雇用に関わらない性的な誘い，他人に腕を回すこと，コメント，潜在的に性的性質を有する望まれない身体的コンタクトを，セクシュアル・ハラスメントであると考えているとしている。

　しかも，連邦人事制度保護委員会調査は，よりあいまいな行為についても，連邦職員の間では，セクシュアル・ハラスメントであると認識する合意が増大していることを示している。たとえば，1980年の連邦人事制度保護委員会調査では，47％の男性職員しか，同僚職員からの性的な誘いの眼差しやジェスチャーを，「絶対的に」あるいは「おそらく」セクシュアル・ハラスメントであるとしていなかったが，1994年の同調査では，70％の男性職員が，このような行為を，「絶対的に」あるいは「おそらく」セクシュアル・ハラスメントであるとしている。この間の男性職員の意識の変化は大きなものがある。

　1994年の調査においては，同僚職員からの性的からかい，ジョーク及びコメントについては，男性職員の64％がセクシュアル・ハラスメントであるとするなど，パーセンテージはより少ないが，それでも，過半数以上の連邦職員が，これらの行為を，セクシュアル・ハラスメントであると認識しているのである。しかも，教育・訓練によりセクシュアル・ハラスメントと指摘された行為については（連邦職員の92％が職場のセクシュアル・ハラスメント・ポリシーを知っており，管理職の87％，非管理職の77％がセクシュアル・ハラスメント・トレーニングを受けている），90％前後あるいはそれ以上の職員が，これらの行為を，セクシュアル・ハラスメントであると認識していることが指摘されている[13]。

　連邦政府は，差別に関して特に意識的な使用者であることは否めないが，前述のとおり，1998年のバーリントン・インダストリーズ対エラース事件連邦最高裁判決は，公民権法第7編の目的は，セクシュアル・ハラスメント防止にあり，使用者の対応促進にあることを明らかにし，使用者が反セク

---

(13)　T. M. Beiner, op. cit., pp.36 et s.

39

第1部　セクシュアル・ハラスメントと法的アプローチ

シュアル・ハラスメント・ポリシーの策定及び効果的な苦情処理メカニズムの創設などの対応措置をとることは，使用者の免責の抗弁になり得ることを明らかにしている。この判決の影響により，アメリカの民間企業においても，セクシュアル・ハラスメント・ポリシーの策定・周知や，セクシュアル・ハラスメント・トレーニング等の予防策が積極的にとられることが，推測される。

3　過敏な被害者問題

アメリカにおいては，前述のような判例法理の展開，使用者によるセクシュアル・ハラスメント・ポリシーの策定・周知や，セクシュアル・ハラスメント・トレーニングの実施，及びフェミニストの問題提起等により，セクシュアル・ハラスメントという言葉が，広く社会に浸透し，セクシュアル・ハラスメントについて，とくに男性の意識が変化し，よりありまいな行為については，いまだ男女差があるとはいえ，男女の判断基準が接近する傾向が示されてきている。そして，セクシュアル・ハラスメントは，男女共通問題化してきているといえる。

すなわち，前述のように，1998年のオンクル対サンドオウナー・オフショア・サービス事件連邦最高裁判決は，1993年のハリス対フォークリフト・システムズ事件判決の合理的人間基準判断を敷衍して，公民権法第7編違反の判断基準について，ハラスメントの客観的な重大性は，被害者のすべての状況を考慮して，被害者の地位にある合理的人間の観点から判断されなければならないと述べて，合理的人間基準プラス総合的判断の枠組みを明らかにしている。これらの判決により，合理的女性基準の採用は否定されているが，合理的女性基準の主張は，そもそも，セクシュアル・ハラスメントに関して，男性と女性では，認識の方法と認識が違うということを前提とする研究に基づいて主張されたものである[14]。

しかし，その前提が，崩れてきている現在，合理的女性基準に固執する理

---

(14)　T. M. Beiner, op. cit., p.40.

第2章　セクシュアル・ハラスメントと過敏な被害者問題

由はない。セクシュアル・ハラスメントの違法性の判断基準については，連邦最高裁の採用する，合理的人間基準プラス総合的判断の枠組みが適切なのである[15]。

このような，状況のなかで，合理的人間を基準とする判例法理の違法性基準に満たない事案を提訴する労働者は，過敏な被害者（hypersensitive victims）と呼ばれるのである。すなわち，過敏な被害者問題は，アメリカにおいて，セクシュアル・ハラスメント法理が一応の成熟をみ，その違法性の判断基準が合理的人間であることが明らかになり，セクシュアル・ハラスメントについて男女の判断基準が接近し，セクシュアル・ハラスメントが男女共通問題化した時点において，認識された問題なのである。

アメリカにおいて，過敏な被害者に関する判例には，前述の2001年のクラーク郡学区対ブリーデン事件連邦最高裁判決のほかに，下級審判例として，①人事マネージャーが会議中ライターの入った煙草の箱を女性社員のタンクトップとブラジャーの紐の内側に入れた行為や，②会議中女性社員がくしゃみをしたところ人事マネージャーが喉飴を差し出して，「君が処女を失ったっていうから，これで補えよ」と言ったことなど，6カ月間に2回の不快な発言と1回の不法接触では，敵対的職場環境を構成するほど重大ではないとした，バーネット対ティコ社事件第6巡回裁判所判決（Burnett v. Tyco Corp. 203 F. 3rd 980（6th Cir. 2000）cert. deneied, 531 U. S. 928（2000）），女性労働者が，7月から10月までの2週間ごとの会議で，差別的発言やしり・おっぱい云々という性的ジョークを浴びたことについて，単に不快であるというだけでは不十分であるとして女性労働者の請求を棄却したブラック対ザーリング・ホームズ事件第6巡回裁判所判決（Black v. Zaring Homes, Inc. 104 F. 3rd 822（6th Cir.）cert. denied, 522 U. S. 856, 118 S. Ct. 172, 139 L. Ed. 2d 144' 1977）），女性職員が婚約者の義兄である同僚から，①机のそばで「君の

---

(15) 前掲拙著414頁以下。刑事法につき同様の問題があることについては，Alafair S. Burk: Equality, Objectivity, and Neutrality-Murder and the Reasonable Man: Passion and Fear in the Criminal Courtroom by Cynthia Lee, Michigan Law Review, May 2005, pp.1043 et s. を参照。

41

第1部　セクシュアル・ハラスメントと法的アプローチ

肘は乳首の色と同じだ」と言われたこと、②ドレスの下方を見るふりをしながら「君は大きな太ももをしている」といわれたこと等の一連の行為が2年間続いたことについて、状況を総合的に判断すると、発言は野卑で不快ではあるが、重大とは言えないし、じろじろ見るという行為や腕へのタッチも重大ではなく、男性同僚の行為は、職場環境を敵対的にも濫用的にもしていないとして、請求を棄却したシェファード対テキサス州会計検査官事件第5巡回裁判所判決（Shephard v. Comptroller of Public Accounts of the State of Texas, 168 F. 3d 871（5th Cir.1999））、男性同僚が職場の掲示板に7枚のはがきサイズのセミヌードやヌードの男性写真を貼ったことは、雇用条件を変貌させるほど脅し、嘲笑及び侮辱の蔓延した雰囲気を生み出すとはいえないとしたブレナン対メトロポリタン・オペラアソシエイション事件第2巡回裁判所判決（Brennan v. Metropolitan Opera Association, Inc., 192 F. 3d 310（2nd Cir. 199））などがある[16]。

第2節　わが国における過敏な被害者問題

1　セクシュアル・ハラスメントに関するわが国判例の発展

わが国では、セクシュアル・ハラスメントについては、人格権侵害の不法行為法理が、その中心的法理をなしているが、わが国の判例法理は、権利侵害を違法性と読み替え、違法性判断において、権利ないし保護される利益と侵害の態様を相関的に考量する判断枠組みを採用するものが多い（相関関係説）。セクシュアル・ハラスメントのうち、暴行・脅迫を用いた強制猥褻などの刑罰法規違反の行為は、それ自体違法な不法行為と判断されているが、それ以外の場合については、行為者と相手方の職務上の地位・関係、当該言動の行なわれた場所・時間、行為の態様、被害者の対応等の諸事情を総合的に考慮して、行為が社会通念上許容される限度を超えたり、社会的見地から不相当とされるときは、人格権侵害として違法と判断されている[17]。

---

(16)　詳しくは、前掲拙著436頁以下を参照。
(17)　詳しくは、前掲拙著224頁以下を参照。

第 2 章　セクシュアル・ハラスメントと過敏な被害者問題

　しかも，社会的通念とは，社会一般で行なわれている常識を意味し，社会的相当性とは，社会生活の中で歴史的に形成された社会倫理秩序の枠内にある行為は正当行為として許容されるとする観念とされているが，「法は平均人を予想する」といわれるように，法システムは平均人（一般人・普通人・通常人などともいう）を前提に成り立っているので，判例の総合的判断枠組みは，平均的人間を基準としている。このような総合的判断枠組みにおいては，男性であれ，女性であれ，被害者の感覚は，総合的判断のひとつの事情として考慮されるのである[18]。

　判例は，女性に対して子供はまだかという話を度々することや派手な服装を注意することについて，その話を聞かされる者がそのことによって不快感を持ったとしても，その話をする者が，相手方の気持ちを理解する立場にあり，執拗に尋ねるなどした場合は格別，そうでなければ，このような発言のみをとらえて不法行為上違法であると解するとはできないという不法行為成立の具体的な基準も示している（岡山セクシュアル・ハラスメント（労働者派遣会社）事件・岡山地判平 14・5・15 労判 832 号 54 頁）。また，個々の行為は，それだけでは違法性を有しないものでも，被害者が抗議したり回避行動をとるなどの反対の意思を明確に表しているのにもかかわらず，勤務時間中などに反復継続して行なわれれば，それらの行為は，その態様，反復性，行為の状況，両当事者の職務上の関係に照らして，客観的に社会通念上許容される限度を超えた性的不快感を与える行為として不法行為が成立するとする判例もある（岡山セクシュアル・ハラスメント（リサイクルショップ A 社）事件・岡山地判平 14・11・6 労判 845 号 73 頁）。これらの判例は，当該個人の明示的な意思に反してことさらに不正確な氏名の呼称をしたことにつき不法行為の成立を認める NHK 日本語読み訴訟事件最高裁判決（最 3 小判昭 63・2・16 民集 42 巻 2 号 27 頁）の判断に従ったものである。

---

(18)　前掲拙著 416 頁以下を参照。

第 1 部　セクシュアル・ハラスメントと法的アプローチ

2　セクシュアル・ハラスメントに関する日本人の意識の変化

　わが国においては，1989 年に，セクハラという言葉が，マスコミの新語・流行語大賞の新語部門の金賞を取って以来，セクハラという言葉は，日本語特有の短縮形で一般用語といえるまでになっており，人々の間にすっかり定着しているといえる[19]。

　セクシュアル・ハラスメントに関する日本人の意識の変化を示す有用な調査をみいだすことはできないが，1997 年均等法改正による，事業主にセクシュアル・ハラスメントに関する雇用管理上の配慮義務を課する男女雇用機会均等法 21 条，及び公務員の服務規律にかかわる人事院規則 10-10（セクシュアル・ハラスメントの防止等）により，官民を問わず，各職場において，セクシュアル・ハラスメントに関する予防施策が採られるようになっている。すなわち，均等法 21 条に基づくガイドライン（平成 10 年労働省告示第 20 号）によれば，①セクシュアル・ハラスメントに関する企業方針の明確化と周知・啓発を内容とする一般的防止策，②相談窓口の設置，相談・苦情への対応による未然防止策，③再発防止の観点からの事後の迅速・適切な対応，④関係者のプライバシー保護・不利益取り扱い禁止等の施策である。

　財団法人 21 世紀職業財団の「セクシュアル・ハラスメント防止の取組についてのアンケート」（平成 14 年度）によれば，このうち，①企業方針の明確化と周知・啓発について，取組有と回答した企業は，法施行直後の平成 11 年度（1999 年）調査では 49％に過ぎなかったものが，3 年後の平成 14 年度調査では 61.2％にのぼっている[20]。

　平成 17 年版男女共同参画白書によれば，厚生労働省では，事業主に対して男女雇用機会均等法に沿った実効あるセクシュアル・ハラスメント防止対策を講じるよう，行政指導を行うとともに，具体的取組に関するノウハウを提供している。また，人事院も，国家公務員へのパンフレット配布や各府省

---

(19)　山田秀雄・舟山聡『セクシュアル・ハラスメント対策』日本経済新聞社，1999 年，14 頁以下。

(20)　財団法人 21 世紀職業財団『セクシュアル・ハラスメント相談担当者のための A to Z』財団法人 21 世紀職業財団，2003 年，130 頁。

第2章 セクシュアル・ハラスメントと過敏な被害者問題

の担当者への研修などを行うとともに，毎年「国家公務員セクシュアル・ハラスメント防止週間」を定めてシンポジウムやセクハラ電話相談などを実施し，セクシュアル・ハラスメントの防止等に努めている[21]。

　厚生労働省は，平成16年版女性労働白書において，企業が実効あるセクシュアル・ハラスメント防止対策を講じるためには，自社の防止対策を自主点検し，自社のセクシュアル・ハラスメントの実態及び問題点を把握することが効果的であることから，自主点検表の作成・配布により，企業に対し実行ある防止対策を講じるよう促すとともに，セクシュアル・ハラスメントが生じている企業に対しては，適切な事後の対応及び再発防止のための取組について指導を行っているとしており，平成15年度の雇用均等室における制度是正指導（均等法第25条に基づく助言等）においても，法第21条関係（セクシュアルハラスメント防止対策）事項は，制度是正指導・計5,624件のうち5,190件と群を抜いている。また，平成15年度の厚生労働省「女性雇用管理基本調査」によれば，セクシュアル・ハラスメントが起こった場合，男性にこの問題を理解させるのが難しいと回答した企業の割合は，9.9％と少ないことが指摘されている[22]。

　内閣府も，平成17年版男女共同参画白書において，企業においては，セクシュアル・ハラスメントを許さないという方針を文書で明確化し，従業員に対しても広く研修等で意識改革・啓発を徹底していくことが，セクシュアル・ハラスメントの防止策として重要であるとしている。同白書によれば，平成15年度に都道府県労働局雇用均等室に寄せられたセクシュアル・ハラ

---

(21)　内閣府男女共同参画局『男女共同参画白書（平成17年版）』独立行政法人国立印刷局，2005年，128頁。
(22)　厚生労働省雇用均等・児童家庭局編『平成16年版　女性労働白書〜働く女性の実情』財団法人21世紀職業財団，2005年，24頁以下，118頁以下。
　　平成16年度の都道府県労働局雇用均等室における均等法の相談件数19,668件のうち，第21条関係（セクシュアルハラスメント防止対策）は，7,706件と3分の1強を占めている（厚生労働省編『厚生労働白書（平成17年版）』ぎょうせい，2005年，515頁）。

第1部　セクシュアル・ハラスメントと法的アプローチ

スメントの相談件数は，前年度に比べて若干減少している[23]。

　これらのことは，均等法21条等の施行，行政指導や企業の具体的取組等により，人々の間でセクシュアル・ハラスメントに関する理解が広まっていることを示すものであろう。

　これらの予防施策の実施や，1990年以降の数百件を超えるセクシュアル・ハラスメント判例の蓄積・報道等の影響により，わが国社会においても，セクシュアル・ハラスメントが違法な行為であるという意識は，男女を問わず浸透しているといえるであろう。また，このことから，わが国におけるセクシュアル・ハラスメントに関する意識も，アメリカ同様，男女の意識の接近という変化が生じているといえるだろう。このことの客観的評価は，今後の調査・研究に待たなければならないが，少なくとも，臨床心理学を取り入れたセクシュアル・ハラスメント相談担当者のためのマニュアル本においては，相談者の申し立てが真実に基づかない場合があり，悪質な冤罪の場合もあるが，なんらかの理由で，相談者が動揺したり，神経質になったことで生じることがあることを注意するものがある[24]。このことは，わが国でも，過敏な被害者問題の存在が相談窓口において認識されていることを示すものであろう。

3　わが国の過敏な被害者問題

a　過敏な被害者問題の様相

　わが国の過敏な被害者問題に関わる判例には，本人の感じ方に関する事案

---

(23)　内閣府男女共同参画局編前掲書，83頁。
(24)　財団法人21世紀職業財団前掲書，89頁。
　　　なお，虚偽申立の例としては，共に既婚の男性社員と女性派遣添乗員が親密になったのちに男性から付き合いをやめるといわれたあとで，女性が男性から意に反する性行為を強要された等として慰謝料を請求した事案について，意に反するわいせつ行為をされた旨の原告の供述を信用することができないとした，S社（派遣添乗員）事件（東京地判平17・1・25労判890号42頁）がある。同様の例は，アメリカにおいてもみられ，拒まれた女性（the scorned woman）の復讐の問題として論じられている（T. M. Beiner, op. cit., pp.80 et s.）。

と，被害による精神障害発症に関する事案がある。

　本人の感じ方に関する判例としては，前述のように，代表取締役が，女性従業員2名とビールを飲みながら雑談した際に，「若い女性と飲むとおいしいね」「今度お好焼きを食べにいきましょう」などと述べたことは，その意図，勧誘の程度，発言内容等から到底不法行為を構成するとは認められないとした例がある（サンホーム事件・東京地判平12・4・14労判789号79頁）。同様に，事業部長が，女性社員丙山に対して，2人で飲みに行く時間を作ってくれと要求したが応じられなかったため，社内コンピュータ・ネットワークを用いて，「先日も話しましたが一度時間を割いていただき丙山さんから見た当事業部の問題点を教えていただきたいと思っておりますので宜しく」との電子メールを送信したことは不法行為とは認められないとしたものもある（F社Z事業部（電子メール）事件・東京地判平13・12・3労判826号76頁）。

　また，飲酒に関しては，新年度開始事業の従業員全員出席の懇親会において，男性上司が女性従業員に飲酒を勧めた行為や，二次会への参加を勧め，腕を取ってタクシーに乗車させたことは，強引で不適切な面があったことは否定できないとしても，飲酒した宴会の席では行なわれがちであるという程度を超えて不法行為を構成するまでの違法性があったとはいえないとした例もある（東京セクシュアル・ハラスメント（A協同組合）事件・東京地判平10・10・26労判756号82頁）。同様に，事務所での送別会終了後，飲み過ぎで他の女性社員に介抱されていた女性社員が公衆トイレ付近で座り込んでいたのを，通りかかった部長と課長が上腕部を片方づつ持って助け起こし，女性が立ち上がった後，部長が正面から女性の両肩に一瞬自分の手を乗せたことを，介抱していた女性がセクシュアル・ハラスメントであると非難して，出社拒否したことに関連して，女性の配転拒否を理由とする解雇が有効とされた例がある（名古屋セクシュアル・ハラスメント（K設計・本訴）事件・名古屋地判平16・4・27労判873号18頁）[25]。さらに，飲酒にかかわるものではないが，

---

(25) K設計・本訴事件については，拙稿「軽微なセクハラと労働者の就労拒否を理由とする配転・解雇〜名古屋セクシュアル・ハラスメント（K設計・本訴）事件」労働判例874号5頁以下を参照。

第 1 部　セクシュアル・ハラスメントと法的アプローチ

女性労働者が軽微なセクシュアル・ハラスメントを理由として就労を拒否した後，有期労働契約は期間満了により終了したとされた例もある（A 社（綜合警備保障業）事件・神戸地裁尼崎支判平 17・9・22 労判 906 号 25 頁）。

このほか，最近では，希望退職募集に関連して，担当者が「女手ひとつで子供を育てていてこれから先が心配で電話をしました」と述べたことについて，「母子家庭」に関する発言についても，原告が当該発言を不快に感じたという以上，これは適切さを欠くものといわざるを得ないが，当時，原告は，発言に対し抗議もしておらず，アシスタントヴァイスプレジデントと面談した際も発言については特に触れていないこと等に照らすと，これを金銭の賠償を要するほどの違法行為ということはできないとした例もある（マニュライフ生命保険事件・東京地判平 17・6・24 労経速 1907 号 18 頁）。

これらの判例に対して，わが国の判例には，セクシュアル・ハラスメント被害による精神障害発症に関わる事案もある。

すなわち，女性管理職が職場の防犯パトロール中，通常の使用時間外に使用されている男性浴室に，原告男性職員の承諾なく立ち入り，上半身裸でいた原告をじろじろ見つめながら，「ねえ，なにしているの」「なんでお風呂に入っているの」と発言したこと及びその後の苦情担当者の対応について，管理職の行為は国家賠償法上違法と評価すべき行為とはいえず，原告が PTSD（心的外傷後ストレス障害）又は適応障害にり患したと認めるに足りないなどとして，慰謝料等の損害賠償請求を棄却したものがある（日本郵政公社（近畿郵政局）事件・大阪高判平 17・6・7 労判 908 号 72 頁，同・大阪地判平 16・9・3 労判 884 号 3 頁）[26]。

また，キリスト教教会の牧師から平成 12 年 7 月までセクシュアル・ハラスメントを受けて退職した女性職員に対して，牧師に慰謝料 150 万円の支払いを命じたが，女性が退職後，平成 13 年 4 月から母校に職を得た後，体調を崩して休職し，退職したことについては，PTDS は，心的外傷体験から 6 ヵ月以内の発症が原則であることからすると PTSD はセクシュアル・ハラ

---

[26]　PTSD に関しては，前掲拙著 313 頁以下を参照。

第2章 セクシュアル・ハラスメントと過敏な被害者問題

スメントを原因として生じたものであるとの意見書は採用できず，体調を悪化させたのは，教会関係者や大学の神学部関係者が真摯に問題に向き合ってくれなかったことの悔しさ，訴訟提起が周囲の人に迷惑をかけているのではないかとの自罰的負担，信徒が牧師を相手取って提訴することの心理的負担等のストレスなどが相俟ったと考えざるを得ず，平成13年4月以降の体調不良は，牧師の加害行為とは無関係でないものの，加害行為と法的因果関係があるとは認めがたいとしたものがある（熊本セクシュアル・ハラスメント（教会・幼稚園）事件・大阪高判平17・4・22労判892号90頁）。

　さらに，労災認定問題として，職場の上司と不倫関係にあった女性職員が，上司から性的暴行を受けてPTSD等の精神的障害を発症し，関係破綻後も引き続き同上司のもとで勤務したことにより悪化したとの主張について，原告が本件性的暴行に遭遇したのは，上司との従前の私的交際の延長で，宝塚歌劇のビデオを勤務終了後原告の自宅で鑑賞するというおよそ公務とは無関係の理由で上司を自宅に招き入れたからで公務遂行性の要件が欠けており，原告の職務もおよそ性的暴行に遭うような性質のものでなく，性的暴行は就業時間外かつ事業施設外で発生したものであることなどを総合考慮すれば，本件性的暴行は原告の職務に内在する危険が現実化したものということもできず，職務と本件疾病発症の間に相当因果関係を認めることはできないし，また，原告が本件性的暴行後に公務に従事し，上司の支配下におかれて心理的負荷を受け続けたことにより本件疾病を発症したとか，これを悪化させたとかを認めるに足りる証拠は存在しないとした例もある（地公災基金東京都支部長（東京都海外事務所）事件・東京地判平16・12・6労判887号42頁）。なお，セクシュアル・ハラスメント被害による精神障害と労災補償については，本書第8章で詳しく検討している。

　b　過敏な被害者問題と労使の対応

　過敏な被害者が関わる上記諸判例が提起する法的問題は，人格権侵害に関する慰謝料，治療費，休業補償等の損害賠償請求，出社拒否・配転拒否，労災認定等様々である。

第 1 部　セクシュアル・ハラスメントと法的アプローチ

　いわゆる軽微なセクシャル・ハラスメントについて，過敏な被害者が訴訟を起こして争うことは，本人にとって社会的リスクが大きい。

　すなわち，損害賠償請求は，軽微なセクシュアル・ハラスメントについては認められないことが多いであろうし，わが国では，他の社員や会社を相手取って訴訟をすれば，勝ち負けに関わらず，職場に居づらい雰囲気となろう。また，出勤拒否や配転拒否をすれば，正当な事由のない重大な業務命令違反として解雇される危険性がある。前掲名古屋セクシュアル・ハラスメント（K設計・本訴）事件判決では，配転拒否・出社拒否は正当な理由がないとして解雇が有効とされている。もちろん，労務を提供すれば身体等に危害が及ぶ蓋然性が高い場合は話は別であるが，軽微なセクシャル・ハラスメントについては，そのような可能性はない[27]。

　経験ある労働者が，本人にとっては深刻だが，客観的に見れば軽微な問題で職を失うことは，本人にとっても，会社にとっても，社会にとっても大きな損失である。軽微なセクシャル・ハラスメントについては，職場環境整備や本人に対するカウンセリングを含めた職場内での自主的な解決が必要である。

　過敏な被害者事案の一部は，わが国では，阪神大震災後に症状を訴える人が続出したことからその病名が定着したPTSDなどの精神障害について，世相を反映して，労働者の間でその症状を訴える人がいることを示すものである。すなわち，PTSDなどの精神障害については，産業医から見て，一部ではあるけれども，客観性・妥当性を欠くように思われる訴訟があり，多くの人にとっては乗り越えられるストレスや状況でも，著しく傷ついて激しい憤りを感じる人がおり，そういう人にとってみれば，軽微なことでも恐怖と屈辱に満ちた体験となるという問題である[28]。

---

(27)　前掲拙稿 10 頁以下，前掲拙著 260 頁以下。
(28)　鈴木安名「遊筆～労働問題に寄せて～PTSDをめぐって」労働判例 894 号 2 頁。過敏な被害者問題に関する民法学者からの新しい試みについては，城内明「不法行為における『傷つきやすい被害者』～損害分担における『公平（衡平）』の実現」私法 72 号 112 頁以下，及び同「被害者の多様性と不法行為～不法行為成立判断場面における被害者の『傷つきやすさ』に起因するリスクの分担についての一考察」摂南法学

第 2 章　セクシュアル・ハラスメントと過敏な被害者問題

このような問題は，必ずしも法的解決に適したものではなく，医療やカウンセリング，そして，職場での解決が求められるといえる。

む　す　び

本章で検討したように，過敏な被害者問題は，セクシュアル・ハラスメント法理の成熟がもたらした問題である。

日米において，過敏な被害者問題は，検討が始まってはいるが，解明されていない問題が多く，具体的事案の解決が実際上困難なことが多い。各企業においては，このような問題が生じたときは，産業医やカウンセラーなどの協力を得て，人材の喪失が起こらないように，適切に解決する必要がある。

46号93頁以下を参照。

第3章　ジェンダー・ハラスメントの法理

はじめに

　ジェンダー・ハラスメント（Gender Harassment）という言葉を，文字通り解釈すれば，人の性を理由とするハラスメント（嫌がらせ）という意味になるであろう。この言葉は，社会的に規定された男女の性役割を強制する行為という意味で用いられることもある。ただし，この言葉は，現在，各種英語辞典には記載されておらず[1]，日常用語としては，いまだ熟していない言葉である。

　ジェンダー・ハラスメント（Gender Harassment）とは，アメリカで1980年代に生まれた言葉であり，心理学の分野では，セクシュアル・ハラスメントの3つの様相のひとつを示すものであると理解されている。すなわち，①ジェンダー・ハラスメント（女性に関するみだらなコメント及び否定的発言）(gender harassment, i. e., lewd comments and negative remarks about women)，②性的注目（望まれない接触及びデートの圧力）(unwanted sexual attention, i. e. unwanted touching and pressure for dates)，及び③性的強要（性的収賄及び脅迫）(sexual coercion, i. e., sexual bribery and threats) の3つの様相のひとつを意味するものであり，ほかのセクシュアル・ハラスメントの様相とは異なり，性的協同を必ずしも目的としていないが，女性達に侮辱的又は敵対的と理解される行動である，と定義されている[2]。

　しかし，法的には，後述のように，アメリカ連邦最高裁判所は，セクシュアル・ハラスメントを性欲に関連する行為と捉える判断枠組み（性欲パラダ

---

(1) Longman Dictionary of Contemporary English, new edition, 2003. ほか。
(2) Anna-Maria Marshall, Confronting Sexual Harassment - The Law and Politics of Everyday Life, Ashgate, 2005, p.90.

第1部　セクシュアル・ハラスメントと法的アプローチ

イム・the sexual desire-dominance paradigm) を採用しており，心理学のようなセクシュアル・ハラスメント概念を採用しておらず，セクシュアル・ハラスメント概念には，非性的なジェンダー・ハラスメントは，含まれていない。ジェンダー・ハラスメントは，セクシュアル・ハラスメントとは別個の概念として法的保護がはかられるべき問題として捉えられている[3]。

　ところで，わが国の女性学においては，ジェンダー・ハラスメントとは，性役割意識に基づくハラスメントであると観念されている[4]。

　わが国の法分野においては，男女雇用機会均等法21条（1997年改正均等法。現行2006年改正均等法11条）は，セクシュアル・ハラスメントを，固定的な性別役割分担意識に係る問題であるジェンダー・ハラスメントを含まないものとしているが，人事院規則10-10が，セクシュアル・ハラスメントを，性別により役割を分担すべきとする意識に基づく言動であるジェンダー・ハラスメントを含むものとして定義しているため，わが国の法的なセクシュアル・ハラスメント概念には，若干の混乱が生じている[5]。このことは，男女雇用機会均等法の改正をめざした労働政策審議会雇用均等分科会の審議状況にも現われており，その審議状況についての中間取りまとめ（2005年7月）においても，「セクシュアル・ハラスメントの定義にジェンダー・ハラスメント（性別役割分担意識に基づく言動）も含めるべきである」との意見が出されたとする一方で，「セクシュアル・ハラスメントにジェンダー・ハラスメントを含めると，本来のセクシュアル・ハラスメント自体が不明確になるので反対である」との意見が出されたとするなど，意見は両論併記となっており，混乱は解消していない[6]。

　この問題に関連して，法律家の立場から，法政策論として，「均等法21条

---

(3) Vicki Shultz: Reconceptualizing Sexual Harassment, Yale Law Journal, 107(6), April, pp.1692 et s. 拙著『改訂版セクシュアル・ハラスメントの法理』労働法令，2004年，21頁以下。
(4) 井上輝子ほか編『岩波女性学事典』岩波書店，2002年，297頁（浅倉むつ子）。
(5) 詳しくは，前掲拙著23頁以下，343頁以下を参照。
(6) 厚生労働省ホームページ（厚生労働省・労働政策審議会雇用均等分科会第49回資料）。

第3章　ジェンダー・ハラスメントの法理

と人事院規則10-10が定義するセクシュアル・ハラスメント概念が異なっているのは好ましいとは思えない。人事院規則は，…いわゆる性役割に基づくジェンダー・ハラスメントも含むという点で，均等法よりも幅広い防止措置を定めている。将来的にはこちらに照準を合わせるべきであろう。」との主張があるが[7]，セクシュアル・ハラスメントとジェンダー・ハラスメントを混同する傾向があることは否めない。

最近のアメリカ合衆国と，イギリス及びフランスのEU諸国の立法・判例等の動向をみると，ジェンダー・ハラスメントは，法的には，セクシュアル・ハラスメントとは別個のものとして観念されている。すなわち，アメリカにおいて，ジェンダー・ハラスメントは，セクシュアル・ハラスメントとともに，アメリカ1964年公民権法第7編による法的規制の対象であり，いずれも性を理由とする差別の類型をなすものであるが，適用法規が同じであるにもかかわらず，ふたつのハラスメントの概念は，混同されたり同一の概念とされることはなく，両者は峻別され，別個の法理形成がはかられている。イギリス及びフランスにおいても，EUの2002年男女均等待遇指令に基づいて，両者は峻別され，別個の法理形成がはかられている。

本章は，セクシュアル・ハラスメント法理とともに，アメリカ，イギリス，フランスにおいて形成過程にあるジェンダー・ハラスメント法理について，アメリカ，イギリス，フランス及びわが国の法的動向を検討し，混乱がみられるわが国のジェンダー・ハラスメント法理について，その形成の方向を検討するものである[8]。

---

(7) 浅倉むつ子「セクシュアル・ハラスメント」ジュリスト増刊・労働法の争点（第3版），有斐閣，2004年，117頁。

(8) 本稿は，わが国の女性学やジェンダー法学の業績を否定するものではない。アメリカ合衆国のアメリカ外交史研究の分野では，先行研究の意義を検討し，新たな視点から疑問点を指摘しつつ，次代の方向性を探るという作業が繰り返し行なわれているようである（マイケル・J・ホーガン編（林義勝訳）『アメリカ大国への道～学説史から見た対外政策』彩流社，2005年，7頁，283頁）。本章も，そのような作業をめざすものである。

第1部　セクシュアル・ハラスメントと法的アプローチ

第1節　アメリカにおけるジェンダー・ハラスメントの法理

　アメリカにおいては，すでに形成されているセクシュアル・ハラスメント法理において，セクシュアル・ハラスメント（sexual harassment）概念に，ジェンダー・ハラスメント（gender-based harassment or gender harassment）概念，すなわち，「ジェンダーという社会的に規定された性別により規定される男女の性役割を強制する行為」を含めるか否かという問題がある。

　実務的には，セクシュアル・ハラスメント法理に比べて法理形成が緒に付いたばかりであるジェンダー・ハラスメント事案は，セクシュアル・ハラスメント事案として提訴されている。

　すでに旧稿で述べたところだが，この問題について，アメリカの連邦最高裁判所は，公民権法第7編について，セクシュアル・ハラスメントかジェンダー・ハラスメントかという単純な議論を展開してはいないということに留意する必要がある[9]。

　そもそもセクシュアル・ハラスメントは，①本来の中心的な対価型（quid pro quo harassment）のカテゴリーにおいては，性的動機に基づく行為（sex-based harassment）にほかならない。それは，性欲を動機として（sex-based），経営者や上司が労働者に雇用と引き替えに性的関係を迫るなどの性的な手段態様（sexual ways）を用いた行為である。

　これに対して，その後人種差別のアプローチを類推して判例により認められた環境型セクシュアル・ハラスメント（hostile work environment harassment）のカテゴリーにおいては，セクシュアル・ハラスメントは，②性的動機に基づくものと，③性役割に基づくものが認められる。前者の，②性的動機に基づく環境型セクシュアル・ハラスメント（sex-based harassment）とは，a・性欲を動機として，性的関係を誘ったり身体を軽く触るなどの性的な手段態様を用いたものと，b・性欲を動機とするが，本人の望まない電話・贈り物

---

[9]　前掲拙著21頁以下。

第 3 章　ジェンダー・ハラスメントの法理

や仕事外しなどの非性的な手段態様（non sexual ways）を用いたものをいう。

つぎに，後者の，③性役割に基づく環境型セクシュアル・ハラスメントとは，性欲ではなく，性役割を動機とするが，性的な手段態様を用いたものをいう（sexual, gender-based harassment）。公民権法第 7 編に基づくポジティブ・アクションにより，男性だけの職場に進出してきた女性を職場から追い出すために身体に触ったり，卑猥な言葉をかけたりする行為などがこれに当たるとされている。このタイプの行為は，性的手段態様から，法的・社会的に，セクシュアル・ハラスメントとして取り扱われている。

しかし，④女性に対して職場のペットや家政婦としての役割を強制する，性役割に基づく非性的手段態様を用いた行為である非性的なジェンダー・ハラスメント（nonsexual, gender-based harassment）を，セクシュアル・ハラスメントに含めることには異論が大きい。アメリカのフェミニストには，セクシュアル・ハラスメントを女性差別の一態様と捉えて女性差別問題解決の突破口とする考えから，セクシュアル・ハラスメントにジェンダー・ハラスメントを含めることを主張する者もいるが，判例は，セクシュアル・ハラスメントについて，性欲に関連する行為と捉える判断枠組み（性欲パラダイム・the sexual desire-dominance paradigm）を変えていない。アメリカの裁判所は，ジェンダー・ハラスメントとともに，セクシュアル・ハラスメントは法理的には 1964 年公民権法第 7 編の性差別の問題であるが，行為そのものは性欲に関わるものと捉えてセクシュアル・ハラスメントの法理を展開してきたのである[10]。

アメリカの判例において，ジェンダー・ハラスメントは，性差別の問題ではあるが，セクシュアル・ハラスメントとは別個の解決がはかられるべき問題である。アメリカの裁判所は，一般的に，上記④の性役割に基づく非性的手段態様を用いた行為である非性的なジェンダー・ハラスメントないしノン・セクシュアル・ハラスメント（nonsexual harassment）を，ジェンダー・ハラスメント（gender harassment）と呼んで，セクシュアル・ハラスメント

---

[10] V. Schultz, op. cit., pp.1692 et s.

第1部　セクシュアル・ハラスメントと法的アプローチ

と区別しているのである[11]。

　ただし，アメリカにおいても，ジェンダー・ハラスメントに関する判例法理は，セクシュアル・ハラスメントに関するそれのように十分な展開を示しているわけではない。ジェンダー・ハラスメントについては，連邦地方裁判所や控訴審である巡回裁判所において，いくつかの判例が現われているにすぎない。これらの判例は，元来セクシュアル・ハラスメント事件として提訴されたものである。

　これらの判例においては，たとえば，まず，男性上司が部下の女性職員Xにその地位を脅かされると感じて，仕事に必要な書類のある上司の部屋への立入りを禁止し，郵便物配布を故意に遅らせてXの仕事を妨害し，仕事の仕方を教えることを拒否したうえにXが外部に助けを求めたことを非難し，Xを怒鳴り付けたり脅したり，Xにいつも口汚い言葉を用い，Xを「ベイビー」と呼び，一度はXの部屋のドアを蹴り開けたり，Xが自分の部屋から出るのを妨げたり，煙草嫌いを知りながらXに煙草の煙を吹き掛けたり，他の女性職員にも怒鳴り付け，侮辱したり，会議でがみがみ怒鳴ってバカと呼んだり，上司に「部下のうすのろ女は読み書きができない」と述べ，女性をあたかもそこにいないかのように無視したりした行為などの一連の行為が，環境型ハラスメントとして公民権法第7編違反にあたると判断されている (Delgado v. Lehman, 665 F. Supp. 460（E.D.Va.1987))。

　また，たとえば，女性憎悪 (hatered of woman) を動機として，男性医師が，優秀で献身的な女性の指導的技師Xに対して，2度怒鳴り付け，一度は聴診器を投げ付け，また，患者の検査票から医学検査報告書が消えていると言ったあとで，Xの上着の衿を持って引き寄せて歯を食いしばりながら怒鳴り付け，放すまでXを暴力的に揺さ振ったこと，同医師が他の女性職員もいじめ，女性職員を呼ぶときには下品な言葉を用い，男性職員に対する以上にはるかにしばしば，かつ，はるかに深刻に虐待したことが，環境型ハラスメントとして公民権法第7編違反にあたると判断されている (Kopp v.

---

(11) Raymond F. Gregory, Unwelcome and Unlawful-Sexual Harassment in the American Workplace, Cornell University Press, 2004, pp.86 et s.

58

第3章　ジェンダー・ハラスメントの法理

Samaritan Health System, Inc., 13 F. 3d 264（8th Cir. 1993））。

　さらには，また，女性一般に対する敵愾心（animus toward women）に基づいて，銀行の男性職員が，女性ティーム・リーダーXに対して，少なくとも30回以上，男性がリーダーになるのが当然で男性のティーム・リーダーがいいと述べ，また，女性はあまりに感情的で管理業務をすることができないので女性を管理職にすることは賢明ではないと述べ，Xの部下の女性職員がミスをしたときはいつでも彼女は生理中かとか欲求不満だとか述べたほか，この男性職員が，女性職員達の業績を汚す発言をし，しばしばオープンに，「女性が銀行で出世する唯一の方法は股を開くこと」で，同人が女性に生まれていたら堕落した人生になっていただろうと述べ，「女性は素足で，身篭もっていればいい」という決まり文句と，女性の人生の唯一の目的は結婚する男性を見つけることだという信念を何度も述べ，さらには，同人がXの小部屋の外に立って文句を述べたあとで「覚えていろ何が起こるかわからないぞ」としばしば叫び，上司とXが同人に陰謀を企てたと非難し，ついにはXの小部屋に入ってきてXの座った椅子を乱暴に回して対面し，「男が女ののどをかき切る気持ちが解るか」と述べて，Xが女性であることを理由として侮辱し身体的に脅迫したことが，環境型ハラスメントとして公民権法第7編違反にあたると判断されている（Smith v. First Union National Bank, 202 F. 3d 234（4th Cir.2000））。

　この事件で，Xは，セクシュアル・ハラスメント事件として銀行を訴えたが，連邦地裁は，現在ではすでに殆どの裁判所で破棄されている法のルールに従い，Xが男性職員が不適切に女性の身体を触り，色目を使い，明示的又は黙示的にセックスするよう誘ったと主張しなかったという事実に重きを置いて，Xがセクシュアル・ハラスメントされたとすることができないとして，Xの請求を棄却した。しかし，巡回裁判所は，「職場が差別的な脅し，あざけり及び侮辱に満々ているとき，すなわち，被害者の雇用条件を変更し，かつ，濫用的な職場環境を創りだすほど十分に重大又は蔓延的であるとき，使用者は，公民権法第7編に違反する。……女性の地位を威嚇し，あざけり，悪意をもって汚す発言により飲み尽くされた職場は，望まれない性的誘惑が

59

満ちた環境と同様に敵対的環境を創りだすことができる。」と判示して，Xの請求を認容した。この判決は，環境型セクシュアル・ハラスメントと同様に，公民権法第7編は，敵意や攻撃性が十分に重大又は蔓延的な水準に至る環境型のジェンダー・ハラスメントを禁止するとしたのである[12]。

判例は，これらの判決の前にすでに，生命保険会社女性営業部員Xの成功を不愉快に思った新経営陣の男性メンバーによる性的なセクシュアル・ハラスメント行為と，秘書・スタッフその他のサポートの取り上げや，軽視，同僚の前での屈辱，不利な仕事の割当てなどのノン・セクシュアル・ハラスメント行為が入り交じった事案について，「これらの出来事のいくつかは，性欲により引き起こされていることが明らかであるが，いくつかは性的に敵対的であり，いくつかはノン・セクシュアルだがジェンダーを理由としており，他のものは表面的には中立的である。…公民権法第7編は，これらのタイプの行為のすべてに適用される。…公民権法第7編は，性差別を禁止するのである。「性」（sex）という言葉はいくつかの意味を有するが，公民権法第7編では，それは，人種や宗教と同様に，個人の性質を示すものである。当法廷は，本事件で主張された種類の性的誘惑は，その動機が欲望であろうと憎悪であろうと，性を理由としたものと考える。同様に，女らしさや男らしさに関する認識に基づいた敵対的又はパターナリスティックな行為は，性を理由とする，あるいはジェンダーを理由とするものなのである。」と判示していた（Durham Life Insurance Co. v. Evans, 78FEP Cases 1426（E.D.Pa.1997), affirmed 166 F.3d 139（3d Cir.1999））。

そして，なによりも，1998年オンクル事件連邦最高裁判決（Oncle v. Sundowner Offshore Service, Inc., 523 U.S.75（1998））が，「事実認定者は，たとえば，加害者が職場における女性の存在に対する一般的憎悪に動機付けられていることが明らかになるほど，女性被害者が他の女性により性特有の軽蔑的言葉によりハラスメントを受けたときは，かかる差別を認定しなければならない。」と述べて，しばしばジェンダー・ハラスメントと呼ばれる行為

---

[12] R. F. Gregory, op. cit., p.89.

第3章　ジェンダー・ハラスメントの法理

が，提訴可能であると説明していたのである。性的性質を有しないが，特定のジェンダーの人間に対する嫌悪に基づくハラスメントは，被害者の雇用条件を変更し，かつ，濫用的な職場環境を創りだすほど十分に重大又は蔓延的であるときは，提訴可能なのである[13]。

これらの判例から理解されるように，裁判所は，性的なセクシュアル・ハラスメントであれ，ノン・セクシュアルなジェンダー・ハラスメントであれ，被害者の雇用条件を変更し，かつ，濫用的な職場環境を創りだすほど十分に重大又は蔓延的であるときは，環境型のハラスメントとして公民権法第7編に違反する性差別であると考えているのである。

しかも，裁判所においては，セクシュアル・ハラスメントであれジェンダー・ハラスメントであれ，公民権法違反の違法な環境型ハラスメント（労働者の雇用条件を変更し，かつ，濫用的な職場環境を創りだすほど十分に重大又は蔓延的なもの）を判断するための基準は同一である。すなわち，連邦最高裁は，セクシュアル・ハラスメント事案について1993年ハリス対フォークリフト・システムズ事件連邦最高裁判決と1998年オンクル事件連邦最高裁判決において，合理的人間を基準とし，被害者のすべての状況を考慮して違法性の有無を判断する，合理的人間基準プラス総合的判断の立場を採用しているが[14]，この判断の基準及び枠組が，セクシュアル・ハラスメント（性差別），ジェンダー・ハラスメント（性差別），人種差別，宗教差別，国籍差別，障害者差別等の事案すべてに適用になるのである[15]。

なお，ジェンダー・ハラスメントの被害者は，女性に限られない。子供と過ごす時間を増やしたいという理由で転職してきた男性職人が，同僚男性労働者達からパパでなくママだから残業したくないのだといわれ，妻の名前であるサリーと呼ばれ，水や道具の用意などの無意味な雑用をさせられ，頭

---

(13) Theresa M. Beiner, Gender Myths v. Working Realities − Using Social Science to Reformulate Sexual Harassment Law, New York University Press, 2005, p.19.
(14) 詳しくは前掲拙著414頁以下を参照。
(15) Jan C. Salisbury and Bobbi Killian Dominick, Investigating Harassment and Discrimination Complaints − A Practical Guide, Pfeiffer, 2004, pp.19 et s.

第1部　セクシュアル・ハラスメントと法的アプローチ

をこすられて縮れ毛といわれ，ついには，皆から小便を掛けられて新入りの儀式だといわれた事案が雑誌等で紹介されている。このようなハラスメントは，男性の性役割の強制（enforcement of the heterosexual male gendar role）で，新しい形態のジェンダー・ハラスメントであるといわれている[16]。また，女性同志の同性間においても，ジェンダー・ハラスメントが行なわれることは，前述のオンクル事件連邦最高裁判決が示すところである。

第2節　イギリスにおけるジェンダー・ハラスメントの法理

イギリスにおいては，ジェンダー・ハラスメントは，2002年のEUの男女均等待遇指令（2002／73／EC）に基づいて，性関連ハラスメント（sex-related harassment）として観念されている[17]。

この均等待遇指令は，1976年の均等待遇指令を改正するものであるが，同指令は，EUレベルではじめて拘束力あるセクシュアル・ハラスメント及びジェンダー・ハラスメントの定義をし，同指令にかかわる限りにおいてセクシュアル・ハラスメント及びジェンダー・ハラスメントを性差別の形態として禁止した立法（2条）である。同指令は，セクシュアル・ハラスメントをハラスメントの特別な形態と捉えており，EUの条約や指令など法体系全体がジェンダーという用語法を用いていないことから，ジェンダー・ハラスメントという言葉を用いず，ハラスメントという言葉を用いている。同指令の次のような定義は，おおむね従来のECの行動準則（EC委員会「労働における男性と女性の尊厳の保護に関する勧告」1991年11月27日）の趣旨に従ったものである（ただし同勧告においてジェンダー・ハラスメント観念の明確な展開はない）[18]。

---

[16]　J. C. Salisbury and B. K. Dominick, op. cit., pp.44 et s.
[17]　Elizabeth Gillow, Martin Hopkins and Andrey Williams, Harassment at Work, second edition, Jordans, 2003, pp.5 et s.
[18]　濱口桂一郎『比較法政研究シリーズ第7号・EU労働法形成過程の分析(2)』東京大学大学院法学政治学研究科附属比較法政国際センター，2005年，222頁以下。ECの行動準則については，前掲拙著131頁以下を参照。

すなわち，同指令は，①「ハラスメント＝『ある人の性に関わる望まれない行為が人の尊厳を犯し，かつ，脅迫的，敵対的，下劣的，屈辱的又は不快な環境を創りだす目的又は効果をもって行なわれるとき（性関連ハラスメント（sex-related harassment））』」，と定義し，②「セクシュアル・ハラスメント＝『性的性質を有する，望まれない，言葉による，非言語的又は身体的なあらゆる形態の行為が，人の尊厳を犯す目的又は効果をもって行なわれるとき，とくに，脅迫的，敵対的，下劣的，屈辱的又は不快な環境を創りだすとき（セクシュアル・ハラスメント（sexual harassment））』」と定義している。同指令は，また，「人のハラスメント又はセクシュアル・ハラスメントに対する拒絶又は服従が，その人を好んで用いる基礎として用いられてはならない（対価型セクシュアル・ハラスメント）」とも規定している。
　前述のECの行動準則は，セクシュアル・ハラスメントは，性的な行為に限られない可能性を認めていたにすぎないが，同指令において，性関連ハラスメントは，セクシュアル・ハラスメントとは別個の概念として観念されているのである[19]。
　同指令において，性関連ハラスメントは，権力又は敵意の誇示の場合もあり，女性（又は男性）であるという事実に関連する理由により女性（又は男性）に向けられた脅迫的行為，威張りちらし，身体的又は言葉による虐待を含むものであると解されている。それは，女性（又は男性）を職場から追い出す目的で行なわれることがあるものである[20]。
　同指令は，「性に基づいて（on the ground of sex）」という文言ではなく，「性関連の（related to sex）」という文言を用いているが，それは，そのことによって，そのものとしては女性（又は男性）だけに向けられた行為ではない望まれない行為が，女性（又は男性）であるという事実に関連があるときに，異議を唱えることを可能にするものであると理解されている。このことについては，性差別の成否について，敷居の低い因果関係（バット・フォー・

---

[19]　E. Gillow, M. Hopkins and A. Williams, op. cit., p.5.
[20]　ibid.

第1部　セクシュアル・ハラスメントと法的アプローチ

テスト（but for test）による）を提案するものであるとする見解もある[21]。

　同指令では，性関連ハラスメントは，行為が，①性別に関連するもので，②労働者の尊厳を犯す目的又は効果をもつもので，かつ，③脅迫的，敵対的，下劣的，屈辱的又は不快な環境を創りだすものでなければならない。

　イギリスは，同指令により，国内規定を整備し，2010年平等法26条では，次のような規定を置いている。

　「第26条　ハラスメント　(1)　人(A)は，次に掲げるとき，他人(B)を差別する。／(a)　Aが，当該保護を受ける性質に関わる望まれない行為をしたとき，かつ，(b)　行為が，(i)　Bの尊厳を侵害する，又は(ii)　Bに脅迫的，敵対的，下劣的，屈辱的若しくは不快な環境を創りだす，目的若しくは効果を有するとき。／(2)　Aは，次に掲げるとき，Bを差別する。／(a)　Aが，性的性質を有する望まれない行為をしたとき，かつ，(b)　行為が，上記(1)(b)に規定する目的若しくは効果を有するとき。／(3)　Aは，次に掲げるとき，Bを差別する。／(a)　Aその他の人が，性的性質を有する望まれない行為又は性別変更若しくは性別に関わる望まれない行為をしたとき，／(b)　行為が，上記(1)(b)に規定する目的若しくは効果を有するとき，かつ，／(c)　行為にBが拒絶し又は服属したことを理由として，Bが，行為を拒絶し又は服属しなかったときよりも，Aが，Bを不利益に取り扱うとき。／(4)　行為が上記(1)(b)に規定する効果を有するか否かを決定するに当たっては，次に掲げる事項を考慮しなければならない。／(a)　Bの認識，(b)　事案のその他の状況，(c)　行為がそのような効果を有することが合理的であるか否か。……」

　なお，イギリスでは，1997年ハラスメント規制法が制定されている。同法では，合理的人間がハラスメントとなると評価する行為が2度以上おこなわれた場合，ハラスメント罪（6カ月以下の拘禁）及びハラスメントの不法行為の成立が認められる。同法は，セクシュアル・ハラスメントにも適用になるものであり，理論的には，ジェンダー・ハラスメントにも適用になるものである[22]。イギリスが，ハラスメント規制法により，性関連ハラスメン

---

(21)　E. Gillow, M. Hopkins and A. Williams, op. cit., p.6.
(22)　詳しくは，前掲拙著134頁以下を参照。

64

第3章　ジェンダー・ハラスメントの法理

トに対応する可能性がある。

第3節　フランスにおけるジェンダー・ハラスメントの法理

　フランスにおいても，ジェンダー・ハラスメントは，イギリス同様，2002年のEUの男女均等待遇指令に基づいて，性差別ハラスメント（le harcèlement sexiste）として観念されている[23]。

　従来，フランス国内法では，性差別ハラスメントを直接規定する法規定は存在しなかった。しかし，2002年1月17日の社会近代化法により制定された，刑法典222-33-2条（モラル・ハラスメント罪）は，「他人の権利若しくは尊厳を毀損し，身体的若しくは精神的健康を悪化させ，又は職業的将来を害するおそれのある，労働条件の破損を目的とし若しくはその効果を有する反復的行為により他人をハラスメントする行為は，1年の拘禁及び1万5千ユーロの罰金に処する。」と規定し，関連して改正された，労働法典L・122-46条以下のモラル・ハラスメントに関する規定が，被害者の雇用保護をはかっており[24]，これらの規定が，性差別ハラスメントの一部を仕立て直して規制している[25]。

　また，いくつかの事件において，裁判官は，これ以外の法源も活用して，性差別ハラスメントに制裁を与えている。すなわち，たとえば，部下の従業員をニグロと呼び，他の従業員のカードに性的含意のある記載をしたことを理由とする料理長の解雇を，真実かつ重大な解雇事由があるとして有効とした破毀院判例や（Pavillion Montsouris SA contre Mille, Cour de cassation (Ch. Soc.) 2 juin 2004, Droit ouvrier, mai 2005, no 682, p.217.)，従業員の90％が女性

---

(23) Michel Miné: Les nouveaux apports du droit pour l'égalité de traitement entre les femmes et les hommes dans L'emploi et le travail, Droit ouvrier, août 2004, no 673, p.355.

(24) フランスのモラルハラスメントについては，前掲拙著379頁以下，及び石井保雄「フランスにおける精神的ハラスメントの法理」季刊労働法208号113頁以下を参照。

(25) Fabrice Boquillon: Harcèlement moral au travail: une loi en trompe l'oeil, Droit ouvrier, juin 2002, no.646-647, p.278.

第1部　セクシュアル・ハラスメントと法的アプローチ

である企業の男性取締役が，セクシュアル・ハラスメント（le harcèlement sexuel）はしなかったが，女性労働者を定期的に侮辱し，重大な鬱状態に陥らせ，入院治療を余儀なくさせたことが，暴行罪（violences）に当たるとして，2カ月の拘禁（ただし執行猶予付き）及び罰金800ユーロに処せられた刑事判決がある（Tribunal de grande instance de Vesoul（ch. corr.）2 mai 2002, Droit ouvrier, mai 2005, no 682, pp.217 et s.）。裁判官は，適切な共同体の規定の条文と目的に照らして，国内法を解釈しているのである[26]。

　フランスも，EU均等待遇指令により，国内法を整備しなければならないが，その対応については，本書第4章で検討する。

第4節　わが国におけるジェンダー・ハラスメントの法理

1　ジェンダー・ハラスメントと法

　わが国の判例においては，異性に職務上の地位を脅かされることを理由とするセクシュアル・ハラスメントについては，女性労働者に対する性的うわさ流布に関わる著名な福岡セクシュアル・ハラスメント事件（福岡地判平4・4・16労判607号6頁）や，女性労働者に対する性的誹謗中傷に関わる大阪セクシュアル・ハラスメント（大阪市立中学校）事件（大阪地判平9・9・25判タ995号203頁，大阪高判平10・12・22労判767号19頁，最2小決平11・6・11労判767号18頁）等いくつかの判例がみられるところであり[27]，同性の女性に職務上の地位を脅かされることを理由とする性的中傷に関するクレディ・スイス・ファースト・ボストン・セキュリティーズ・ジャパン・リミティッド事件（東京地判平17・5・26労経速1906号9頁）もみられるが，アメリカにみられるように，異性に職務上の地位を脅かされることや，異性に対する敵意や敵愾心などの異性蔑視に基づく行為である攻撃的なジェンダー・ハラス

---

(26)　Michel Miné: Note - Cour de cassation（Ch. Soc.）2 juin 2004 ; Tribunal de grande instance de Vesoul（ch. corr.）2 mai 2002, Droit ouvrier, mai 2005, no 682, p.219.

(27)　詳しくは，前掲拙著236頁以下を参照。

第3章　ジェンダー・ハラスメントの法理

メントの事案は，少なくとも判例集等に掲載された判例には現われていないようである[28]。

　わが国においても，異性への敵愾心に基づくジェンダー・ハラスメント事案が，みられないわけではない。異性への敵愾心に基づくジェンダー・ハラスメント事案は，すでに，名誉（人格権）侵害の問題として，テクスチュアル・ハラスメント裁判（謝罪広告等請求事件・東京地判平13・12・25判時1792号79頁）として争われているところである。テクスチュアル・ハラスメント（textual harassment）とは，セクシュアル・ハラスメントという言葉にテキストをかけたアメリカ生まれの新語で，文章上の性的嫌がらせを意味する言葉であり，フェミニズムの立場に立つ文芸批評の言葉として，1980年代半ば頃から使われはじめた言葉である[29]。

　テクスチュアル・ハラスメント裁判は，被告Yが，その著書のなかで，『聖母エヴァンゲリオン』を執筆したのは，SF評論家である小谷真理（ペンネーム・原告X）ではなく，本当の執筆者はその夫の大学教授・巽孝之である旨の虚偽の記載をし，Xの名誉を毀損したとして，XがYとその著書の出版社を相手に，慰謝料の支払と謝罪広告を求めた事案である。Xによれば，Yの行為は，女性蔑視的な男性評者によって女性に対して頻繁になされる名誉毀損行為の普遍的手法によるものである[30]。

(28)　財団法人21世紀職業財団編『セクシュアルハラスメント相談担当者のためのA to Z』財団法人21世紀職業財団，2003年，95頁は，男性中心の職場では女性がジェンダー・ハラスメントの対象となることがあり，女性中心の職場では男性がジェンダー・ハラスメントの対象となることがあるとしている。

(29)　『現代用語の基礎知識2002』自由国民社，2002年，1232頁（青木信雄）。「男性中心主義の文芸・批評に関するフェミニスト批評は，文芸実践における女性嫌い，すなわち，文芸における天使やモンスターのような女性のステレオタイプ的イメージ，…古典及び大衆文芸における女性に対するテクスチュアル・ハラスメント，及び文学史からの女性の排除を分析した。」との指摘もある（Eliaine Showalter: A Criticism of Our Own: Autonomy and Assimilation in Afro-American and Feminist Literary Theory, p.62, in Sandra Kemp and Judith Squires ed., Feminisms, Oxfprd University Press, 1997.）。

(30)　テクスチュアル・ハラスメント裁判について詳しくは，ジョアナ・ラス・小谷真理編・訳『テクスチュアル・ハラスメント』河出書房新社，2001年，長谷川清美『叩

第1部　セクシュアル・ハラスメントと法的アプローチ

　この事件の判決は，「本件記載部分……は，直接には，Xが『小谷真理』のペンネームで『聖母エヴァンゲリオン』を執筆し出版したことを否定するものであるが，それにとどまらず，『小谷真理』は巽孝之であると摘示することによって，間接には，これまで『小谷真理』のペンネームで，フェミニズム評論やSF小説評論を執筆し，日本翻訳大賞思想部門や日本SF大賞を受賞するなど，講義，講演，対談，座談会等を含め幅広い活動をしているXの社会的評価を全面的に否定するに等しいものであり，その余の点を論ずるまでもなく，Xの名誉感情を著しく傷つけるものである。」として，Yらに連帯して慰謝料330万円の支払を命じるとともに，Yと出版社に対して，それぞれのホームページに謝罪文を1カ月間掲示するよう命じている。

　なお，これに関連する問題として，東京都の石原慎太郎知事が週刊誌上で「文明がもたらした最も悪しき有害なものはババア」などと発言したことに関して，都内の女性131人が，名誉毀損であるとして慰謝料請求等をした事件があるが，裁判所は，不適切ない表現だが女性全般について個人的意見を述べたもので，原告個人の名誉を傷つけたとはいえないなどとして，請求を棄却している（東京地判平17・2・25判例集未登載・読売新聞2005年2月25日)[31]。このような発言は，表現の自由の問題もあり，後述のように，相手が嫌がっているのに，ことさらに繰り返すような場合を除いて，不法行為とすることは困難であろう。

　このようなあからさまに女性蔑視的なジェンダー・ハラスメントが，労使関係上の問題として裁判で争われることは，わが国では，ほとんど無いようであるが，わが国でも，ジェンダー・ハラスメントに関わる労働裁判が無いわけではない。すなわち，わが国では，配置における女性差別を禁止する1997年均等法改正以前の古い事案であるが，女性労働者によるお茶汲み拒

　　　かれる女たち～テクスチュアル・ハラスメントとは何か』廣済堂出版，2002年，高原英里「テクスチュアル・ハラスメント裁判」早稲田文学2003年3月号28頁以下を参照。
　(31)　この裁判については，原告側の資料として，石原都知事の「ババア発言」に怒り，謝罪を求める会編『131人の女たちの告発～石原都知事の「ババア発言」裁判から見えてきたもの』明石書店，2005年がある。

第3章　ジェンダー・ハラスメントの法理

否等を理由とする解雇問題が，いくつかの判例に現われている。

　この問題に関する判例には，まず，被告会社Yの総務部人事課給与計算係に女性事務員として採用されたXの普通解雇に関する判例がある。この判例は，Yの人事課では，従業員は，机の掃除を各自で行ない，お茶も各自で準備することになっていたが，来客用の応接テーブルや受付カウンターの掃除は，毎朝早めに出勤した女性事務員が行なっており，朝，昼食時，午後に全員にお茶を配ることも，職務上の義務としてではないが，慣行として，あるいは，サービスとして，手の空いた女性事務員が行なっていた等の事実からすれば，Xが掃除やお茶汲みに協力しなかったことは容易に窺いうるところであるが，このような業務はXの雇用契約上の義務ではなくして，単に慣例またはサービスによる業務にすぎないものであったというべきであるから，たとえXが自発的にこれらの業務を行なわなかったとしても，さらに業務命令を発してまで実行させるべきものであったとは解しえないし，このことからXの非協力的，非融和的な態度が推認されるとしても，これをもって直ちに職場に適応する能力が著しく欠けると断定するわけにはいかない等と判示して，Xの勤務態度不良等を理由とする普通解雇を無効としている（加藤製作所事件・東京地判昭52・3・31労判273号14頁）。

　また，社会福祉協議会Yの女性職員Xに対する懲戒免職に関する仮処分決定がある。この決定は，社会福祉協議会という事業の性質上，事業内容が固定したものではなく，時代の要請を踏まえながら新規に開拓すべきものが大半で，事務局各職員の職務分担や業務の内容が流動的であるという事情のもとで，事務局長から来客にお茶を出すよう求められた際にお茶汲みに快く応じようとしなかったこと等を理由とするXの懲戒免職について，傍論において，仮にそのような事実があるとしても，管理職の職務命令によって対処しうるものである（事務局内において，女性だけにお茶汲みを強制することの合理性の乏しさは殊更に説示するまでもない）等と述べたうえで，具体的懲戒事由を説明せず，指示命令に反抗し職場秩序を乱したことや協調性がないことを理由としてなされた懲戒免職は合理的理由がなく解雇権濫用で無効であると判示している（与野市社会福祉協議会（仮処分）事件・浦和地決平8・3・

第1部　セクシュアル・ハラスメントと法的アプローチ

29労経速1598号11頁)。

　同じ事案の本案判決は，Xが，Y事務局において就労中，少なくとも，自ら進んで来客にお茶を入れることはなく，総じてお茶入れに関しては非協力的であったこと等，Xの言動は，概して非協力的であり，11，2名からなるY事務局に不和を生ぜしめた状況が窺えるものの，他方，右認定事実の個々は，いずれも事案軽微であり，また，これらを総合しても，Xを直ちに職場から排除するのもやむを得ないほどの事由があったものとはいえないから，職員服務規程のいずれかに該当するとしても，本件懲戒免職を社会通念上相当として是認することはできないとしている（与野市社会福祉協議会事件・浦和地判平10・10・2労経速1682号13頁)。本件に関するこれらの判断は，来客へのお茶出しを業務命令により行なわせることは可能だが，女性だけにお茶汲みを強制することに合理性はなく，その拒否も軽微な違反行為であり，懲戒解雇理由とはならないとするものである[32]。

2　ジェンダー・ハラスメントと均等法・人事院規則

　わが国では，これまで，女性のお茶汲み等の問題は，法的に保護されるべきジェンダー・ハラスメントの問題としては，それほど意識されてこなかったといえる。それは，わが国では，ジェンダー・ハラスメント問題は，主として1997年改正（1999年施行）の男女雇用機会均等法21条及び人事院規則10-10（セクシュアル・ハラスメントの防止等）上の服務規律に関わる問題として論じられ，しかも，この両者において，ハラスメント概念に混乱が見られるからである。

　すなわち，均等法21条については，同条にいう「『性的な言動』に該当するためには，その言動が性的性質を有することが必要である。したがって，例えば，女性労働者のみに『お茶くみ』等を行なわせること自体は性的な言動には該当しないが，固定的な性別役割分担意識に係る問題，あるいは配置に係る女性差別の問題としてとらえることが適当である」（女発168号平成

---

[32] 石井妙子『「問題社員」対応の法律実務〜トラブル防止の労働法』日経連出版部，2000年，152頁。

第3章　ジェンダー・ハラスメントの法理

10年6月11日）とされており，ジェンダー・ハラスメントは，セクシュアル・ハラスメントの定義には含まれないとされ，ジェンダー・ハラスメントはいわゆる「グレーゾーン」の問題と呼ばれ，セクシュアル・ハラスメントの原因あるいは関連する問題として，セクシュアル・ハラスメント防止のために一定の配慮の対象としてとらえることが必要であるとされているにすぎない（「職場におけるセクシュアル・ハラスメントに関する調査研究会報告書」労働省・平成9年12月）。このような立場は，2006年均等法改正による均等法11条の下においても同様であることは，本書第1章で検討したところである。

　これに対して，人事院規則10-10の2条は，セクシュアル・ハラスメントを，「他の者を不快にさせる職場における性的な言動及び職員が他の職員を不快にさせる職場外における性的な言動」と定義するが，この定義でいう「『性的な言動』とは，性的な関心や欲求に基づく言動をいい，性別により役割を分担すべきとする意識に基づく言動も含まれる。」としており（人事院規則10-10（セクシュアル・ハラスメントの防止等）の運用について（通知）（職福-442　平成10年11月13日人事院事務総長）），セクシュアル・ハラスメントは，ジェンダー・ハラスメントを含むものとして定義されている。そして，この通知の別紙1は，セクシュアル・ハラスメントになり得る言動や行動の例として，「性別により差別しようとする意識等に基づくもの　①『男のくせに根性がない』，『女には仕事を任せられない』，『女性は職場の花でありさえすればいい』などと発言すること。②『男の子，女の子』，『僕，坊や，お嬢さん』，『おじさん，おばさん』などと人格を認めないような呼び方をすること。」，「女性であるというだけで職場でお茶くみ，掃除，私用等を強要すること。」，「①カラオケでのデュエットを強要すること。②酒席で，上司の側に座席を指定したり，お酌やチークダンス等を強要すること。」を挙げている。

　これら均等法21条及び人事院規則においては，ジェンダー・ハラスメントは，企業等の雇用管理の問題として取り扱われており[33]，上司の注意や

---

(33)　石井妙子・相原佳子『セクハラ・DVの法律相談』青林書院，2004年，17頁以下。

第1部　セクシュアル・ハラスメントと法的アプローチ

職場の話し合い等により解決すべき問題として、行為の違法性の問題はほとんど取り扱われていないといえる。私見によれば、均等法や人事院規則のジェンダー・ハラスメント概念は、労働者の服務規律を定めるものであり、それに違反することが、即、懲戒処分や不法行為の法的責任を発生させるものではない[34]。それゆえ、わが国では、ジェンダー・ハラスメントは、違法性のある問題としては、それほど意識されてこなかったのである。わが国においては、ジェンダー・ハラスメント法理の形成が、アメリカやイギリスと比べると希薄であるが、ジェンダー・ハラスメントについても、上司の注意や職場の話し合い等により解決すべき問題と違法性の問題の区別は考えておかなければならない問題である。

それでも、1997年改正後の均等法6条は、女性労働者だけに接客等のための接遇訓練をすることを、教育訓練における女性差別として禁止しているし（前掲女発168号）、女性労働者だけに対して職場におけるお茶汲みの強制がはなはだしい場合には、同条の配置における女性差別禁止に違反する可能性があると解されている（厚生労働大臣による報告要求・助言・指導・同法25条、違反事業主名公表・26条）[35]。お茶汲みについては、違法性の問題が認識されているところである。

それに、わが国においては、アメリカやイギリスのように公民権法や性差別禁止法等の差別禁止法がないため、民事的な違法性の判断は、名誉毀損や人格権侵害の不法行為の判断基準によらざるをえないが、わが国において、不法行為が成立するためには、平均人を基準として、諸般の事情を考慮して行為が社会的相当性を超えると判断されることが必要である[36]。均等法や人事院規則について挙げられた、「男のくせに根性がない」等の発言、「男の子、女の子」等の呼び方、女性に対する「お茶くみ、掃除、私用等の強要」、「カラオケ・デュエットの強要」等は、各々の行為が単独では、社会的相当

---

(34) 前掲拙著344頁以下。
(35) 同旨・厚生労働省雇用均等・児童家庭局雇用均等政策課監修『職場におけるセクシュアルハラスメント防止対策』労働調査会、2001年、77頁。
(36) 詳しくは、前掲拙著224頁以下を参照。

第3章　ジェンダー・ハラスメントの法理

性を超えると判断されることは難しいことが多いであろう[37]。女性社員に「子供はまだかという話を度々したことにより，その話を聞かされる者がそのことによって不快感を持ったとしても，その話をする者が相手方の気持ちを理解し得る立場にあり，執拗に尋ねるなどした場合は格別，そうでなければ，このような発言のみをとらえて違法行為であると解することはできない」のである（岡山セクハラ（労働者派遣会社）事件・岡山地判平14・5・15労判832号54頁）。ただし，当該個人の明示的な意思に反してことさらに不正確な氏名の呼称をすることは不法行為にあたると解されている（NHK日本語読み訴訟上告審判決・最3小判昭63・2・16民集42巻2号27頁）。これらの判例によれば，それだけでは違法性を有しない行為でも，相手が反対の意思を明確に表明しているにもかかわらず反復継続して行なわれれば，その態様，反復性，状況，当事者の関係等諸般の事情に照らして，社会的相当性を超えると判断されるのである。

　均等法や人事院規則のジェンダー・ハラスメント概念は，前述のように，その違反が即座に法的責任を発生させるものではない。わが国では，これまで，ジェンダー・ハラスメントについて，上司の注意や職場の話し合い等により解決すべき問題と違法性の問題の区別が論じられることはほとんどなかったが，これからは，両者の区別を明確に意識して論じることにより，ジェンダー・ハラスメント法理を明確にしていく必要があるといえる。

　なお，労働契約上の使用者の付随的義務である職場環境配慮義務については，「使用者が職場環境配慮義務を負うことを法律により明らかにすることについては，裁判上，一般的な職場環境配慮義務の内容がいまだ確立していないため，使用者が保つよう配慮すべき『労働者にとって働きやすい職場環境』の内容が問題となること，また，裁判上，職場環境配慮義務の内容が近

---

(37)　ただし，ダンスは，直ちに相手方の性的自由や人格権を侵害するものとは即断しえないが，他人がカラオケで歌う曲にあわせて踊るカラオケ個室内のダンスについて，相当の時間身体的接触を続けるものであるなどの態様により，男性上司が女性の部下に対する行為としては社会通念上許容される範囲を超え，性的自由又は人格権の侵害にあたる不法行為であると判断するものがある（スエーデン貿易公団事件・東京地判平16・1・23判タ1172号216頁）。

第1部　セクシュアル・ハラスメントと法的アプローチ

年示されてきているセクシュアルハラスメントに関しては既に雇用の分野における男女の均等な機会及び待遇の確保に関する法律第21条によって一定の対応がなされていることから，労働契約法制において，一般的な規定を設ける必要性については，慎重に検討する必要がある。」との見解が示されている（今後の労働契約法制の在り方に関する研究会「今後の労働契約法制の在り方に関する研究会中間取りまとめ」厚生労働省，2005・4・13）。

　この見解は，一面において，わが国では，セクシュアル・ハラスメントに関する法理が，ジェンダー・ハラスメントその他のいわゆる差別問題に先行して，展開していることを示すものである。ジェンダー・ハラスメント法理も，しばらくは，セクシュアル・ハラスメント法理の動向に沿った展開や法的対応を示すことになるであろう。

3　ジェンダー・ハラスメントと人権擁護法案

　ジェンダー・ハラスメント問題は，均等法や人事院規則上の問題であると同時に，2005年春には，セクシュアル・ハラスメントとともに，政府・自民党が第162回通常国会に提出を予定していた人権擁護法案（提出見送り）上の問題としても，急浮上している。その問題状況は，前述の均等法及び人事院規則に関連する問題に類似している。

　この人権擁護法案は，一度国会に提出されたのち2003年に廃案となった人権擁護法案（第154国会閣第56号）を，小規模修正のうえ再提出しようとしたものである[38]。

　同法案では（条文は旧法案による），「この法律において，『人権侵害』とは，不当な差別，虐待その他の人権を侵害する行為をいう。」（2条）と定義され，「何人も，他人に対し，次に掲げる行為その他の人権侵害をしてはならない。／一　次に掲げる不当な差別的取扱い　……ハ　事業主の立場において労働者の採用又は労働条件その他労働関係に関する事項について人種等を理由としてする不当な差別的取扱い……／二　次に掲げる不当な差別的言動等／

---

(38)　同法案の問題状況については，山崎公士「いま本当に必要な『人権擁護法案』とは」世界2005年5月号73頁以下を参照。

第3章 ジェンダー・ハラスメントの法理

イ 特定の者に対し，その者の有する人種等の属性を理由としてする侮辱，嫌がらせその他の不当な差別的言動／ロ 特定の者に対し，職務上の地位を利用し，その者の意に反してする性的な言動／三 特定の者に対してする優越的な立場においてその者に対してする虐待／2 何人も，次に掲げる行為をしてはならない。／一 人種等の共通する属性を有する不特定多数の者に対して当該属性を理由として前項第1号に規定する不当な差別的取扱いをすることを助長し，又は誘発する目的で，当該不特定多数の者が当該属性を有することを容易に識別することを可能とする情報を文書の頒布，掲示その他これらに類する方法で公然と摘示する行為／二 人種等の共通する属性を有する不特定多数の者に対して当該属性を理由として前項第一号に規定する不当な差別的取扱いをする意思を公告，掲示その他これらに類する方法で公然と表示する行為」（3条）とされ，特定の者や不特定多数の者に対する差別的取扱いや言動等を人権侵害として禁止しているが，「この法律において，『人種等』とは，人種，民族，信条，性別，社会的身分，門地，障害，疾病又は性的指向をいう。」（2条5項）とされており，ジェンダー・ハラスメントも，セクシュアル・ハラスメントとともに，「性別」を理由とする人権侵害にあたる可能性がある。

　労働関係の人権侵害については，一般の場合の法務大臣の所轄に属する人権委員会に代わり，厚生労働大臣が，人権侵害について相談に応じて（37条），人権侵害による被害の救済又は予防に関して必要があると認めるときは，必要な調査をすることができるとされている（一般調査・39条）。厚生労働大臣は，人権侵害による被害の救済又は予防を図るため必要があると認めるときは，①人権侵害による被害を受け又は受けるおそれのある者及びその関係者に対する必要な助言，関係行政機関又は関係公私団体への紹介，法律扶助に関するあっせんその他の援助，②人権侵害を行ない若しくは行なうおそれのある者等に対する当該行為に関する説示，人権尊重の理念に関する啓発その他の指導，③被害者等と加害者等との関係の調整，④関係行政機関への人権侵害の事実の通告，⑤犯罪に該当すると思料される人権侵害に関する告発，という措置を講ずることができるとされている（一般救済手続・41条）。

第1部　セクシュアル・ハラスメントと法的アプローチ

　さらに，厚生労働大臣は，事業主による労働者に対する差別（3条1項1号ハ），特定の者に対する悪質な差別的言動（3条1項2号イ），特定の者に対する悪質なセクシュアル・ハラスメント（3条1項2号ロ），職務上の優越的な立場においてする虐待（3条1項3号），不特定多数の者に対する差別助長行為（3条2項1号・2号）については，①調停・仲裁，②勧告・公表，③訴訟援助，④差別助長行為停止勧告・差別助長行為差止請求（ただし，3条2項1号・2号の行為を除く）を行なうことができるし（特別救済手続），また，厚生労働大臣は，①出頭命令・質問，②文書・資料提出命令，③立入調査（特別調査）を行なうことができるとされている（ただし，3条2項1号・2号の行為を除く。拒否に対する30万円以下の過料・42条以下）。

　この人権擁護法案については，「人権」及び「人権侵害」の不明確性が指摘されている[39]。法案上「人権」の定義はなく，「人権侵害」の定義（2条）もあいまいである。このことは，それらに含まれるジェンダー・ハラスメントについても同様である。前述のように，わが国では，ジェンダー・ハラスメント法理の展開は緒についたばかりであり，その法的概念も不明確である。ジェンダー・ハラスメントについても，かつてセクシュアル・ハラスメント問題の初期の頃，セクシュアル・ハラスメント概念のあいまいさにより生じた職場の混乱と同様の混乱が予測されるところである。これらの法的概念を明確にすることなく，人権擁護法案が法律として成立すれば，ジェンダー・ハラスメントについても，同様の混乱が生じるであろう。また，あいまいな

---

(39)　山崎公士・前掲注(38) 77頁，山崎公士「提案〜法案の抜本修正に向けて」（『緊急出版　人権擁護法案・抜本修正への提案〜どこを，どう，変える？』解放出版社，2002年）78頁以下，田島泰彦・梓澤和幸編著『誰のための人権か〜人権擁護法と市民的自由』日本評論社，2003年，52頁以下，八木秀次「人権擁護法の背後にあるもの」正論2005年5月号150頁以下，百地章「問題はメディア規制のみにあらず／曖昧過ぎる人権擁護法案の危険」産経新聞2005年4月8日11頁，城内実「『人権擁護法案』ナチスも真っ青の危険性〜新聞・テレビはなぜ報じないのか」月刊現代2005年8月号200頁以下ほか。なお，人権の観念をめぐる最近の憲法学的状況については，辻村みよ子「人権の観念」（高橋和之・大石眞編『憲法の争点（第3版）』有斐閣，1999年）50頁以下，高橋和之「現代人権の論の基本構造」ジュリスト1288号110頁以下を参照。

第 3 章　ジェンダー・ハラスメントの法理

ジェンダー・ハラスメントという言葉が，いわゆる「さらし者効果」[40]を狙って用いられる可能性もある。セクシュアル・ハラスメントについてさえ，前述のような状況から，現在においても，概念の混乱がみられるのであるし[41]，判例の積み重ねにより，ようやく違法性の判断基準や労働契約上の配慮義務の内容があきらかになってきたところである[42]。人権擁護法案は，人権侵害を迅速に救済すること等を目的とするものであるが（1 条），性的嗜好等と同様，わが国では訴訟が少なく，法的概念や違法性の基準も明らかではないジェンダー・ハラスメントについて，この法案の仕組みが，その目的どおり機能するか否か疑問が残るところである。

　人権委員会は，裁判外紛争解決手続（ADR）の一種であるとの指摘もあるが，「人権」規定を精密化し，人権委員会（厚生労働大臣）の裁量の余地を広げないようにする必要性はすでに指摘されているところである[43]。

　労働関係の人権侵害については，前述のように，厚生労働大臣が，人権救済機関となる。労働立法の分野では，男女雇用機会均等法のように，関係者に努力義務を課しつつ，指針とそれに基づく行政指導を駆使して，当事者の意識・雇用慣行の変革を図り，その後，一定の時間的経過の後に強行規定や禁止規定へ移行する，ソフトローからハードローへのアプローチがとられることがあり，このようなアプローチは，政策目的達成のための多様な政策手段を動員することを可能とし，社会的混乱を回避して漸進的に政策目的の実

---

(40)　斎藤美奈子『物は言いよう』平凡社，2004 年，18 頁。
(41)　この点については，前掲拙著 27 頁以下，349 頁以下を参照。また，セクシュアル・ハラスメントと人権に関連する概念の混乱については，新谷一幸『セクシュアル・ハラスメントと人権～キャンパス・セク・ハラの見方・考え方』部落問題研究所，2000 年，119 頁以下，同「社会問題追及の論理の検討～セクシュアル・ハラスメント概念の混乱がもたらすもの」部落問題研究 152 号 74 頁以下，同「セクシュアル・ハラスメント議論の陥穽～懲戒はセク・ハラ問題の解決か」部落問題研究 155 号 38 頁以下を参照。
(42)　前掲拙著 416 頁以下，拙稿「軽微なセクハラと労働者の就労拒否を理由とする配転・解雇～名古屋セクハラ（K 設計・本訴）事件」労働判例 874 号 5 頁以下。
(43)　山崎公士・前掲注(38)75 頁以下。また，人権機関をめぐる最近の状況については，山崎公士『国内人権機関の意義と役割』三省堂，2012 年刊も参照。

第 1 部　セクシュアル・ハラスメントと法的アプローチ

質的実現を図ろうとする点に意義があるとの評価もあるが，人権擁護法案は，このようなアプローチに含まれるのであろうか[44]。前述のように，セクシュアル・ハラスメント及びジェンダー・ハラスメントに関するこれまでの法的対応は，しばらくは変わらないようである（前掲「今後の労働契約法制の在り方に関する研究会中間取りまとめ」）。また，前述の均等法 21 条のセクシュアル・ハラスメント規定は，直接に同法違反を女性差別と位置付けるものではなく，あくまで就業環境整備の一環と位置付けているにとどまると解されているが[45]，人権擁護法案と均等法 21 条の関係は，どのようになるのであろうか。解決されるべき問題は多数存在する。

　なお，自民党は，郵政民営化法案の参議院採決を控えて，2005 年 7 月 25 日に，党内の人権擁護法案の推進，反対両派の調整が暗礁に乗り上げており，8 月 13 日の会期末までに妥協案をまとめるのは困難と判断して，同法案の 2005 年通常国会提出を見送っている。その後，民主党野田内閣は，2012 年 11 月 9 日に，閣議決定をして人権委員会設置法案を衆議院に提出したが，突然の衆議院解散により廃案となっている[46]。

む　す　び

　わが国では，これまで，職場におけるジェンダー・ハラスメントは，概念及び法理が明確化されることがなく，均等法等により，上司の注意や職場の話し合い等により解決すべき問題とされ，違法性の問題を明確に意識して論

---

(44) ソフトローからハードローへのアプローチについては，荒木尚志「労働立法における努力義務規定の機能〜日本型ソフトロー・アプローチ？」（中嶋士元也先生還暦記念編集刊行委員会編『労働関係法の現代的課題〜中嶋士元也先生還暦記念論集』信山社，2004 年）19 頁以下を参照。

(45) 奥山明良「職場のセクシュアル・ハラスメントと民事責任〜使用者の債務不履行責任を中心に」前掲中嶋士元也先生還暦記念論集，249 頁。

(46) 朝日新聞 2005 年 7 月 24 日，25 日。朝日新聞 2012 年 11 月 9 日夕刊，同月 17 日朝刊。人権委員会設置法案の概要については，法務省人権擁護局「人権委員会設置法案及び人権擁護委員法の一部を改正する法律案の概要について」法律のひろば 2012 年 11 月号 57 頁以下を参照。

第3章　ジェンダー・ハラスメントの法理

じられることは少なかった。しかも，ジェンダー・ハラスメントがセクシュアル・ハラスメントに含まれるという見解が，一定の範囲で存在し，それが若干の混乱をもたらしている。しかし，本章で検討したように，アメリカ，イギリス及びフランスでは，法的にはふたつのハラスメントを区別してとらえ，しかも，違法性を中心にジェンダー・ハラスメント法理を形成している。わが国では，ジェンダー・ハラスメント法理の展開は，これまでほとんどみられず，その議論の整理も十分ではないが，今後は，これらの国々と同様に，ジェンダー・ハラスメント概念を明確化し，違法性を中心に，セクシュアル・ハラスメントとは別個の法理形成を図る必要がある。それは，また，セクシュアル・ハラスメント概念を明確化し，さらなる法理形成を促進することに貢献すると思われる。そして，そのためには，アメリカの心理学の概念の影響を受けて，ふたつのハラスメントを混同する，前述の人事院規則のセクシュアル・ハラスメント概念は変更する必要がある。

　なお，その際，セクシュアル・ハラスメントについてもジェンダー・ハラスメントについても，国により，必ずしも，概念・法理が同じではないことに注意する必要がある。また，セクシュアル・ハラスメント及びジェンダー・ハラスメントの社会的概念とそれに関連する法的問題は多様であり，様々な角度から，問題にアプローチする必要があることも確認する必要がある。

第4章　セクシュアル・ハラスメントと性差別

はじめに

　セクシュアル・ハラスメントという概念はアメリカ合衆国で生まれ，アメリカでは主として1964年公民権法第7編上の性差別問題として論じられているが[1]，わが国やフランス，ドイツなどのいわゆる大陸法系諸国においては，セクシュアル・ハラスメントが性差別であることは，必ずしも自明ではない[2]。アメリカでは，被害者の選択により公民権法第7編のみならず不法行為や刑事法が用いられているにもかかわらず[3]，セクシュアル・ハラスメントが性差別であることは自明のごとく理論構成されているが，EUでは，当初のセクシュアル・ハラスメントに関する勧告であるEC委員会「労働における男性と女性の尊厳の保護に関する勧告」（1991年11月27日）において，「第1条　構成国は，上司及び同僚の行為を含む職場における男性及び女性の尊厳を冒す性的性質を有する行為その他の性に基づく行為は，次の場合には許容できないものであるという認識，及び，かかる行為は，一定の状況のもとでは，指令76／207／EECの第3条，第4条及び第5条の意味する平等取扱原則に違反することがあるとの認識を促進する行動をとることを勧告する。」と規定されており，セクシュアル・ハラスメントは，男性及び女

---
(1) このような論理構成については，キャサリン・A・マッキノン教授の功績大であることはいうまでもない。とくに，Catharine A. MacKinnon, Sexual Harassment of Working Women, Yale University Press, 1979. を参照。
(2) セクシュアル・ハラスメントに関する主要各国の状況については，拙著『改訂版　セクシュアル・ハラスメントの法理〜職場におけるセクシュアル・ハラスメントに関するフランス・イギリス・アメリカ・日本の比較法的検討』労働法令，2004年を参照。
(3) 詳しくは，前掲拙著169頁以下を参照。

第1部　セクシュアル・ハラスメントと法的アプローチ

性の尊厳を冒す性に基づく行為と定義され，一定の条件の下では性差別になると考えられていたにすぎない。

その後，2000年の2つのEU指令，すなわち，2000年6月29日の人種・民族均等指令（2000／43／EC）と2000年11月27日の雇用平等取扱一般枠組指令（2000／78／EC），及び2002年9月23日の男女均等待遇指令（2002／73／EC）は，各種差別について，いわゆる拡大された差別概念（l'élargissement de la notion de discrimination），すなわち直接差別（discrimination directe），間接差別（discrimination indirecte）及び差別的ハラスメント（harcèlement discriminatoire ou harcèlement procédant d'un motif discriminatoire）を包摂する差別概念を採用し，上記男女均等待遇指令は，セクシュアル・ハラスメントを性差別とみなしているが[4]，フランスでは，セクシュアル・ハラスメント（harcèlement sexuel）などのハラスメントは現象そのもの（un phénomène en soi）として捉えられており，必ずしも差別との結びつきは考えられていない[5]。フランスは，EU指令を国内法化するために，EU理事会による2度の催告と制裁も辞さないとの勧告に従い，ついに，共同体法差別禁止分野への適合規定を定める2008年5月27日の法律（Loi no 2008-496 du 27 mai 2008 portant diverses dispositions d'adaptation au droit communautaire dans le domaine de la lutte contre les discriminations, Journal officiel de la République française, 28 mai 2008, p.8801.）を制定し，EUの拡大された差別概念を導入したが，同法は，フランスの従来の厳密な意味でのハラスメント概念（harcèlement stricto sensu）を廃止するものではなく，同概念と差別的ハラスメント概念との関連が法的困難をもたらしている

---

[4] Danièle Lochak: La notion de discrimination dans le droit français et le droit européen, dans Miyoko Tujimura et Danièle Lochak éd., L'égalité des sexes: La discrimination positive en question, Sécurité de législation comparée, 2006, pp.50 et s. この経緯については，拙稿「職場におけるハラスメントの法理」法律論叢81巻2・3合併号329頁以下を参照。

[5] Claire Aubin et Benjamin Joly: De l'égalité à la non-discrimination: le développement d'une politique européenne et ses effets sur l'approche française, Droit social, 2007, p.1299.

第4章　セクシュアル・ハラスメントと性差別

（2008年法条文については後掲拙訳資料を参照）[6]。

　本章は，わが国と同じ大陸法系諸国に属するフランスの上記2008年法に関連する状況を紹介し，わが国で民事判例の積み重ねにより主として人格権侵害の不法行為として構成されてきたセクシュアル・ハラスメントについて，差別法理のもつ意味を検討するものである。わが国ではアメリカ公民権法のような差別禁止法が存在しないため，セクシュアル・ハラスメントを性差別と構成することには，実定法上の根拠を欠くがゆえに困難を伴っている。

第1節　EUにおけるセクシュアル・ハラスメントと差別法理

　EUの2000年6月29日の人種・民族均等指令は，次のように規定する。すなわち，「第2条（差別概念）1　この指令の目的に関し，均等待遇原則とは，人種又は民族的出自に基づく直接又は間接の差別があってはならないことを意味する。……3　ハラスメントは，人種又は民族的出自に関する求められざる行為が人の尊厳を侵害し，かつ，脅迫的，敵対的，下劣的，屈辱的又は不快な環境を作り出す目的又は効果をもって行われるとき，第1項に定める差別とみなす。本項に関し，ハラスメントの概念は，構成国の立法及び慣行に従い定めることができる。」と規定する。同様に，2000年11月27日の雇用平等取扱一般枠組指令も，「第2条（差別概念）……3　人の尊厳を侵害する目的又は効果を有し，かつ，脅迫的，敵対的，下劣的，屈辱的又は不快な環境を作り出す目的又は効果を有する，第1条に定める事由〔＊筆者註～宗教，信条，障害，年齢又は性的嗜好〕のひとつに結びついた望まれない行為が行われるとき，ハラスメントは，本条第1項に定める差別の一形態とみなす。ハラスメントの概念は，構成国の立法及び慣行に従い定めることができる。」と規定する。

---

[6]　2008年5月27日の法律制定との関連もあり，フランス破毀院が，同年9月24日の4判決により厳密な意味でのハラスメント概念の立直しに着手したことについては，拙稿「フランス破毀院のモラル・ハラスメント概念立直し～ブルダン夫人対セルカ社メディカル・バイオセンター事件」労働法律旬報1700号28頁以下を参照。

第1部　セクシュアル・ハラスメントと法的アプローチ

　その後の，2002年9月23日の男女均等待遇指令も，「第2条　……　3　この指令の意味するハラスメント及びセクシュアル・ハラスメントは，性を理由とする差別とみなし，禁止する。」と規定し，この指令を改編した2006年7月5日の男女均等待遇指令も，「第2条（定義）……　2　この指令においては，次に掲げるものが差別に含まれる。(a)ハラスメント及びセクシュアル・ハラスメント並びに人がかかる行為を拒絶したこと又は受け入れたことに基づくあらゆる不利益待遇。」と規定している。

　これらの指令は，拡大された差別概念，すなわち直接差別，間接差別及び差別的ハラスメントを包摂する差別概念を採用するものである。拡大された差別概念のうち，間接差別の導入はEU裁判所判例にその源を持つものであるが，ハラスメントの差別概念への包摂は，EU立法独自の業績である[7]。

　すなわち，1990年代前半に，性のみならず，障害，年齢，人種，宗教等にも関わる機会平等へ向けたEU社会政策思想の転換があり，同年代末，EUにおいて急速に人種問題が緊急解決議題となったため，EUは，1997年アムステルダム条約によりローマ条約第13条を改正し，「この条約の他の規定を害することなく，かつ，この条約により欧州共同体に付託された権限の範囲内において，理事会は，委員会の提案に基づき，欧州議会に諮問した後，全会一致により，性，人種若しくは民族的出自，宗教若しくは信条，障害，年齢又は性的嗜好に基づく差別と闘争するために適切な行動をとることができる。」と規定したうえで，上記2000年両指令及び2002年指令が，ハラスメントを差別概念に包摂する規定を定めたのである[8]。この規定は，1998

---

[7]　D. Lochak, op. cit., p.54. 前掲拙稿「職場におけるハラスメントの法理」330頁以下。なお，EU指令が，セクシュアル・ハラスメントとジェンダー・ハラスメントを区別していることについては，濱口桂一郎「EU指令に見る男女平等の展開」世界の労働59巻10号41頁を参照。

[8]　Siobhan McInerney: Equal treatment between persons irrespective of racial or ethnic origin: a comment, European Law Review, 2003, pp.317 et s.; Miriam Driessen-Reilly and Bart Driessen: Don't shoot the messenger: A look at Community law relating to harassment in the workplace, European Law Review, 2003, p.494.

第4章 セクシュアル・ハラスメントと性差別

年アイルランド雇用均等法や1999年スウェーデン差別禁止法などの各国差別禁止法の経験から得られた，職場における差別からの完全な保護のためには差別からの保護に幾分かのハラスメントからの保護を含まなければならないという認識を承認したものである[9]。

差別としてのハラスメントは確かに存在するが，現実に生じるハラスメントのかなりの部分は，必ずしも特定の差別事由により動機付けられているわけではない。ハラスメント防止のためには，様々な法的基礎に基づく様々な定義と様々な問題処理手続が必要である[10]。この新しい概念がハラスメント防止に有用なツールであるか否かは時間のみが解決する問題であるとされている[11]。

第2節　EU指令とフランス国内法

1　フランスのハラスメント法理

フランスは，前述のようにハラスメントを現象そのものとして捉えており，1992年新刑法典においてセクシュアル・ハラスメント罪を新設するとともに，同年の労働法典改正によりセクシュアル・ハラスメント被害者の雇用保護規定や予防規定を定めた。さらに，フランスは，上記2000年のEU諸指令を受けて，2002年の社会近代化法により刑法典のセクシュアル・ハラスメント罪を改正するとともに（「刑法典222-33条　人が性的好意を得ることを目的として他人にハラスメントをする行為は，1年の拘禁及び1万5千ユーロの罰金に処する。」），刑法典にモラル・ハラスメント罪を新設し（「222-33-2条　他人の権利若しくは尊厳を毀損し，身体的若しくは精神的健康を悪化させ，又は職業的将来を害するおそれのある労働条件の毀損を目的とし若しくはその効果

---

(9) Lucy Vickers: Is all harassment equal ?, The Cambridge Law Journal, November 2006, p.583.; Lisa Waddington and Mark Bell: More equal than others: Distinguishing European Union equality directives, Common Market Law Review, 2001, p.595.
(10) M. Driessen-Reilly and B. Driessen, op.cit., p.498, p.506.
(11) Evelyn Ellis, EU Anti-Discrimination Law, Oxford University Press, 2005, p. 239.

第1部　セクシュアル・ハラスメントと法的アプローチ

を有する反復的行為により他人をハラスメントする行為は，1年の拘禁及び1万5千ユーロの罰金に処する。」），労働法典にもセクシュアル・ハラスメント及びモラル・ハラスメントからの労働者の雇用保護規定や予防規定を，次のように定めて（2008年労働法典改正後の現行条文による），セクシュアル・ハラスメントやモラル・ハラスメント（harcèlement moral＝EUやイギリスでいうハラスメント）に独自に対応してきた[12]。

「労働法典　第5編　ハラスメント
第1章　適用範囲
L・1151-1条　この編の諸規定は，私法上の使用者及びその被用者に適用する。
　この編の諸規定は，私法上の条件により雇用される公法人の従業員にも適用する。
第2章　モラル・ハラスメント
L・1152-1条　いかなる労働者も，その権利若しくは尊厳を毀損し，身体的若しくは精神的健康を悪化させ，又は職業的将来を害するおそれのある労働条件の毀損を目的とし若しくはその効果を有するモラル・ハラスメントの反復的行為を受けてはならない。
L・1152-2条　いかなる労働者も，モラル・ハラスメントの反復的行為を拒絶したこと若しくは受けたこと，又はかかる行為について証言したこと若しくは供述したことを理由として，懲戒され，解雇され，又は，とくに，賃金，教育，格付，昇進，異動若しくは契約更新について，直接的若しくは間接的な差別措置の対象とされてはならない。
L・1152-3条　L・1152-1条及びL・1152-2条の規定に違反する労働契約の破棄，規定又は行為は，無効とする。
L・1152-4条　使用者は，モラル・ハラスメント行為の防止に必要な措置をとるものとする。
L・1152-5条　モラル・ハラスメント行為を行った労働者は，懲戒処分

---

(12)　詳しくは，前掲拙著43頁以下，379頁以下，及び前掲拙稿「職場におけるハラスメントの法理」335頁以下を参照。

第4章　セクシュアル・ハラスメントと性差別

される。

L・1152-6条　自己をモラル・ハラスメントの被害者と思慮する者又はその嫌疑をかけられた者は，調停手続を利用することができる。

調停人の選出は，当事者の合意による。調停人は，両当事者の関係状態を伝達される。

調停人は，ハラスメントを終結させるために両当事者を調停し，書面による提案を試みるものとする。

調停が不成立のとき，調停人は，両当事者に課せられうる制裁及び被害者のための手続的保障を伝達するものとする。

第3章　セクシュアル・ハラスメント

L・1153-1条　自己又は他人の利益のために，性的好意を得るためのいかなる人のハラスメント行為も禁止される。

L・1153-2条　いかなる労働者も，採用，企業内研修又は企業内教育の応募者も，セクシュアル・ハラスメント行為を受けたこと又は拒絶したことを理由として，懲戒され，解雇され，又は，とくに，賃金，教育，格付，配属，資格，職階，昇進，異動又は契約更新について，直接的若しくは間接的な差別措置の対象とされてはならない。

L・1153-3条　いかなる労働者も，セクシュアル・ハラスメント行為を証言したこと又は供述したことを理由として，懲戒され，解雇され又は差別措置の対象とされてはならない。

L・1153-4条　L・1153-1条乃至L・1153-3条の規定に違反する規定及び行為は，無効とする。

L・1153-5条　使用者は，セクシュアル・ハラスメント行為の防止に必要な措置を講じるものとする。

L・1153-6条　セクシュアル・ハラスメント行為を行った労働者は懲戒処分される。

第4章　提訴

L・1154-1条　L・1152-1条乃至L・1152-3条及びL・1153-1条乃至L・1153-4条の適用に関する紛争が生じたとき，採用，研修若しくは企

第1部　セクシュアル・ハラスメントと法的アプローチ

業内教育の応募者又は労働者は，ハラスメントの存在を推定せしめる事実を提示するものとする。

　これらの要素に鑑み，行為がハラスメントを構成しないこと及び決定がハラスメントと関わりない客観的要素により正当化されることを証明するのは，被告とされる当事者の責任である。

　裁判官は，必要なときは，有用と思慮する指示措置を命じたのち，心証を形成するものとする。

L・1154－2条　企業の代表的労働組合組織は，L・1152－1条乃至L・1152－3条及びL・1153－1条乃至L・1153－4条による訴訟を提訴することができる。

　企業の代表的労働組合組織は，前条に規定する条件において当該企業の労働者のために提訴することができるが，関係者の書面による同意を証明しなければならない。

　関係者は，労働組合の訴訟にいつでも参加し，いつでも参加を取り下げることができる。

第5章　罰則

L・1155－1条　L・1152－6条に定める調停人の正当な職務執行を妨げ又は妨げようとする行為は，1年の拘禁及び3750ユーロの罰金に処する。

L・1155－2条　L・1152－1条及びL・1153－1条に定めるモラル・ハラスメント及びセクシュアル・ハラスメントの行為は，1年の拘禁及び3750ユーロの罰金に処する。

　裁判所は，補充刑として，刑法典131－35条に定める条件において有罪とされた者の費用で判決文の掲示を命じ，かつ，その指定する新聞への判決文の全部又は一部の掲載を命じることができる。その費用は，命じられる罰金の上限額を超えることができない。

L・1155－3条　刑の宣告延期に関する刑法典132－58条乃至132－62条の規定は，L・1152－1条及びL・1153－1条の規定違反の訴追に適用される。

　裁判所は，判決の仮執行を命じることができる。

L・1155－4条　宣告延期の審問において，裁判所は，刑の免除を宣告す

る必要があるか否かを判断する。」

　それゆえ，フランスでは，上記 EU 諸指令にもかかわらず，2002 年社会近代化法を制定したものの，2008 年 5 月 27 日の法律まで，ハラスメントを差別とみなす法改正は行われていない。フランスには，セクシュアル・ハラスメントなどのハラスメントを差別とみなす観念がもともと存在せず，これは，上記人種・民族均等指令第 2 条第 3 項等の「本項に関し，ハラスメントの概念は，構成国の立法及び慣行に従い定めることができる。」との規定を最大限に利用したものである。フランスでは，平等といえば 1789 年フランス革命に由来するすべての個人間の形式的平等の観念が強く，差別については，人種差別に関する 1972 年 7 月 1 日の法律以来，主として刑事的に差別が禁止されてきており，刑法典や労働法典においても，次のような差別禁止規定はあるが，ハラスメントは差別に結びつかない現象そのものとして捉えられていて，EU の拡大された差別概念をアングロ・サクソン的アプローチとして否定的に評価する傾向が強いのである[13]。

　「**刑法典第 225－1 条**　その出自，性，家族状況，妊娠，身体的外観，姓，健康状態，障害，遺伝的特質，風習，性的嗜好，年齢，政治的意見，労働組合活動，又は民族，国民，人種若しくは特定宗教への真実若しくは推定による帰属若しくは不帰属を理由として，自然人の間でなされる区別は差別をなす。

　法人構成員の全部又は一部の出自，性，家族状況，身体的外観，姓，健康状態，障害，遺伝的特質，風習，性的嗜好，年齢，政治的意見，労働組合活動，又は民族，国民，人種若しくは特定宗教への真実若しくは推定による帰属若しくは不帰属を理由として，法人の間でなされる区別も差別をなす。

　第 225－2 条　自然人又は法人に対してなされる第 225－1 条に定める差別は，次に掲げる場合，3 年の拘禁及び 4 万 5 千ユーロの罰金に処する。

　1　財産又は役務の提供を拒絶したとき。

---

(13) C. Aubin et B. Joly, op. cit., pp. 1294 et s.: Rapport annuel 2008 de la Cour de cassation – Les discriminations dans la jurisprudence de la Cour de cassation, La documentation française, 2009, pp.104 et s.

第1部　セクシュアル・ハラスメントと法的アプローチ

　2　経済活動の通常の行使を妨げたとき。
　3　人の雇入れを拒絶し、懲戒し又は解雇したとき。
　4　財産又は役務の提供を第225-1条が掲げる要素のいずれかに基づく条件に服属させたとき。
　5　雇用の提供、研修要求又は企業内教育期間を第225-1条が掲げる要素のいずれかに基づく条件に服属させたとき。
　6　社会保障法典L・412-8条第2号に定める研修に人を受け入れることを拒絶したとき。
　第1号に定める差別的拒絶が公共の採用場所で行われたとき又はそこへのアクセスを妨げる目的で行われたときは、5年の拘禁及び7万5千ユーロの罰金に処する。」

「労働法典L・1132-1条〔2008年法改正前〕その出自、性、風習、性的嗜好、年齢、家族状況、妊娠、遺伝的特質、民族、国民若しくは人種への真実若しくは推定による帰属若しくは不帰属、政治的意見、労働組合若しくは共済組合活動、宗教的信条、身体的外観、姓、健康状態又は障害を理由として、なんびとも、採用手続又は研修若しくは企業内教育期間へのアクセスを妨げられず、いかなる労働者も、懲戒され、解雇され、又は直接的若しくは間接的差別措置、とくに、L・3221-3条の意味する報酬、利益分配若しくは株式分配、教育、格付、配置、資格、職階、昇進、異動又は契約更新に関して、差別措置の対象とされない。」

　EU理事会は、フランスに対する、2000年雇用平等取扱一般枠組指令及び2002年男女均等待遇指令に関する2007年3月31日の2つの催告と、2007年6月27日の勧告において、フランスのハラスメントの定義はEU指令に適合しないと評価し、制裁も辞さないとの態度を示したため、フランスは、急遽、2008年法を制定するに至った。EU理事会は、EU指令に適合しない理由として、①フランスのモラル・ハラスメントは差別事由と関わりなく定められているため差別に関する法的安全を欠く要素となっていること、②フランス法ではセクシュアル・ハラスメントもモラル・ハラスメントも行為の反復性を要件としているため、過度の1回的行為の被害者を保護する必要が

第4章　セクシュアル・ハラスメントと性差別

あること，③フランス労働法典のモラル・ハラスメントの定義は労働条件低下を要件としており，EU 指令の脅迫的，敵対的，下劣的，屈辱的又は不快な環境を作り出す目的又は効果の要件と比べて限定的であること，④フランス法では，セクシュアル・ハラスメントであれモラル・ハラスメントであれ，直接には差別と性格づけられないものであるが，ハラスメントを差別に含まれると考えてそれを差別形態と性格づける EU 指令ではそうではないことを指摘していた[14]。

しかし，それにもかかわらず，2008 年法の審議においても，とくに元老院において，フランスの平等モデルと異なる，アングロ・サクソン諸国から着想を得た共同体の差別禁止（non-discrimination）モデルは，フランス共和国のビジョンとかけ離れた社会職業関係を生み出すおそれがあるとの懸念が表明されており，法案報告者ディニ議員も，EU の差別概念は，不平等が常に差別から生じると考えさせるものであり，その価値の共通と原則の普遍性にも関わらず，内向的で，個人のアイデンティティーを触発させる可能性があり，各人は，国家共同体に属する個人としてよりも，差別された集団の構成員として自己を観念するおそれがあると述べている[15]。

また，フランス破毀院社会部は，2007 年 10 月 4 日の判決で，反復行為がないときは，モラル・ハラスメントに当たらないとの判断を下している[16]。

そもそも，国際条約や EU の指令などの国際的法源の条文は，しばしば和解や妥協の産物であり，法規定や法制度が創設されても，国内法の性質決定及び概念からまったくかけ離れているので国内法秩序に組み込むことが困難となることがある[17]。フランスにとって，差別的ハラスメント概念は，まさにそのような問題である。

---

(14) Sylvie Bourgeot et Michel Blatman, L'état de santé du salarié, 2e édition, Editions Liaisons, 2009, pp. 185 et s.
(15) Rapport annuel 2008 de la Cour de cassation, précité, p.105.
(16) Elisaveta Petkova: Licenciement pour inaptitude: harcèlement moral et/ou comportement fautif ?, JCP, E, 6 mars 2008, 1336, p.46.
(17) ミシェル・グリマルディ「21 世紀におけるフランス法の使命～グローバリゼーションに対峙する大陸法」ジュリスト 1375 号 95 頁。

第 1 部　セクシュアル・ハラスメントと法的アプローチ

2　2008 年 5 月 27 日の法律と 2 つのハラスメント概念の並存

2008 年 5 月 27 日の法律第 1 条は，直接差別（1 項），間接差別（2 項）及びハラスメント（3 項 1 号）を次のように定義している。

「第 1 条　直接差別とは，民族若しくは人種への真実の若しくは推定による帰属若しくは不帰属，宗教，信条，年齢，障害，性的嗜好又は性に基づいて，人が，現在，過去又は未来における比較可能な状況において，他の人より不利益に取り扱われる状況をいう。

間接差別とは，外観上は中立的な規定，基準又は慣行で，第 1 項に掲げる事由のいずれかに基づいて，ある人に対して他の人に対してよりも特別の不利益を引き起こすものをいう。ただし，この規定，基準又は慣行が，正当な目的により客観的に正当化され，かつ，この目的を実現するための手段が，必要かつ適切なものであるときは，この限りではない。

差別は，次に掲げるものを含むものとする。

1　人が被る，その尊厳を侵害する目的若しくは効果を有し又は脅迫的，敵対的，下劣敵，屈辱的若しくは不快な環境を創りだす目的若しくは効果を有する行為で，第 1 項に掲げる事由のいずれかに関わる行為及び性的意味を有する行為。

2　第 2 条が禁止する行為をすることを他人に命じる行為。」

これらの規定は，労働契約に関わる紛争のみならず，すべての民事紛争に関わるものである（刑事裁判には適用されない）[18]。2008 年法上のハラスメントの対象は，労働分野に限られず，広く私法分野に拡大され，差別事由に関連して，人の尊厳を侵害し，脅迫的，敵対的，下劣的，屈辱的又は不快な環境を作り出す目的又は効果の要件を充たせば，反復行為を要件とせず 1 回的

---

[18] Odile Gabriel-Calixte: La loi du 27 mai 2008 portant diverses dispositions d'adaptation au droit communautaire dans le domaine de la lutte contre les discriminations, Petites affiches, 7 janvier 2009, p.5.
　ただし，刑法典上のセクシュアル・ハラスメント罪及びモラル・ハラスメント罪についても反復性の要件を廃止すべきとの主張もある。Arnaud Coche: Les consequences pour les victimes des efforts jurisprudentiels destinés à compenser l'imprécision de l'incrimination de harcèlement moral, JCP, E, 5 février 2009, 1147, p.38.

第4章　セクシュアル・ハラスメントと性差別

行為でもハラスメントに該当する[19]。

　EU 指令では，いかなる場合も，ハラスメント（セクシュアル・ハラスメントを含む）は差別であると考えられているが，これについては，差別的事由と関連のないハラスメントが存在するというフランス法の立場から批判や懸念があり，議会での法案審議中にも議員から同様の懸念が表明されている[20]。フランスは，伝統的に職務上の権限濫用を考慮するなどして刑法典の性犯罪規定を整備してきたし，前述のようにセクシュアル・ハラスメントについても，個人の性的自由を保護法益とするセクシュアル・ハラスメント罪を刑法典に規定し，所定の要件を充たす性暴力闘争団体と代表的労働組合に訴権を認めるなど，独自の法規制をしてきたが，これは，男女の尊厳の保護を目的とした前述の EC 委員会「労働における男性と女性の尊厳の保護に関する勧告」（1991年11月27日）と共通のアプローチである[21]。

　また，心理的ハラスメントは反証がない限り差別問題ではなく，ハラスメントを性差別問題とみなす試みは，ハラスメント法を弱体化するとの批判もなされている[22]。

　2008年法は，労働法典に法典化されていないし，従来の厳密な意味でのハラスメントの定義を廃止するものでもない。刑法典及び労働法典上のハラスメントの従来の定義は，その固有の法制度とともに存続しており，ハラスメントについては二重の保護制度が設定されていて，ハラスメント全般に関する法の明確性と安定性に対する懸念が表明されている[23]。

　この2つのハラスメント概念の関連を明確化する役割は，破毀院に求められているが，破毀院は，競合各制度の領域を明確にしていないので，裁判を

---

(19)　S. Bourgeot et M. Blatman, op. cit., p.191.
(20)　Marie-Thérèse Lanquetin: Discrimination: la loi d'adaptation au droit communautaire du 27 mai 2008, Droit social, 2008, p.781.
(21)　前掲拙著18頁以下，43頁以下。
(22)　Pascal Lokiec: Discrimination Law in France, Roger Blanpain, Hiroya Nakakubo, Takasi Araki (eds), New Developments in Employment Discrimination Law, Kluwer Law International, 2008, p.95.
(23)　Rapport annuel 2008 de la Cour de cassation, précité, pp.104 et s.

第1部　セクシュアル・ハラスメントと法的アプローチ

受ける人の保護が強化されていないという指摘がある[24]。また，当然，差別的ハラスメント概念を同法第1条第3項第1号に丸投げし，両概念の調整をしていない立法者にも批判が向けられている[25]。

　2008年法のハラスメントの定義（1条3項1号）については，労働者の出自等を動機とする無礼な反復的しぐさなどの使用者や同僚の行為を，労働審判所が，労働法典L・1132－1条の差別禁止規定に規定されていない行為についても差別とすることが考えられるとの見解があり（「労働法典L・1132－1条〔2008年法改正後〕いかなる人も，その出自，性，習俗，性的嗜好，年齢，家族状況，妊娠，遺伝的特質，民族，国民若しくは人種への真実若しくは推定による帰属若しくは不帰属，政治的意見，労働組合若しくは協同組合活動，宗教的信条，身体的外観，姓，又は健康状態若しくは障害を理由として，採用手続，研修応募若しくは企業内教育期間応募から排除されてはならず，いかなる労働者も，懲戒され，解雇され，又は共同体法差別禁止分野への適合規定を定める2008年5月27日の法律第1条に規定された直接的若しくは間接的な差別措置，とくに，L・3221－3条に定める賃金，利益分配若しくは株式分配，教育，格付，配置，資格，職階，昇格，異動又は契約更新について，差別措置の対象とされてはならない。」＊ハラスメントは直接差別と解されていることに注意）[26]，セクシュアル・ハラスメントについても，2008年法によるセクシュアル・ハラスメントの定義は労働法典上の定義よりも広く，ある人が被る性的意味を有する行為で，その尊厳を侵害し又は脅迫的，敵対的，下劣的，屈辱的若しくは不快な環境を作り出す目的又は効果を有するあらゆる行為を対象とするとの見解がある[27]。

　しかしながら，これらの見解に対しては，ハラスメントの被害者は，従来から，このような行為による被害についても，厳密な意味でのハラスメントを禁止する規定に基づいて裁判所に提訴して，損害賠償を得ることができて

---

[24]　Cyril Wolmark: Droit du travail septembre 2008 – décembre 2008, D. no 9, 2009, p.595.
[25]　M.-T. Lanquetin, op. cit., p.781.
[26]　O. Gabriel-Calixte, op. cit., p.5.
[27]　Mémento pratique Francis Lefebvre 2009, Editions Francis Lefebvre, 2009, p.253.

第4章　セクシュアル・ハラスメントと性差別

おり，同法のインパクトは少ないであろうとの見解がある[28]。

　なお，フランスは，2004年12月30日の法律により，EU指令に基づく義務を遵守するために，「差別に対する闘いと平等のための高等機関（HALDE = Haute autorité de lutte contre les discriminations）」を創設した。HALDEは，独立行政機関として裁判所の補助的かつ代替的機能を担うものとされており，差別を訴える者から直接申立を受けて，調査や調停を行う権限，勧告（法的強制力はない）をする権限などが与えられている[29]。HALDEは，発足後間もなく，2008年法制定前の2005年には，EU指令条文の査証に際して，セクシュアル・ハラスメントが職業に関する別異の取扱いとなる以上，それは，その管轄に属するとの見解を示しており[30]，2007年4月23日には，51歳・勤続28年の職務代理の女性が初任者職務に配属された事案について，使用者の一連の行為を年齢に基づく差別的ハラスメントと認定して，労働者に労働審判所に訴えるよう勧告した例があるので[31]，HALDEがセクシュアル・ハラスメントについても，同様の勧告をすることなどが考えられる。

む　す　び

　フランスでは，本章で検討したように，2008年法により，従来の厳密な意味でのハラスメント概念とEUの差別的ハラスメント概念が並存する状況が生まれており，両者の関連の明確化が破毀院判例に委ねられているが，破毀院は，既存の厳密な意味でのハラスメント概念の明確化のために，ようやく2008年9月24日の4判例から，この概念の立直しに着手したばかりであ

---

(28)　O. Gabriel-Calixte, op. cit., p.5.
(29)　神尾真知子「海外法律情報・フランス～差別との闘い」ジュリスト1369号96頁，奥田香子「EC指令の国内法化によるフランス労働法制への影響」日本労働研究雑誌590号57頁，鈴木尊紘「フランスにおける差別禁止法及び差別防止機構法制」外国の立法242号55頁以下。
(30)　Daniel Borrillo, Le droit des sexualités, P. U. F., 2009, p.188.
(31)　S. Bourgeot et M. Blatman, op. cit., pp.206 et s.

95

第1部　セクシュアル・ハラスメントと法的アプローチ

る(32)。両者の関連の明確化は，今後の課題であり，今後の破毀院判例の展開が注目される。

　このような2つの制度の並存状況は，同じEUに属するイギリスでもみられる。イギリスは，2003年以来，EUの前記諸指令を受けて，各種差別禁止法規を順次改正しているが，セクシュアル・ハラスメントなどのハラスメントを差別とする各種差別禁止法規は，ハラスメント罪及びハラスメントという不法行為類型を規定する1997年ハラスメント規制法に象徴される各種ハラスメント規制法とは，ハラスメントの定義，規制方法及び手続が異なっており，両者の統一は困難な状況にある(33)。

　これについては，ハラスメントは，性別，人種等の差別禁止事由に基づくものに限られず，個人的好き嫌いなどにより行われることがあることを認めた上で，不利益取扱と定義される差別（discrimination）は，ハラスメント（harassment）に完全に適合するわけではないが，差別禁止法は，従来明示のハラスメント禁止規定がないため見逃されてきた行為に対する救済を提供しようとして用いられてきたとの指摘がある(34)。

　また，フランスの隣国ベルギーでは，男女雇用平等法（1999年5月7日の法律）によりセクシュアル・ハラスメントは性差別の一類型として捉えられていたが，上記EU諸指令による国内法修正に際し，セクシュアル・ハラスメントやモラル・ハラスメントを「労働における福祉」という概念の中に位置づけ，労働者のための福祉政策の中の新しい分野としてそれらを規制し，

---

(32)　前掲拙稿「フランス破毀院のモラル・ハラスメント概念立直し」28頁以下。Céline Leborgne-Ingelarre: Le contrôle de la qualification de harcèlement moral par la Cour de cassation, JCP, E, 20 novembre 2008, 2403, p. 56.

(33)　詳しくは，前掲拙稿「職場におけるハラスメントの法理」332頁以下参照。なお，イギリスでは，2009年4月に，従来の各種差別禁止法規の統一を実現する平等法案が議会に上程され（鈴木隆「海外労働事情・イギリス〜差別禁止に関する法律間での整合性の欠如の解消〜平等法案の上程」労働法律旬報1706号16頁以下），2010年平等法が成立したが，この問題の解決はないようである。

(34)　Aileen McColgan: Harassment, in Dagmar Schiek, Lisa Weddington and Mark Bell ed., Cases, Materials and Text on National, Supranational and International Non-Discrimination Law, Hart Publishing, 2007, pp.477 et s.

第 4 章　セクシュアル・ハラスメントと性差別

それらの予防と労働者保護を重視する法律である。「労働における暴力、モラル・ハラスメント又はセクシュアル・ハラスメントに関する 2002 年 6 月 11 日の法律」が制定されている。そして、同法を改正した 2007 年 1 月 10 日の法律は、同法の理念を基礎に労働環境リスクのアプローチから、労働環境リスクや社会心理的負荷を重視した制度を策定している[35]。

このほか、他の EU 諸国でも、上記 EU 諸指令が発せられるまで、多様なセクシュアル・ハラスメントに対する法的アプローチが採られてきたが、各国の EU 諸指令に従った国内法修正によっても、従来の法的アプローチは、変更の有無・程度の違いはあるが、何らかの形で存続しているのである[36]。

わが国は、周知の通り、英米法諸国とは異なり、差別法理が発達していない国であり、英米や EU 指令にみられるような差別禁止法も存在していない[37]。セクシュアル・ハラスメントについても、①企業方針策定・従業員啓発、②相談窓口設置、③迅速・公正な対応、④関係者のプライバシー保護・被害者の不利益取扱禁止等のセクシュアル・ハラスメントに関する事業主の措置義務を定める男女雇用機会均等法第 11 条が、差別的ハラスメントを規制するものか、厳格な意味でのハラスメントを規制するものか、それとも、それ以外のものを規制するものかは明らかではない[38]。同条がたとえ差別的ハラスメントを規制するものであったとしても、わが国では、セクシュアル・ハラスメントについては人格権侵害の不法行為等の民事判例を中心に法理が形成されてきており、差別的ハラスメントの法理構築はこれからの課題である[39]。また、労働者福祉やメンタルヘルス（労働安全衛生）の観

---

(35) 大和田敢太「労働環境リスクに対する立法的規制」滋賀大学環境総合研究センター研究年報 6 巻 1 号 47 頁以下、同「海外労働事情・ベルギー〜ベルギーにおける労働でのいじめ・ハラスメント禁止法（2007 年 1 月 10 日法）」労働法律旬報 1695 号 42 頁以下。

(36) A. McColgan, op. cit., p.517.

(37) 拙稿「労働と法・私の論点〜改正均等法と差別法理形成」労働法律旬報 1744 号 4 頁以下。

(38) 均等法 11 条の意義については、本書第 1 章及び拙稿「2006 年男女雇用機会均等法改正とセクシュアル・ハラスメント」平成法政研究 12 巻 1 号 59 頁以下を参照。

(39) わが国のセクシュアル・ハラスメント法理の現状については、拙稿「セクシュア

点からの制度整備もこれからの課題である。本章で検討したフランスなどの状況は，差別的アプローチに拘らず多様なアプローチが必要であることを示すものであり，わが国の今後のハラスメント法理や制度整備を考えるうえで参考になるものと思われる。

ル・ハラスメント〜福岡セクシュアル・ハラスメント事件」別冊ジュリスト・労働判例百選〔第8版〕（有斐閣，2009年）42頁以下を参照。

第4章　セクシュアル・ハラスメントと性差別

> 翻訳資料
> 共同体法差別禁止分野への適合規定を定める2008年5月27日の法律

　　国民議会及び元老院は，この法律を採択し，共和国大統領が，この法律を公布する。

第1条　直接差別とは，民族若しくは人種への真実の若しくは推定による帰属若しくは不帰属，宗教，信条，年齢，障害，性的嗜好又は性に基づいて，人が，現在，過去又は未来における比較可能な状況において，他の人より不利益に取り扱われる状況をいう。

　　間接差別とは，外観上は中立的な規定，基準又は慣行で，第1項に掲げる事由のいずれかに基づいて，ある人に対して他の人に対してよりも特別の不利益を引き起こすものをいう。ただし，この規定，基準又は慣行が，正当な目的により客観的に正当化され，かつ，この目的を実現するための手段が，必要かつ適切なものであるときは，この限りではない。

　　差別は，次に掲げるものを含むものとする。
　1　人が被る，その尊厳を侵害する目的若しくは効果を有し又は脅迫的，敵対的，下劣的，屈辱的若しくは不快な環境を創りだす目的若しくは効果を有する行為で，第1項に掲げる事由のいずれかに関わる行為及び性的意味を有する行為。
　2　第2条が禁止する行為をすることを他人に命じる行為。

第2条　次に掲げる規定は，平等原則遵守を保障する他の規定の適用を妨げるものではない。
　1　民族若しくは人種への真実の若しくは推定による帰属若しくは不帰属に基づく直接若しくは間接の差別は，社会保護，健康，社会的利益，教育，財産役務へのアクセス又は財産役務供給について禁止される。
　2　民族若しくは人種への真実の若しくは推定による帰属若しくは不帰属，宗教，信条，年齢，障害又は性的嗜好に基づく直接若しくは間接の差別は，労働組合若しくは職業組織への加入及び参加，その供給する利益，雇用へのアクセス，雇用，職業教育，労働，独立労働又は非労働者，労働条件及

第1部　セクシュアル・ハラスメントと法的アプローチ

び昇進について禁止される。

　　この原則は，別異の取扱いが本質的かつ決定的な職業上の必要に基づくものであり，かつ，目的が正当で，必要性に見合ったものであるときは，前項に掲げる事由に基づく別異の取扱いを妨げるものではない。

3　直接又は間接の差別は，妊娠，出産又は出産休暇について禁止される。

　　この原則は，これらの事由について女性のために講じる措置を妨げるものではない。

4　性に基づく直接又は間接の差別は，財産役務へのアクセス又は財産役務供給について禁止される。

　　この原則は，次に掲げることを妨げるものではない。

　　――　財産役務供給が，専ら又は本質的に，男性又は女性に宛てられたもので，正当な目的によるものであり，かつ，この目的を達成するための手段が必要かつ適切であるときに，性により異なる取扱いをすること。

　　――　社会保障法典L・111−7条に定める条件に従い手当を計算すること及び社会保障給付をすること。

　　――　性により学生を編成する教育組織。

第3条　差別行為を誠実に証言した者又は陳述した者は，その故をもって不利益に取り扱われてはならない。

　　第2条により禁止される差別に服したこと又は服することを拒絶したことを理由として，人に不利益な決定をしてはならない。

第4条　直接又は間接の差別の被害者と思慮する者は，管轄裁判所に，その存在を推定せしめる事実を提示するものとする。この要素について，問題の措置は，差別に関わらない客観的要素により正当化されることを証明するのは，被告とされる当事者とする。

　　本条は，刑事裁判所には適用しない。

第5条　第1条乃至第4条及び第7条乃至第10条は，すべての公私人及び独立職業活動を行う者に適用される。

　　前項に掲げる条文は，EU非加盟国国民及び無国籍者の入国及び滞在に関する規定及び条件を妨げるものと理解されてはならない。

第6条　労働法典を，次のように改める。

1　L・1132−1条及びL・1134−1条末尾項の「直接又は間接の」の後に，

第4章　セクシュアル・ハラスメントと性差別

「共同体法差別禁止分野への適合規定を定める2008年5月27日の法律第1条が定める」を加える。
2　L・1133-1条，L・1133-2条及びL・1133-3条を，それぞれ，L・1133-2条，L・1133-3条及びL・1133-4条とする。
3　L・1133-1条を次のように改める。
　「L・1133-1条　別異の取扱が本質的かつ決定的な職業的必要によるものであり，かつ，目的が正当で，必要性に見合ったものであるときは，L・1132-1条は，別異の取扱を妨げるものではない。」
4　本条第2号によるL・1133-2条第2項を，次のように改める。
　「年齢に基づく別異の取扱が，正当な目的，とくに，労働者の安全衛生の確保，職業参入促進，その雇用，職階変更又は失業時の補償の確保，により客観的かつ合理的に正当化され，かつ，この目的を達成するための手段が必要でかつ必要に見合ったものであるときは，年齢に基づく別異の取扱は，差別とならない。」
5　L・1142-2条第1項を，次のように改める。
　「一方の性であることが，本質的かつ決定的な職業的必要によるものであり，かつ，目的が正当で，必要性に見合ったものであるときは，L・1142-1条は適用しない。」
6　L・1142-6条を，次のように改める。
　「L・1142-6条　刑法典第225-1条乃至第225-4条を，職場及び採用場所又は採用場所入口に掲示する。」
7　L・2141-1条を，次のように改める。
　「L・2141-1条　労働者は，自己の選択する労働組合に自由に加入することができ，L・1132-1条に掲げる事由のいずれかのために，それを妨げられない。」
8　L・5213-6条末尾項の「L・1133-2条」を「L・1133-3条」と改める。

第7条　刑法典第225-3条第3号を，次に掲げる第3号乃至第5号に改める。
　「3　性，年齢又は身体的外観が本質的かつ決定的な職業的必要によるものであり，かつ，目的が正当で，必要性に見合ったものであるときの，採用に関する性，年齢又は身体的外観に基づく差別。」
　「4　この差別が性的暴行の被害者保護，私生活尊重の配慮，礼儀，両性平

第 1 部　セクシュアル・ハラスメントと法的アプローチ

等若しくは男女の利益の促進，結社の自由又はスポーツ組織により正当化されるときの，財産役務へのアクセスに関する性に基づく差別。」

「5　公務員身分規定によるときの，国籍を理由とする採用拒否。」

第 8 条　Ⅰ　共済組合法典 L・112－1 条の後に，次に掲げる L・112－1－1 条を置く。

「L・112－1－1 条　Ⅰ　保険料及び給付に関するいかなる別異の取扱も，性に基づくものであってはならない。

妊娠出産費用は，保険料及び給付に関して，女性に不利益取扱を生じてはならない。

保険計理及び統計上の正当かつ明確なデータが，性別が保険リスク評価において決定的要素であることを証明しているときは，第 1 項に定める場合を除いて，共済組合を主管する大臣は，アレテにより，性別を考慮し，かつ，リスクに見合った別異の保険料及び給付を定めることができる。

保険活動をする共済組合及び組合は，任意加入給付又は疾病，出産若しくは事故補償の個人契約及び団体契約については，前項の規定に服さない。

Ⅱ　共済組合を主管する大臣のアレテは，Ⅰの第 3 項が定めるデータを，L・223－10－1 条が掲げる専門機関が収集又は集計する条件及び専門機関へのその伝達条件を定める。このデータは定期的に更新され，このアレテが定める条件のもとに，Ⅰの第 3 項に定めるアレテの施行日までに，公表される。

Ⅰの第 3 項が定めるデータは，例外的に，人の寿命に関して，共済組合を主管する大臣が公認し定期的に更新される公認テーブル，又は共済組合若しくは組合による性別若しくは性別によらないテーブルで，これらから独立した保険計理人の認証を得たものを採用することができる。これに関して，保険計理人は，L・510－1 条が定める審査機関が認定する保険計理人協会のいずれかの認定を得なければならない。

Ⅲ　本条は，社会保障法典 L・911－1 条が定める条件のもとに締結される保険契約以外の契約にも適用する。

Ⅳ　本条は，施行日から，個別加入及び出資申込を受けた団体保険への加入に適用する。」

Ⅱ　社会保障法典 L・931－3－1 条の後に，次に掲げる L・931－3－2 条を加える。

第4章　セクシュアル・ハラスメントと性差別

「L・931-3-2条　保険料及び給付の別異は，性に基づいてはならない。

前項は，女性に対する妊娠出産に関する給付の付与を妨げない。

第1項に定める場合を除いて，社会保険を主管する大臣は，アレテにより，性別を考慮し，かつ，リスクに見合った別異の保険料及び給付を定めることができる。

互助扶助機関及びその組合は，疾病，出産又は事故の補償の個人契約については，前項の規定に服さない

Ⅱ　社会保険を主管する大臣の定めるアレテは，Ⅰの第3項が掲げるデータを社会保障法典L・932-9-2条が掲げる専門機関が収集又は集計する条件，及び専門機関へのその伝達条件を定める。このデータは定期的に更新され，このアレテが定める条件のもとに，Ⅰの第3項に定めるアレテの施行日までに，公表される。

Ⅰの第3項が定めるデータは，例外的に，人の寿命に関して，社会保険を主管する大臣が公認し定期的に更新される公認テーブル，又は相互扶助機関及びその組合による性別若しくは性別によらないテーブルで，これらから独立した保険計理人の認証を得たものを採用することができる。これに関して，保険計理人は，L・510-1条が定める審査機関が認定する保険計理人協会のいずれかの認定を得なければならない。

Ⅲ　本条は，個人的出資契約にその発効日から適用する。本条は，例外的に，一時的な性格のものを含む終身年金契約ストックに，その発効日から適用する。」

第9条　差別禁止及び平等のための高等機関を創設する2004年12月30日の法律第Ⅱ編は，廃止する。

第10条　この法律は，組織法がそれらの制度の権限を留保していない限りにおいて，すべて，ニューカレドニア，フランス領ポリネシア，ワリス・エ・フトゥナ諸島及びフランス領南極に適用する。

この法律は，国家法として施行する。

2008年5月27日，パリ。

ニコラス・サルコジ

第5章　セクシュアル・ハラスメントと女性に対する暴力概念

はじめに

　セクシュアル・ハラスメントについて，法的には，様々なアプローチがあるが，そのひとつとして，セクシュアル・ハラスメンを「女性に対する暴力 (violence against women; violences faites aux femmes)」ととらえるアプローチがある。

　フェミニストのある定義によれば，暴力 (violence) は，法的には狭く定義され，個人による他者に対する違法な有形力の行使とされるが，フェミニストのより広義のアプローチは，暴力を，他者を害する身体的精神的行動と定義する。後者のひとつの例は，暴力の連鎖の概念であり，それには，殺人・レイプなどの有形的行為から，性差別的・人種差別的虐待にあたる言葉による行為までの幅広い有害な行動が含まれるとする (Jane Pilcher & Imelda Whelehan, 50 Key Concepts in Gender Studies, Sage Publications, 2004, pp.172 et s.)。また，「暴力には，以下の行為すべてが含まれる。脅迫，束縛，力によって，公的な，あるいは私的な生活で，女性たちに，物理的，性的あるいは心理的な苦痛を与える行為である。」とするものもある（ヘレナ・ヒラータほか編『読む事典女性学』藤原書店，2002年，335頁）。

　わが国においても，女性に対する暴力とは，「ジェンダー構造に基づいて公的・私的に女性に向けられた身体的・性的・精神的強制力の行使」をいうと定義するものがある（井上輝子ほか編『岩波女性学事典』岩波書店，2002年，232頁）。

　各国において，セクシュアル・ハラスメントという言葉は，法的にも社会的にも，暴力的で深刻なものからごく軽微なものまで様々な形態を指し示す

言葉として用いられているが，暴力という言葉は，法的には，上記フェミニストも認めるように，有形力の行使として狭く定義されているため（「violence ＝有形力の行使。通常，憤激，激情又は憤慨を伴う。とくに，故意に違法に行われる有形力の行使」Black's Law Dictionary, 8th edition, West, 2004, p.1601.），筆者は，セクシュアル・ハラスメントをひとくくりに女性に対する暴力ととらえるアプローチには違和感を覚えざるをえない。セクシュアル・ハラスメント事案ではないが，最近のわが国の裁判例にも，女性「原告は，男性が妊娠・出産に対する周到な配慮と準備をしないまま，避妊をせずにする性交渉は，男性の女性に対する暴力であり，不法行為を構成するなどと主張する。……しかし，本件性行為のように，原告と被告が合意の上，しかも，原告が避妊具を装着しない性行為により妊娠する可能性を認識しながらそれを容認し，拒むことなく行った性行為の結果，原告が妊娠したからといって，その性行為が被告の原告に対する暴力であるなどと法的に評価し得ないことは明らかである。／上記原告の主張及びこれに沿う甲62の意見書等は，事実の一部のみを過大視し，実定法の規定あるいは解釈に基づかない独自の見解を述べるものであり，これを採用することはできない。」（損害賠償請求事件・東京地判平21・5・17判時2108号59頁，同・東京高判平21・10・15判時2108号57頁）と述べ，女性に対する暴力の概念に基づく法解釈の主張を否定的に解するものがある。また，筆者は，男女平等法制が進展した現在のわが国等において，女性に対するセクシュアル・ハラスメントのみを暴力として問題とすることにも違和感を覚えている。

　本章は，このような観点から，女性に対する暴力に関わる国連の女性差別撤廃条約関連の議論，EU及びフランスの議論，そして，わが国における同条約の国内法化にかかわる議論を検討し，セクシュアル・ハラスメントを女性に対する暴力ととらえることの意義を追求するものである。

第5章　セクシュアル・ハラスメントと女性に対する暴力概念

第1節　国連における女性に対する暴力と
セクシュアル・ハラスメント

　女性差別撤廃条約は，1979年12月18日，第34回国連総会で採択されたが，同条約は，「この条約の目的に関し，『女性に対する差別』とは，性に基づく区別，排除又は制限であって，政治的，経済的，社会的，文化的，市民的その他の分野における人権及び基本的自由の，男女平等に基づく，婚姻上の地位に関わらない，女性による承認，享受又は行使を，害し又は無効にする効果又は目的を有するものをいう。」（第1条）と定義するとともに，「締約国は，女性に対するあらゆる形態の差別を非難し，適切な手段により，かつ，遅滞なく，女性に対する差別を撤廃する政策を追求することに合意」する（第2条，第24条）と規定して，締約国に女性差別撤廃のために政策追求する包括的な義務を課している。同条約は，その内容がそのままの形で国内法として直接に実施され，具体的な法律関係について国内の裁判所が裁判規範として適用するものではなく，また，その履行確保のための制裁を備えておらず，女性差別撤廃委員会を設置して（第17条以下），締約国からの実施状況報告書を審議し，締約国に勧告（第21条）をすること等により漸進的にその履行を図る手続を採用している。この手続は，ジェンダー関係のより平等なモデルのグローバルな正当性を提示し，女性のためのサービスを改善するよう締約国政府に促して，グローバルな理念を共有しようとするメカニズムである。しかも，同条約は，女性に対する暴力を明記していない[1]。国際法上，女性に対する暴力の認識が正式に表明され，それに対する関心が幅広く広がったのは1990年代に入ってからのことである[2]。

---

(1) Sally Engle Merry, Human Rights and Gender Violence – Translating International Law into Local Justice, The University of Chicago Press, 2006, p.76. 山下泰子『女性差別撤廃条約の展開』勁草書房，2006年，45頁，国際女性の地位協会編『コンメンタール女性差別撤廃条約』尚学社，2010年，7頁，180頁。
(2) アメリカにおいてさえ，女性に対する暴力が哲学的に研究され，「暴力」とは何か，女性に対する暴力という特別の暴力形態とは何かが，論じられ始めたのは，1990年

第1部　セクシュアル・ハラスメントと法的アプローチ

ところで，同条約には，セクシュアル・ハラスメントについて何らの言及もないが，それは，驚くべきことではない。キャサリン・A・マッキノン教授の著名な著書，Sexual Harassment of Working Women がアメリカで刊行されたのは，同条約と同じ 1979 年であり，当時，セクシュアル・ハラスメントの議論が始まっていたアメリカ合衆国でさえ，国内法上も議論は黎明期にあったからである。実際，セクシュアル・ハラスメントは，他の女性に対する暴力の諸形態とは異なり，国際法上ほとんど注目されていなかったのである[3]。

国連の文書に女性に対する暴力の文言が登場したのは，1980 年の第 2 回国連世界女性会議（コペンハーゲン）で採択された国連婦人の 10 年後半期行

代半ばのことである（Stanley G. French, Wanda Teays and Laura M. Purdy ed., Violence Against Women – Philosophical Perspectives, Cornel University Press, 1998, p.1.）。1980 年代アメリカにおける女性に対する暴力の議論の一端については，ベル・フックス『ブラック・フェミニストの主張』勁草書房，1997 年，172 頁以下（原著は 1984 年刊）等を参照。なお，キャサリン・A・マッキノンが，女性に対する暴力の範囲を幅広くとらえていることについては，キャサリン・A・マッキノン『女の法，男の法・下巻』岩波書店，2011 年，261 頁以下を参照。アメリカの犯罪研究では，性的な身体的暴力の狭い法的概念が用いられているが，精神的虐待の分野では幅広い概念が用いられている（Walter S. DeKeseredy and Martin D. Schwartz: Definitional Issues, in Claire M. Renzetti, Jeffrey L. Edleson and Raquel Kennedy Bergon ed., Sourcebook on Violence Against Women, Sage Publications, 2001, pp.26 et s.）。

(3)　Christine Chinkin: Sexual Harassment – An International Human Rights Perspective, in Catharine A. MacKinnon & Reva B. Sigel ed., Directions in Sexual Harassment Law, Yale University Press, 2004, pp.655 et s

　1986 年にイギリスで出版された，リサ・タトル『新版フェミニズム事典』（明石書店，1998 年）396 頁以下では，セクシュアル・ハラスメントは，女性に対する暴力の一形態とされていない。1995 年にイギリスで出版された，マギー・ハム『フェミニズム理論辞典』（明石書店，1999 年）336 頁以下では，セクシュアル・ハラスメントは，女性に対する暴力の一形態とされている。1960 年代末より，マッキノン教授を含むアメリカのフェミニスト活動家や法律家達は，女性虐待，レイプ，セクシュアル・ハラスメントやポルノグラフィーなどの，いくつかの相互関連のある女性に対する危害について，社会的認識の変更と法的定義の形成を試みる努力をしてきたことは確かである（Elizabeth M. Schneider, Battered Women & Feminist Lawmaking, Yale University Press, 2000, p.74.）。

第5章　セクシュアル・ハラスメントと女性に対する暴力概念

動プログラムからである。女性に対する暴力は，国際婦人の10年の間に国際的にクローズアップされてきた問題のひとつであった。女性差別撤廃委員会1989年第8会期で採択された一般勧告第12（女性に対する暴力）においてさえ，同勧告は，条約締約国に対して，あらゆる形態の女性に対する暴力（セクシュアル・ハラスメントも含む）に関する情報を同委員会への定期報告書に記載するよう要請していたに過ぎない。当時，わが国でも，女性に対する暴力は大きな社会問題になっていなかったが，女性差別撤廃委員会1992年第11会期では，急遽審議の優先順位が女性に対する暴力問題に変更され，同会期はこの問題に振り回されたといわれるほど，この問題は，急速に重要な問題と認識されるようになったのである[4]。

　1992年の女性差別撤廃委員会による女性に対する暴力一般勧告第19号は，「性に基づく暴力は差別の一形態」（第1項）であると規定して，女性に対する暴力が差別の一形態であることを明らかにするとともに，「セクシュアル・ハラスメントは，身体接触，言い寄り，性的なコメント，ポルノグラフィーを見せること，口頭または行動による性的要求等の歓迎されない性的な所定のふるまいを含むものとする。かかる言動は，屈辱的なものであり，安全・健康問題となるものである。セクシュアル・ハラスメントは，女性が，その拒絶が自らの雇用に関して退職及び勧奨を含む不利益をもたらすと信じる合理的理由を有するとき，又はそれが敵対的職場環境をつくり出すとき，差別的である。実効的な申立手続及び救済措置が与えられるべきである。」（第19項），「締約国は，報告書に，セクシュアル・ハラスメントについての情報，及び，事業所におけるセクシュアル・ハラスメントその他の形態の暴力又は強制から女性を保護するための措置に関する情報を含めなければならない。」（第20項）と規定している。同勧告は，セクシュアル・ハラスメントが女性に対する暴力の一形態であることをあきらかにしたが[5]，セクシュ

---

(4)　国際女性の地位協会編『女性差別撤廃条約～国際化の中の女性の地位』三省堂，1990年，46頁，ゆのまえ知子「女性に対する暴力」（井上輝子ほか編『岩波女性学事典』岩波書店，2002年）232頁，赤松良子「女性に対する暴力」国際女性6巻3頁。
(5)　浅倉むつ子「セクシュアル・ハラスメント」（前掲『岩波女性学事典』岩波書店）

第1部　セクシュアル・ハラスメントと法的アプローチ

アル・ハラスメントの厳密な定義は定めていない。

　国連は，1993年12月12日の国連総会で採択された「女性に対する暴力の撤廃に関する宣言」において，セクシュアル・ハラスメントは女性に対する暴力のひとつであることを宣言したが[6]，同宣言は，第1条において，女性に対する暴力を定義し，「この宣言の目的に関し，『女性に対する暴力』の文言は，女性に対し，身体的，性的又は精神的危害若しくは苦痛をもたらす，又はもたらす恐れのある，公的生活又は私生活における，あらゆるジェンダーに基づく暴力を意味し，かかる行為の脅迫，強要，恣意的な自由の剥奪を含むものとする。」とするとともに，第2条において，「女性に対する暴力には，次に掲げるものが含まれるが，次に掲げるものに限定されると解釈されてはならない。……b. 職場，教育機関等における，レイプ，性的虐待，セクシュアル・ハラスメント及び脅迫，女性の人身売買及び強制売春を含む，一般社会において生じる身体的，性的又は心理的暴力。……」としている。

　ここでなされた女性に対する暴力の定義は，かなり幅広いものである。それは，この宣言のように国際人権基準を採択する国連総会決議の性格に由来する。すなわち，国際人権基準を採択する国連総会決議等は，人権条約のように国際法上の法的拘束力を持つものではなく，すべての人とすべての国家にその尊重を求めるものであり，人権の普遍性を確保し，人権に関する国際的合意の形成に寄与するものであるからである[7]。

　　296頁。
(6)　国際女性の地位協会編『新版・女性の権利～ハンドブック　女性差別撤廃条約』岩波書店，2005年，69頁（林陽子），中島通子「『女性の人権論』の新たな展開」（渡辺和子編著『女性・暴力・人権』学陽書房，1994年）30頁以下，山下・前掲注(1)25頁，辻村みよ子『憲法とジェンダー～男女共同参画と多文化共生への展望』有斐閣，2009年，46頁。林陽子「女性差別撤廃条約～30年目の到達点」国立女性教育会館研究ジャーナル14巻（2010年）6頁は，国連の女性差別撤廃委員会が，1989年に「女性に対する暴力に関する一般的勧告12」を採択し，暴力の例示として「性的暴力，家庭内の虐待，セクシュアル・ハラスメント」の3つをシンプルに示したとしている。
(7)　滝澤美佐子『国際人権基準の法的性格』国際書院，2004年，13頁以下。なお，国連は，1946年12月の第1回国連総会における決議96(I)で，ジェノサイド条約の切っ掛けとなった勧告をしていることについては，野澤基恭「ジェノサイド条約適用に関する国際法上の論点～『ICJジェノサイド条約適用事件』を手がかりにして」平成国

第 5 章　セクシュアル・ハラスメントと女性に対する暴力概念

　また，この宣言において，セクシュアル・ハラスメントは，明確に定義されていない。国連人権委員会の女性に対する暴力特別報告者の予備報告書（1994 年）は，「セクシュアル・ハラスメントの明確な定義は，文化的価値及び規範により異ならざるを得ないが，ふたつの重要な要素がある。すなわち，相手が望まない性的関心又は相手に不快若しくは脅迫的な性的関心である。」としていたにすぎない。1995 年 9 月に北京で開かれた第 4 回世界女性会議において採択された「北京宣言」及び「北京行動綱領」においても，女性に対する暴力に関する規定が盛り込まれ（宣言第 29 条，行動綱領第Ⅳ章・戦略目標及び行動，D・女性に対する暴力等），セクシュアル・ハラスメントもその一形態とされたが，同宣言は，いかなる行為がセクシュアル・ハラスメントとなるかを定義することができなかった。国連人権委員会の女性に対する暴力特別報告者の最終報告書（2003 年）も，暴力が多面的な問題であり，単純で単一的な解決はありえないとし，セクシュアル・ハラスメントは比較的新しい概念であるとして，その明確な定義を置いていない。女性に対する暴力の撤廃に関する宣言は，その後も，法的拘束力のある形式にはなっていないし，国連女性 2000 年会議においても，女性に対する暴力の具体的な内容は合意に至っていない[8]。

　現在，女性に対する暴力は，女性差別撤廃条約の締約国実施状況報告書及び同国に対する女性差別撤廃委員会ヒアリングにおいて，幅広く議論されている。また，あらゆる形態及び発現の女性に対する暴力に関する詳細な調査の準備を国連事務総長に求めた 2003 年国連総会決議（58 ／ 185）に基づいて，

　　　際大学研究所紀要 11 号（2011 年）85 頁を参照．また，国連総会決議等は，将来的に条約，国際慣習法に移行する可能性もあるという積極的な側面を持つ一方で，概念が曖昧で，「法」と「非法」の中間領域を積極的に認めることによって，国際法体系総体を脆弱化させる危険性があるという問題点をはらんでいることについては，同「現代国際法における国際慣習法をめぐる諸問題」憲法研究 36 号（2004 年）60 頁を参照．
(8)　C. Chinkin, po. cit., pp.663 et s. 山下・前掲注(1)25 頁以下，ラディカ・クマラスワミ『女性に対する暴力〜国連人権委員会特別報告書』明石書店，2000 年，94 頁以下，同『国連人権委員会特別報告者クマラスワミ最終報告書〜女性に対する暴力をめぐる 10 年』明石書店，2003 年，12 頁以下，38 頁以下．特別報告者については，滝澤・前掲注(7)111 頁以下が詳しい．

第1部　セクシュアル・ハラスメントと法的アプローチ

2006年，国連総会第3委員会に，事務総長報告書「あらゆる形態の女性に対する暴力に関する詳細な調査（In-depth study on all forms of violence against women – Report of the Secretary-General）」が提出されている。同報告書は，「この調査において，『女性に対する暴力』とは，女性であるが故に女性に対して向けられるあらゆるジェンダーに基づく暴力又は女性が不均衡に犯される暴力をいう。」と定義し，「女性に対する暴力は，国連において，差別の一形態及び女性の人権（human rights）侵害として，急速に注目を集めている。」として，各国等に対応を求めている。その後，2008年に，国連女性の地位委員会議長の要請を受けて，パン・ギムン国連事務総長が，「団結しよう，女性への暴力を終わらせるために（UNiTE to End Violence Against Women）」という女性に対する暴力世界キャンペーン（2008年～2015年）を立ち上げて，現在，展開中である。このキャンペーンは，すべての国が2015年までに達成すべき5つの目標として，(a)国際人権基準に従い女性及び少女に対するあらゆる形態の暴力を処理し処罰する国内法の制定及び施行，(b)予防を強調し適切な財源に裏付けられた多分野にわたる国内行動計画の策定及び実施，(c)女性及び少女に対する多様な形態の暴力の広がりに関するデータ収集及び分析システムの確立，(d)全国的及び地方的キャンペーンを策定し，暴力予防並びに虐待を受けた女性及び少女に対するサポートに広範な市民社会の関係者を参加させること，(e)紛争状態下での性的暴力を処理し戦争の手段としてのレイプから女性及び少女を保護する制度的努力並びに関連法令及び政策実施の徹底，を定めている[9]。

---

(9)　S. E. Merry, op. cit., p.76.; In-depth study on all forms of violence against women – Report of the Secretary-General, United Nations, General Assembly, A/61/122/Add. 1, pp.9 et s.; Intensification of efforts to eliminate all forms of violence against women – Report of Secretary-General, United Nations, General Assembly, A/64/151, p.4. 締約国の報告義務については，前掲注(1)国際女性の地位協会編『コンメンタール女性差別撤廃条約』371頁以下を参照。国連事務総長のキャンペーンについては，国際連合女性の地位向上部『女性に対する暴力に関する立法ハンドブック』信山社，2011年，1頁以下，国際連合女性の地位向上部『女性への暴力防止・法整備のための国連ハンドブック』梨の木舎，2011年，10頁以下を参照。

第 5 章　セクシュアル・ハラスメントと女性に対する暴力概念

　なお，国連の機関である ILO（国際労働機関）が，セクシュアル・ハラスメントに関する調査をしたのは 1992 年～1993 年からであり（23 ヵ国対象），ILO の国際労働基準には，いまだにセクシュアル・ハラスメントに関する明確な規定がなく，特定のガイドラインも示されていない[10]。

　以上，この節で検討したように，国連レベルでは，女性に対する暴力及びセクシュアル・ハラスメントの明確な定義はないが，締約国に女性差別撤廃のための政策追求義務を課す女性差別撤廃条約，上記女性に対する暴力の撤廃に関する宣言や国連の上記キャンペーンの法的性質からは，これらの明確な定義は必要ないのである。

　また，もともと道義的・政治的概念 (moral and political concept) である女性の人権 (Human Rights) を国際法及び国内法に法制度化することを目指す女性団体等の国際運動の立場では，これらの厳密な定義は必ずしも必要ないようである[11]。それに，フェミニストの仕事の出発点は法的概念ではなく，

---

(10) Adriane Reinhart, Sexual Harassment: ILO Survey of Company Practice – Adressing sexual harassment in the workplace – A Management information booklet, International Labour Office, 1999, p.viii.（アリアン・ラインハルト『セクシュアル・ハラスメント～欧米企業の実践実例・ILO 調査～セクハラ防止の具体的な手順と対策』日科技連出版社，2000 年，x 頁），大羽綾子「報告書紹介　セクシュアル・ハラスメントの法的対策～ ILO『労働条件ダイジェスト・第 11 巻職場のセクシュアル・ハラスメントと闘う』(その 1)」世界の労働 1994 年 5・6 月号 15 頁。拙著『改訂版セクシュアル・ハラスメントの法理～職場におけるセクシュアル・ハラスメントに関するフランス・イギリス・アメリカ・日本の比較法的検討』労働法令，2004 年，6 頁以下も参照。なお，セクシュアル・ハラスメントを，ILO のディーセント・ワーク概念から論じるものとして，西谷敏『人権としてのディーセント・ワーク～働きがいのある人間らしい仕事』旬報社，2010 年，268 頁以下がある。2011 年 6 月 16 日に ILO 総会で採択された「家事労働者のディーセント・ワークに関する条約」は，「第 5 条　締約国は，家事労働者が，あらゆる形態の虐待，ハラスメント及び暴力から効果的に保護されることを確保するための措置を講じなければならない。」と規定するが，ハラスメントや暴力の定義はない (International Labour Conference, Provisional Record /Compt rendu provisoire, 15A, One hundredth Session, Geneve, 2011.)。

(11) Saladin Meckled-Garcia and Başak Çah ed., The Legalization of Human Rights – Multidisciplinary perspectives on human rights and human rights law, Routledge, 2006, p.i, p.101.

第1部　セクシュアル・ハラスメントと法的アプローチ

女性の生活の中に見出されなければならず，ひとつの問題がある法的要素を有すると認められる場合にも，それは，明確な学説の領域で明確な解決の道があるのではなく，女性に対する暴力の現象や女性の仕事の法的評価は，女性生活の多くの様相のように，解決が可能になるまでに様々な学説上のカテゴリーを超越し，様々なカテゴリーに訴えなければならないとの考え[12]の下では，厳密な定義は必要ないのかもしれない。

第2節　EU及びフランスにおける女性に対する暴力とセクシュアル・ハラスメント

1　EUにおける女性に対する暴力とセクシュアル・ハラスメント

1986年11月，欧州議会は，「女性に対する暴力に関する決議」を採択した。この決議は，性的暴力，私的空間における暴力，児童の性的虐待，少数民族の女性，女性難民，女性売買，売春，児童買春，ポルノグラフィーと並んでセクシュアル・ハラスメントを取り上げ，EC委員会に，この問題の研究を求めるとともに，閣僚理事会に職場における性的脅迫に関する各国法の調和のための立法を検討するよう求めている。1987年10月，欧州委員会は，「職場における女性の尊厳：EC諸国におけるセクシュアル・ハラスメント問題の報告」と題するルーベンシュタイン報告書を発行した[13]。

しかし，EUでは，その後，当初のセクシュアル・ハラスメントに関する

---

[12] Regina Graycar and Jenny Morgan: Legal Categories, Women's Lives and the Law Curriculum – Or: making gender examinable, Sydney Law Review 18 (1996): 431-50 (in Joanne Conaghan ed., Feminist Legal Studies – Critical Concepts in Law, Routledges, 2009, volume I, p.121.). マイケル・イグナティエフによれば，「人権とは，市民的および政治的義務だけでは虐待を防ぐのに十分ではないことが明らかとなった場合であるとか，そのような義務がまったくはたされなくなった場合に，人間の良心にもとづいてはたすべき自然的義務を，法的な用語のかたちで表現したものであるとされる。」（マイケル・イグナティエフ『人権の政治学』風行社，2006年，135頁）のである。

[13] 濱口桂一郎『EU労働法の形成～欧州社会モデルに未来はあるか？』日本労働研究機構，1998年，201頁以下。

第5章　セクシュアル・ハラスメントと女性に対する暴力概念

勧告である EC 委員会「労働における男性と女性の尊厳の保護に関する勧告」（1991 年 11 月 27 日）においては，「第 1 条　構成国は，上司及び同僚の行為を含む職場における男性及び女性の尊厳を冒す性的性質を有する行為その他の性に基づく行為は，次の場合には許容できないものであるという認識，及び，かかる行為は，一定の状況のもとでは，指令 76 ／ 207 ／ EEC の第 3 条，第 4 条及び第 5 条の意味する平等取扱原則に違反することがあるとの認識を促進する行動をとることを勧告する。」と規定しており，セクシュアル・ハラスメントは，男性及び女性の尊厳を冒す性に基づく行為と定義され，一定の条件のもとでは性差別になると考えられていたにすぎない[14]。EU では，「職場における男性及び女性の尊厳（la dignité de la femme et de l'homme au travail）」という概念を用いており，セクシュアル・ハラスメントは女性に対する暴力であるとの認識ではない。

　EU は，また，1990 年代に各国で深刻化し，社会的関心が急速に高まった職場等におけるハラスメント問題及びセクシュアル・ハラスメント問題について，1996 年 5 月 3 日のヨーロッパ社会憲章（欧州評議会）において，労働者の労働における尊厳の権利を，次のように宣言している。すなわち，「第 1 部……26　すべての労働者は，労働における尊厳を請求する権利を有する。／第 2 部……第 26 条（労働における尊厳の権利）すべての労働者の労働における尊厳の権利の有効な行使を確保するために，各当事者国は，使用者及び労働者の諸組織に諮問のうえ，次のことを合意する。／1　労働における又は労働に関わるセクシュアル・ハラスメントに関する啓蒙，情報及び予防を推進し，かかる行為に対し労働者を保護するために，あらゆる適切な措置をとること。／2　労働における又は労働に関わる，あらゆる労働者に対し反復的に向けられた非難すべき行為又は明らかに敵対的な行為かつ攻撃的な行為に関する啓蒙，情報及び予防を推進し，かかる行為に対し労働者を保護するために，あらゆる適切な措置をとること。」である。ここにおいても，セクシュアル・ハラスメントは女性に対する暴力であるとの認識はない。

---

(14)　この点について詳しくは，前掲拙著 460 頁以下を参照されたい。

第1部　セクシュアル・ハラスメントと法的アプローチ

EUは、その後、2000年6月29日の人種・民族均等指令（2000／43／EC）と2000年11月27日の雇用平等取扱一般枠組指令（2000／78／EC）、及び、2002年9月23日の男女均等待遇指令（2002／73／EC）において、直接差別、間接差別及び差別的ハラスメントを包摂するいわゆる拡大された差別概念を採用し、同男女均等待遇指令は、セクシュアル・ハラスメントをジェンダーに基づく男女共通の性差別としている[15]。

2　フランスにおける女性に対する暴力とセクシュアル・ハラスメント

フランスは、1992年の刑法典改正によりセクシュアル・ハラスメント罪を新設し、「222-33条　職務により得た権限を濫用する者が、性的好意を得ることを目的として、命令、脅迫又は強制を用いて、他人にハラスメントする行為は、1年の拘禁及び10万フランの罰金に処する。」と規定し、同年の労働法典改正によりセクシュアル・ハラスメント被害者の雇用保護・同防止等の規定を定めているが、これらにおいて、セクシュアル・ハラスメントは、現象そのものとして捉えられており、必ずしも差別との結びつきは考えられていない[16]。

フランスは、2002年1月17日の社会近代化法により、刑法典にモラル・ハラスメント罪（harcèlement moral）を新設して、「222-33-2条　他人の権利若しくは尊厳を毀損し、身体的若しくは精神的健康を悪化させ、又は職業的将来を害するおそれのある、労働条件の破損を目的とし若しくはその効果を有する反復的行為により他人をハラスメントする行為は、1年の拘禁及び1万5千ユーロの罰金に処する。」と規定し、労働法典にモラル・ハラス

---

[15] Danièle Lochak: La notion de discrimination dans le droit français et le droit européen, dans Miyoko Tujimura et Danièle Lochak éd., L'égalité des sexes: La discrimination positive en question, Sécurité de législation comparée, 2006, pp.50 et s. 拙稿「職場におけるハラスメントの法理」法律論叢81巻2・3合併号（2009年）329頁以下も参照。

[16] Claire Aubin et Benjamin Joly: De l'égalité à la non-discrimination : le développement d'une politique européenne et ses effets sur l'approche française, Droit social, 2007, p.1229. 前掲拙著43頁以下も参照。

第 5 章　セクシュアル・ハラスメントと女性に対する暴力概念

メントに対する労働者保護規定等を定めたが，この法改正は，上記 1996 年 5 月 3 日のヨーロッパ社会憲章の規定を受けたものである。この社会憲章の規定は，モラル・ハラスメントを精神的暴力として告発するフェミニスト団体の活動や，社会心理学者の研究を反映したものであるといわれている[17]。

社会近代化法は，モラル・ハラスメントというメディアや公的報告書等で職場の暴力の一形態とされていたものを法的存在とするとともに，セクシュアル・ハラスメント罪の規定をモラル・ハラスメント罪と統合的に規定し，セクシュアル・ハラスメント罪から，それまでの職務権限の濫用の要件と，命令，脅迫又は強制の使用の要件を削除し，刑法典「222-33 条　人が性的好意を得ることを目的として他人にハラスメントする行為は，1 年の拘禁及び 1 万 5 千ユーロの罰金に処する。」と規定したため，セクシュアル・ハラスメント罪は，性的好意を得る目的と一定期間内の行為の反復のみを要件とするものとなって幅広い範囲の行為をとらえるものとなり，新設当初のセクシュアル・ハラスメントに関する規定は変質したと評価されている[18]。

フランスは，また，上記 EU 指令等を国内法化するために，EU 理事会による 2 度の催告と制裁も辞さないとの勧告に従い，ついに，共同体法差別禁止分野への適合規定を定める 2008 年 5 月 27 日の法律を制定し，次のように規定して，直接差別・間接差別・ハラスメントからなる EU の拡大された差別概念を導入した。すなわち，「第 1 条　直接差別とは，民族若しくは人種への真実の若しくは推定による帰属若しくは不帰属，宗教，信条，年齢，障害，性的嗜好，又は性に基づいて，人が，現在，過去又は未来における比較可能な状況において，不利益に取扱われる状況をいう。／間接差別とは，外観上中立的な規定，基準又は慣行で，第 1 項に掲げる事由のいずれかに基づ

---

(17)　Georges Piccas: Le harcèlement moral au travail, Petites affiches, 21 janvier 2002, no 15, p.53. 石井保雄「フランス法における『精神的ハラスメント』とは何か〜その概念理解について」季刊労働法 218 号（2007 年）74 頁以下，前掲拙著 379 頁以下も参照。

(18)　Evelyne Monteiro: Le concept harcèlement moral dans le code pénal et le code du travail, RSC, 2003, pp.277 et s. 社会近代化法によるセクシュアル・ハラスメント罪変質の経緯については，前掲拙著 379 頁以下も参照。

第1部　セクシュアル・ハラスメントと法的アプローチ

いて，ある人に対して他の人に対してよりも特別の不利益を引き起こすものをいう。ただし，この規定，基準又は慣行が，正当な目的により客観的に正当化され，かつ，この目的を実現するための手段が，必要かつ適切なものであるときは，この限りではない。／差別は，次に掲げるものを含むものとする。／1　人が被る，その尊厳を侵害する目的若しくは効果を有し又は脅迫的，敵対的，下劣的，屈辱的若しくは不快な環境を創りだす目的若しくは効果を有する行為で，第1項に掲げる事由のいずれかに関わる行為及び性的意味を有する行為。／2　第2条が禁止する行為〔＊筆者註——差別行為〕をすることを他人に命じる行為。」である。しかし，同法は，フランスの従来の厳密な意味でのハラスメント概念を廃止するものではなく，この概念と同法による差別的ハラスメント概念が併存しており（ただし，差別的ハラスメント概念は刑事裁判では適用されない），両者の関連が法的困難をもたらしていることは，すでに本書第4章において述べたところである[19]。

　ところで，フランスにも，セクシュアル・ハラスメントを女性に対する暴力ととらえる考え方は存在する。フランスの上記1992年刑法典改正に際し，改正原案にはセクシュアル・ハラスメントに関する規定はなく，セクシュアル・ハラスメント罪は，法案審議過程の中で，イヴェット・ルーディ議員（1981年ミッテラン大統領のもとで女性の権利大臣）[20]が追加提案し，議会両院の可決により付け加えられたものであるが，法案成立には，上記EC委員会「労働における男性と女性の尊厳の保護に関する勧告」などの一連のEUの活動の影響と，フェミニストの活動などによりフランス国内において改革の精神が熟していたことが大きいといわれている[21]。

---

(19)　本書第4章及び拙稿「セクシュアル・ハラスメントに関する人格権アプローチと性差別アプローチの並存」平成法政研究14巻2号（2010年）83頁以下。

(20)　イヴェット・ルーディについては，その自伝であるイヴェット・ルーディ『フェミニズムの現在』朝日新聞社，1986年がある。

(21)　Françoise Dekeuwer-Defossez: Le harcèlement suxuel en droit français: discrimination ou atteinte à la liberté？（A propos de l'article 222-33 du nouveau Code pénal et de la loi n.92-1179 du 2 novembre 1992 relative à l'abus d'autorité en matière sexuelle), JCP93, éd. G, I, 3362, p.137; Catherine Véron-Clavière, Philippe

第5章 セクシュアル・ハラスメントと女性に対する暴力概念

　フェミニスト団体のひとつである「職場における女性に対する暴力に反対する欧州協会」（AVFT：Association européenne contre les Violences faites aux Femmes au Travail. 1985 年創設）の創設者の 1 人であり元会長である社会学者のマリー・ヴィクトワール・ルイによれば，「セクシュアル・ハラスメントに対する闘いは，女性が自分の身体を取り戻す歴史の中に位置づけられる。それは，妊娠中絶の権利のための闘い，性的損傷に対する闘い，……夫婦間強姦を含む強姦に対する闘い，近親相姦による暴力などと密接に結びついている。……我々は，これらの諸暴力に序列をつけることはできない」のである[22]。また，セクシュアル・ハラスメントを性暴力とみなす歴史学者も存在する[23]。

　しかし，他方，フランスには，このような議論は，アメリカのラディカルなフェミニズムに影響を受けたもので，物事を混同して，暴力概念を拡大解釈するものであり，あらゆる解釈の余地を認める危険性を秘めていると批判するフェミニスト（エリザベット・バダンテール）も存在する[24]。

　ところで，フランス 1992 年新刑法典では，violences（暴行又は暴力）とは，身体の完全性に対する侵害となる犯罪の総称をいう。それは，ある者の肉体的又は心理的完全性に侵害を加える行為をいい，現実に肉体的侵害を加えなくても，心理的な効果をもって足り，さらには被害者との直接的な接触もな

　　 Lafrarge et Jacques Clavière-Schiele, Droit pénal du travail, Dalloz, 1997, no 40. 前掲拙著 47 頁以下も参照。
(22)　Cathrine Le Magueresse: Harcèlement suxuel en France: les errements du droit, dans AFEM, Egalité des genres et combat contre le harcèlement sexuel: les politiques de l'Union européenne, Ant. N. Sakkoulas & Bruylant, 2009, p.48. マリー・ヴィクトワール・ルイ「フランスの職場におけるセクシャル・ハラスメント～フェミニストは何を問われているか」（ミランダ・デービス編『世界の女性と暴力』明石書店，1998 年）167 頁以下。
(23)　ジョルジュ・ヴィガレロ『強姦の歴史』作品社，1999 年，321 頁以下。フランスでは，女性に対する暴力と「性暴力（violence sexuelle）」という言葉が同義語のように使われることがあることについては，上野芳久「性暴力と闘う刑法」（植野妙実子・林瑞枝編著『ジェンダーの地平』中央大学出版部，2007 年）206 頁参照。
(24)　エリザベット・バダンテール『迷走フェミニズム～これでいいのか女と男』新曜社，2006 年，2 頁以下。

い場合でも成立し得るものである。破毀院も，暴行について，精神的打撃を暴行と見なすために身体的暴行の範囲を越えた解釈をし，「被害者に身体的打撃がないときでも，被害者が強烈にショックを受け，かつ，被害者に精神的ショックを引き起こす性質を有する行為により成立する」としている（破毀院刑事部2008年3月18日判決＝交通トラブルから加害者がバールを持ち出して被害者の車の後部トランクを被害者の目の前で破壊した事案等）[25]。

「特に女性に対する暴力，カップル内での暴力及び児童に対する暴力の影響に関する2010年7月9日の法律（Loi n. 2010-769 du 9 juillet 2010 relatives aux violences faites spécifiquement aux femmes, aux violences au sein des couples et aux incidences de ces dernières sur les enfants, Journal official de La République Française, 10 juillet 2010, pp.12762.）」は，第31条により刑法典に222-14-3条を新設し，「この節に規定する暴力（violences）は，精神的暴力を含めて，その性質に関わらず禁止する。」と規定して，新しい暴行罪（les nouvelles violences）を創設した。前述のように，刑法典で禁止される暴行は，精神的な暴行も含むものとして解釈されてきたが，同法は，これを明文化したのである。

さらに，同法同条は，刑法典222-33-2-1条にカップル内モラル・ハラスメント罪（délit de harcèlement moral au sein du couple）を新設し，「配偶者，連帯民事契約〔＊筆者註～通称パックス〕によるパートナー又は同棲相手に対して，身体的精神的健康の悪化をもたらすおそれのある，生活条件の毀損を目的とし又はその効果を有する反復的行為によりハラスメントする行為は，それが8日以下の完全労働不能を惹起したとき又はいかなる労働不能も惹起しなかったときは，3年の拘禁及び4500ユーロの罰金に処し，それが8日を越える完全労働不能を惹起したときは，5年の拘禁及び75000ユーロの罰金に処する。／この犯罪が，被害者の元配偶者，元同棲相手又は連帯民事契約の元パートナーにより行われたときも，同じ刑に処する。」と規定したた

---

(25) Yves Mayaud: Infractions contre les personnes, RSC Juillet/Septembre 2008, pp.587 et s. 山口俊夫編『フランス法辞典』東京大学出版会，2002年，627頁，『フランス法律用語辞典』三省堂，1996年，304頁。

め，カップル内暴力の被害者は，性別を問わず，この保護も受けることができるようになっている。このカップル内モラル・ハラスメント罪は，職場におけるモラル・ハラスメント罪をモデルとして制定されたものである[26]。

以上，この節で検討したように，EUやフランスにおけるセクシュアル・ハラスメントやハラスメントに対する具体的対応は，「職場における男性及び女性の尊厳」という男女共通の概念に基づくものであり，差別法理も用いられるようになっている。EUやフランスは，上記国連の諸活動にも適切に対応している[27]。

第3節　わが国における女性に対する暴力とセクシュアル・ハラスメント

わが国において，法的に，女性に対する暴力概念が登場するのは，1999年6月成立・施行の男女共同参画社会基本法に関連してである。しかし，女性に対する暴力の問題は，同法には具体的に規定されていない。それは，同法が，「男女共同参画社会の形成を総合的かつ計画的に推進することを目的とするものですので，女性に対する暴力の問題等個別具体的な施策については，この法律には具体的に規定されていません。」と説明されている[28]。

同法に基づき2000年12月に閣議決定された第一次男女共同参画基本計画

---

[26] Juliette Sygut: Harcèlement au travail, harcèlement au sein du couple : quand des faits de même nature produisent le même droit, Gazett du palais, mercledi 20, judi 21 octobre 201, p.8.; Patrick Maistre du Chambon: Quelques considérations sur le droit pénal de la famille, La Semaine juridique, Ed.G., No.1-2, 10 janvier 2011, pp. 16 et s. 2010年7月9日の法律については，神尾真知子「〈シリーズ〉ファミリー・バイオレンス　海外の動向～フランス」ジュリスト1411号（2010年）128頁以下も参照されたい。

[27] 女性差別撤廃条約に対するフランスの対応の一端については，植野妙実子「女性の人権に対する各国の対応～フランス」（山下泰子・植野妙実子編著『フェミニズム国際法学の構築』中央大学出版部，2004年）558頁以下を参照。

[28] 内閣府男女共同参画局監修『わかりやすい男女共同参画社会基本法』有斐閣，2001年，9頁。

の第2部は,「7　女性に対するあらゆる暴力の根絶」の章を設け,「女性に対する暴力の問題は,国際的にも重要な課題として位置づけられてきており,女性2000年会議で採択された『北京宣言及び行動綱領実施のための更なる行動とイニシアティブ』においても大きく取り上げられた。」とし,「女性に対する暴力は男女共同参画社会を形成していく上で克服すべき重要な課題であり,その根絶に向けて努力を続けなければならない。」として,「(6)　セクシュアル・ハラスメント防止対策の推進」の項目を設けているが,女性に対する暴力の明確な定義は定めていない[29]。

　2005年12月に閣議決定された第二次男女共同参画基本計画も,第2部で,「7　女性に対するあらゆる暴力の根絶」の章を設け,「女性に対する暴力の問題は,国際的にも重要な課題として位置づけられてきており,平成7年(1995年)の第4回世界女性会議の『北京宣言及び行動綱領』及び女性2000年会議の『北京宣言及び行動綱領実施のための更なる行動とイニシアティブ』においても大きく取り上げられ,『北京+10』(第49回国連婦人の地位委員会)においてもその内容が再確認された。」とし,「女性に対する暴力は,犯罪となる行為をも含む重大な人権侵害であり,男女共同参画社会を形成していく上で克服すべき重要な課題であり,その根絶に向けて努力を続けなければならない。」として,「(5)　セクシュアル・ハラスメント防止対策の推進」の項目を設けているが,女性に対する暴力の明確な定義を定めていない。

　2010年12月に閣議決定された第三次男女共同参画基本計画も,第1部・基本的な方針で,基本計画策定に当たっての基本的な考え方のひとつとして,「④女性に対するあらゆる暴力の根絶」を掲げ,第2部・施策の基本的方向と具体的施策に「第9分野・女性に対するあらゆる暴力の根絶」を設け,「女性に対する暴力は,犯罪となる行為をも含む重大な人権侵害であり,その回復を図ることは国の責務であるとともに,男女共同参画社会を形成していく上で克服すべき重要な課題である。」とし,女性に対する暴力は多様化してきていると指摘して,新たな視点から迅速かつ効果的に対応していくこ

---

(29)　内閣府男女共同参画局編『男女共同参画基本計画』財務省印刷局,2001年,69頁以下。

第 5 章　セクシュアル・ハラスメントと女性に対する暴力概念

とが求められるとしたうえで，「7　セクシュアル・ハラスメント防止対策の推進」の項目を設けているが，女性に対する暴力の明確な定義はない。

　なお，わが国の刑法において暴力（violence）にあたる暴行とは，法的には，人に対する有形力の行使をいい，いわゆる暴力の行使のみならず，音，光，熱等による作用も含まれると解されている。裁判例は，暴行を緩やかにとらえており，暴行とは，人の身体に対する不法な一切の攻撃方法を含み，性質上傷害の結果を惹起すべきものである必要はなく（大判昭 8・4・15 刑集 12 巻 427 頁），大太鼓，鉦等を連打して意識朦朧とした気分を与え又は脳貧血を起こさせ，息詰まる程度にさせたことも暴行であり（最 2 小判昭 29・8・20 刑集 8 巻 8 号 1277 頁），狭い室内で脅かすために日本刀を振り回す行為も暴行に当たると解しているが（最 3 小決昭 28・2・19 刑集 7 巻 2 号 280 頁），力学的作用以外の有形力の行使について暴行が認められるためには傷害の危険が発生する場合に限られるべきであるとの見解や，暴行概念が無限定に広がることは避けなければならず，暴行罪（刑法第 208 条）も身体に対する犯罪のひとつであるから，身体に対する有形力の行使として身体的・生理的苦痛の惹起は必要であり，単に心理的な不快感，嫌悪感を催す程度のものは除かれるとする見解がある[30]。また，傷害罪（第 204 条）については，傷害行為の態様は有形力の行使に限られていないが，長期の無言電話により上司を精神衰弱症に陥らせた行為が傷害罪に当たるとした例（傷害・脅迫被告事件・東京地判昭 54・8・10 判時 943 号 122 頁）や，連日の上司宅への怒号・騒音等により不安及び抑うつ状態に陥らせた行為が傷害罪とした例がある（器物損壊傷害被告事件・名古屋地判平 6・1・18 判タ 858 号 272 頁）。

　刑法上，セクシュアル・ハラスメントは，暴行罪等に当たるもののみが犯罪として処罰される[31]。

　以上，この節で検討したように，わが国では，女性に対する暴力は，男女

---

(30)　大塚仁・川端博編『新・判例コンメンタール　刑法 5』三省堂，1997 年，388 頁以下。

(31)　後藤弘子「刑事法とジェンダー」（吉岡睦子・林陽子編著『実務ジェンダー法講義』民事法研究会，2007 年）275 頁等参照。

第1部　セクシュアル・ハラスメントと法的アプローチ

双方を対象とする男女共同参画社会基本法に基づく，男女共同参画基本計画上の具体的施策と考えられているが，政策概念としての性格から，その明確な定義はない。しかも，これまで，女性に対する暴力とセクシュアル・ハラスメントの関係についても，積極的には論じられてこなかったように思われる。

むすび

　本章では，セクシュアル・ハラスメントを女性に対する暴力ととらえることの意義を検討してきたが，国連においては，締約国に女性差別撤廃のための政策追求義務を課すという女性差別権利条約や女性に対する暴力の撤廃に関する宣言の法的性質等から，女性に対する暴力の明確な定義は存在しない。また，国際的にセクシュアル・ハラスメントの明確な定義も存在しないが，それは，セクシュアル・ハラスメントと呼ばれるものの態様が多様である上，国によりその理解が異なるものであり，それが世界共通の明確な定義や基準を策定することに適しないものであることによるものと思われる。結局，セクシュアル・ハラスメントは，各国がそれぞれの理解と法制度のもとに適宜対応するしかないのである。

　女性に対する暴力の概念は，レイプやドメスティック・バイオレンスに適合する概念であるように思われるが，セクシュアル・ハラスメントについて女性に対する暴力の概念を使用することについては，なお慎重な検討が必要である。上記事情のほか，男女雇用機会均等法1997年改正によるセクシュアル・ハラスメント防止に関する事業主の配慮義務を定める第21条では，女性労働者に対するセクシュアル・ハラスメントのみがその対象とされていたが，2006年改正による同事業主の措置義務を定める第11条では，男女労働者に対するそれが対象となっており，1997年均等法改正以前より不法行為判例により構築・保護されてきた被害者の人格権は，男女共通の権利である。また，2001年に制定されたいわゆるドメスティック・バイオレンス法（配偶者からの暴力の防止及び被害者の保護に関する法律）は，制定当初より男

第5章　セクシュアル・ハラスメントと女性に対する暴力概念

女配偶者を保護するための法律であるし，ストーカー規制法（2000年制定・施行）も，男女に対する行為を規制するものである。このように，男女共同参画社会基本法を含めて，関連する法制度上男女平等が進展し，セクシュアル・ハラスメントをめぐる法理・実務がある程度成熟した現在のわが国においては[32]，あえて女性に対する暴力の概念を使用する必要性はないように思われる。法解釈などにおいて濫用的にこの概念を使用すれば，かえって，セクシュアル・ハラスメントに関する法的議論を混乱させ，問題の解決を妨げることになると思われる。

なお，上記国連キャンペーンに関連して国連事務局経済社会局女性の地位向上部が2008年に発刊した「女性に対する暴力に関する立法ハンドブック」では，セクシュアル・ハラスメントを犯罪化すること等が推奨されているが，その犯罪化は，男女を問わず，わが国のセクシュアル・ハラスメント法制の課題である[33]。

(32) 拙稿「書評・小島妙子著『職場のセクハラ～使用者責任と法』（信山社，2008年）」ジェンダーと法7号（2010年）155頁。
(33) The Division for the Advancement of Women in the Department of Economic and Social Affairs of the United Nations Secretariat, Handbook for Legislation on Violence against Women, United Nations, 2010, pp.27 et s.
　女性に対する暴力に関する立法ハンドブック「3・4・3・2　セクシュアル・ハラスメントを定義する。／勧告／立法は，次に掲げることをすべきである。●セクシュアル・ハラスメントを犯罪化すること。／●セクシュアル・ハラスメントを差別の一形態及び健康と安全に関する結果を伴う女性の人権侵害と承認すること。／●セクシュアル・ハラスメントを，雇用（インフォーマル雇用部門を含む），教育，物品及びサービス授受，スポーツ活動並びに財産取引におけるものを含む，上下及び水平関係における望まれない所定の行動と定義すること。／●望まれない所定の行動は，（直接的又は暗示的な）身体的行為及び誘い，性的好意の要求又は要請，性的言動，性的にあらわな画像，ポスター又は落書きを表示すること，その他の性的性質を有する身体的，言葉による又は非言語的行為を含むと規定すること。／解説　セクシュアル・ハラスメントは，伝統的に，労使関係に関わる犯罪としてのみ考えられ，（ボスと被用者のように）不平等な力関係の脈絡においてのみ生じるものと定義されてきた。その結果，セクシュアル・ハラスメントは，しばしば各国の労働法典で取り扱われ，正規の雇用部門のかかる行動を経験した者にのみ適用されてきた。各国は，次第に，それらの限界を知るに至り，セクシュアル・ハラスメントをより総合的に，かつ，差別禁止法や刑法などの様々な法律で処理しはじめた。オーストラリアのニューサウスウ

第 1 部　セクシュアル・ハラスメントと法的アプローチ

エールズ州の差別禁止法（1977年）は，セクシュアル・ハラスメントは，雇用，教育機関，物品及びサービス授受，宿泊設備を借りること又は借りようとすること，土地の売買並びにスポーツ活動において生じるときは違法であると規定する。トルコでは，2004年刑法典大改正のひとつは，セクシュアル・ハラスメントの犯罪化である。ケニアでは，セクシュアル・ハラスメントは，3つの法律によりカバーされている。すなわち，性犯罪法（2006年）第23条（権限ある地位にある者又は公務にある者の犯罪），雇用法（2007年）第6条（使用者又は同僚によるハラスメント）及び公務員倫理法（2003年）第21条（公役務内ハラスメント及び公役務規定）である。インド最高裁判所は，ヴィシャーカ対ラージャスターン・アンド・オールス州航空事件において，女性差別撤廃条約第11条，第22条及び第23条，女性差別撤廃委員会第19号勧告，北京行動綱領の（職場の安全衛生に関わる）関連節を適用して，『職場』の幅広い定義を喚起するセクシュアル・ハラスメントの法的拘束力ある定義を創設した。」

　筆者のセクシュアル・ハラスメントの犯罪化に関する考えについては，前掲拙著293頁以下，本書第9章及び第10章，拙稿「台湾のセクハラ罪」労働法律旬報1740号（2011年）29頁以下を参照されたい。

第 2 部
セクシュアル・ハラスメントに関する最近の法的諸問題

第6章　セクシュアル・ハラスメントと懲戒処分

はじめに

　いま，企業や官公署の人事管理担当者にとっては，セクシュアル・ハラスメント事案は，過去に処分例がない企業等が多いため，被害申告事実の存否判断とともに，加害者とされる者の懲戒処分の可否判断と，社会的に相当な懲戒処分の判断に，苦慮することが多いようである[1]。

第1節　セクシュアル・ハラスメントと法規制

　セクシュアル・ハラスメントについては，福岡セクシュアル・ハラスメント事件判決（福岡地判平4・4・16労働判例607号6頁）やニューフジヤホテル事件判決（静岡地沼津支判平2・12・20労働判例580号17頁）を嚆矢として，現在までに，最高裁判決を含む民事判例が積み重ねられており，①強制わいせつ等の刑罰法規違反の行為については不法行為上も違法とし，②それ以外の身体接触・言辞等については，当事者の関係，行為の場所・時間，態様・程度，相手の対応等の諸事情を総合的に考慮して，社会的相当性を超えるときに人格権侵害の不法行為が成立するとし，③子どもはまだかと尋ねたり派手な服装を注意するなど個々の行為に違法性はないものでも，相手の明示的・黙示的な意思に反して反復・継続的に行われるなど社会的相当性を超えるときは人格権侵害の不法行為が成立するとの判断枠組みが形成されている。
　また，1997年と2006年の男女雇用機会均等法改正により，事業主に対して，①企業方針策定・従業員啓発，②相談窓口設置，③迅速・公正な対応，

---

(1)　加害者の懲戒処分に関する判例の動向については，拙著『改訂版セクシュアル・ハラスメントの法理』労働法令，2004年，274頁以下を参照されたい。

第2部　セクシュアル・ハラスメントに関する最近の法的諸問題

④関係者のプライバシー保護・被害者の不利益取扱禁止等のセクシュアル・ハラスメントに関する事業主（使用者）の措置義務（均等法 11 条）が定められ，セクシュアル・ハラスメントに対する予防・対応体制が整えられている。この措置義務は，公法上の義務で私法上の効力を有するものではないが，それを具体化する指針（平成 18・10・11 厚生労働省告示 615 号）は，判例動向も考慮して定められたものであるところから，この義務を尽くせば，使用者が，従業員のセクシュアル・ハラスメントについて民法 715 条の使用者責任等を免責される可能性があるため（同条 1 項ただし書き），この義務は，行政指導と相俟って，各企業のセクシュアル・ハラスメント予防・対応施策推進に効果を発揮している。

第2節　セクシュアル・ハラスメントと懲戒処分の基準

　上記不法行為類型①強制わいせつ等刑罰法規違反の行為については，事実確認もそれほど困難ではなく，刑事裁判において性犯罪の厳罰化がみられるため，懲戒処分上もそれほど困難はないようである[2]。

　人事管理担当者などの実務家の困難は，上記不法行為類型②及び③にある。これらの個別事案については，セクシュアル・ハラスメントの類型が多様で，複雑な事案が多いところから，申告事実の確認及び行為の違法性を判断することが困難なことがあり，また，懲戒処分手続において懲戒処分の可否判断及び社会的に相当な懲戒処分の判断が，極めて困難なことがあるからである[3]。

---

(2)　最近の判例として，X 社事件・東京地判平 22・12・27 労働経済判例速報 2097 号 3 頁（懲戒解雇），学校法人甲音楽大学事件・東京地判平 23・7・28 労働経済判例速報 2123 号 10 頁（懲戒免職），国立大学法人 Y 大学事件・東京地判平 24・7・4 労働経済判例速報 2153 号 17 頁（諭旨解雇）がある。

(3)　懲戒処分が争われた最近の判例として，X ファイナンス事件・東京地判平 23・1・18 労働経済判例速報 2102 号 14 頁（「腹ぼて」「胸が大きくなった」等の発言・譴責処分・有効），新聞輸送事件・東京地判平 22・10・29 労働判例 1018 号 18 頁（タクシー内で女性社員のスカートを捲り上げた行為，女性の退職・営業所副所長から 1 階

第 6 章　セクシュアル・ハラスメントと懲戒処分

　セクシュアル・ハラスメント加害者の懲戒処分に関する裁判例は，判例集や判例雑誌に公表されたものは少なく，これらから明確な基準を読み取ることはできない。

　最近の判例には，セクシュアル・ハラスメントを強制わいせつ的なものと強制わいせつ的なものとは一線を画する言動に分ける試みをして，後者について懲戒解雇の相当性を判断し，懲戒解雇を無効としたものがある（Y社（セクハラ・懲戒解雇）事件・東京地判平21・4・24労働判例987号48頁）。すなわち，日頃，酒席において女性従業員の手を握ったり，女性の胸の大きさを話題にするなどの発言を繰り返していた支店長が，宴会において，複数の女性従業員に対して，側に座らせて品位を欠いた言動を行い，ある女性従業員に「犯すぞ」と発言したことは，女性を侮辱する違法な行為で懲戒の対象となることは明らかであり，その態様や支店長の地位等にかんがみると相当に悪質性があるといいうる上，コンプライアンスを重視して倫理綱領を定めるなどしている使用者が，これに厳しく対応しようとする姿勢も十分理解できるが，これまで支店長に対して何らの指導や処分をせず，労働者にとって極刑である懲戒解雇を直ちに選択するというのは，やはり重きに失すると言わざるを得ないとし，懲戒解雇は，客観的合理的な理由を欠き，社会通念上，相当なものとして是認することができず，権利濫用として無効であるとしたものである。同様に，夫婦関係を尋ね，身体的特徴や服装等を指摘するなどの，女性からセクシュアル・ハラスメントととられる発言を複数の職員に対し繰り返し行なっていたことを理由として，なんらの注意処分を経ることなく，いきなり減給10分の1・1カ月という懲戒処分を加えることは，重すぎる処分といえるとして処分を無効としたものがある（X市事件・大阪地判平18・4・26労働経済判例速報1946号3頁）。

　セクシュアル・ハラスメント防止とともに，昨今使用者がその発生防止に取り組んでいるものとして，従業員の飲酒運転防止がある。懲戒処分を行う

級下の次長代理への降格・有効），P大学セクシュアル・ハラスメント事件・大阪地判平23・9・16労働判例1037号20頁，同・大阪高判平24・2・28労働判例1048号63頁（執拗な飲酒の誘い，身体接触等・減給処分・有効）がある。

第2部　セクシュアル・ハラスメントに関する最近の法的諸問題

か否か，いかなる処分を行うかは，懲戒権者である使用者の裁量に委ねられているが，使用者による懲戒は，懲戒が，懲戒に係る労働者の行為の性質及び態様その他の事情に照らして，客観的に合理的な理由を欠き，社会通念上相当であると認められない場合には，その権利を濫用したものとして無効である（労働契約法15条。神戸税関職員懲戒免職事件・最3小判昭52・12・20民集31巻7号1101頁）。たとえば，使用者が懲戒指針を改正して，飲酒運転をした職員は免職又は停職とすると定め，飲酒運転を行った場合は原則として懲戒免職となる旨の通知を発していたとしても，社会通念上著しく妥当性を欠く処分は，裁量権を濫用したものとして違法であるとして，その態様が悪質で厳しく非難されるべきものであるとしながら，具体的事情を考慮して市職員の懲戒免職処分を違法として取り消した例がある（京都市（市職員・懲戒免職処分）事件・京都地判平21・6・25労働判例985号89頁，最高裁ホームページ）。同様に，当該酒気帯び運転は確定的故意に基づく行為であるとしながら，具体的事情を考慮して，市立高校管理作業員の懲戒免職処分は社会的相当性を逸脱しているとして処分を取り消した例もある（懲戒免職処分取消請求事件・大阪地判平21・7・1最高裁ホームページ）。このような状況を考慮すると，セクシュアル・ハラスメントに関する懲戒処分も，他の事案と同様に，社会通念上相当なものでなければならない。

　なお，加害者への懲戒処分においては，被害者とされる者を匿名とすることができないことはいうまでもない。判例には，懲戒免職処分について，特段の事情のない限り，処分の理由となる事実を具体的に告げ，これに対する弁明の機会を与えることが必要であるとしたうえで，被害者とされるA職員は，加害者とされるXの発言を許容範囲と考えていたことがうかがわれ，懲戒処分指針に定める「相手の意に反して，性的な言動を行った」ものということはできず，A以外の臨時職員に対する言動については，当該臨時職員がだれであるのかすら特定されておらず，発言内容について具体的にXに告げて弁明の機会を与えていないなどとし，Xの発言を懲戒処分の理由とすることはできないとして処分を取り消したものがある（京都市（クリーンセンター）事件・大阪高判平22・8・26労働判例1016号18頁）。

第3節　セクシュアル・ハラスメントと管理監督責任

　セクシュアル・ハラスメントについては，加害者の上司の管理監督責任が問われる場合がある。たとえば，就業規則において「業務を怠り，または業務上著しく過誤があったもの」，「業務上の怠慢又は監督不行届によって災害，傷害その他の事故を発生させたとき」を懲戒処分事由として規定し，あるいは，懲戒処分の指針として「職員の懲戒処分を行った場合において，当該職員の管理監督者が次のいずれかに該当するときは，当該管理監督者に対しても懲戒処分を行うものとする。(1)懲戒処分を受ける当該職員に対し，適正な指導監督を行っていなかった場合　(2)当該職員の非違行為を知っていたにもかかわらず，これを黙認し，又はこれを隠蔽した場合」（藤沢市職員の懲戒処分に関する指針，長野市職員の懲戒処分等の指針）と規定しておくのが普通であり，これらの規定に基づいて，管理監督者に具体的義務違反があったときに処分がなされる。

　しかし，就業規則の管理監督責任規定については，職場配置後25日目に自宅での大麻所持で現行犯逮捕された部下の行為につき，上司が部下に対する管理，指導及び監督義務を怠ったか否かにつき具体的な調査をせず，管理監督責任を問い訓告処分に処したことが違法とされた例にみられるように（京田辺市（訓告処分記者発表）事件・京都地判平15・8・22労働判例863号88頁），一部で管理監督責任を結果責任とみる運用が行われている。しかし，これは誤りである。

　セクシュアル・ハラスメントについても，上記規定に見られるような部下に対する適正な指導監督の懈怠や黙認，隠蔽行為があるなど具体的な上司の義務違反がある場合にのみ，上司の責任が問われなければならない。しかも，セクシュアル・ハラスメントについては，労働者の恋愛の自由やプライバシー尊重の必要性があり，金銭不正等ほど監督の手法や手順が明確化されていないところから，上司の管理監督が難しい場合がある。また，管理監督責任を過度に厳格に追及すると，管理職が，セクシュアル・ハラスメント発生

の隠蔽に走る恐れがある。管理監督責任も，その義務内容が明確にされなければならない。

　なお，判例には，女性派遣社員からセクシュアル・ハラスメント被害申告を受けた上司が，職責に反して，公平・適切に対応せず，二次被害を与えかねない不謹慎かつ不適切な言動を行って事態を長期化・深刻化（被害者の退職）させたことを理由とする副部長から課長への降格処分を合理的な理由があり有効としたものもある（新聞輸送事件・東京地判平22・10・29労働判例1018号18頁）。

第7章　セクシュアル・ハラスメントと労災補償

はじめに

　アメリカ合衆国では，セクシュアル・ハラスメントを公民権法第7編の禁止する性差別とした著名な1986年ヴィンソン事件連邦最高裁判所判決以前から，その被害者が労災補償を受給している。最近，わが国でも，厚生労働省の通達「心理的負荷による精神障害の認定基準について」（平成23年12月26日，基発1226号第1号）により，セクシュアル・ハラスメントに関わる精神障害の認定基準が改訂されるなど，被害者の労災補償が注目を浴びている。本章は，日米両国における被害者の労災補償に関する問題状況を明らかにしようとするものである。

第1節　アメリカの労災補償

1　労災補償の必要性

　アメリカ合衆国では，セクシュアル・ハラスメントを受けた労働者が，働けなくなり，労災認定を受けることがある。それには，アメリカの裁判所では，わが国に比べてセクシュアル・ハラスメントについて不法行為請求が認められることが難しいという事情がある。また，わが国の健康保険のような公的医療保険制度が整備されていないアメリカでは，使用者や個人が契約する民間医療保険では，とりわけ精神医療の保障範囲が狭く，しかも，被害者は，離職を余儀なくされることにより使用者提供医療保険を失う可能性が高く，中小企業労働者やパート等の医療保険未加入労働者も25％を超えるため，被害者の医療保障と，働けない場合の所得保障は深刻な問題である（なお，在職中の病気休職は無給で，雇用保険はミシガン州が1979年に被害を理由と

第2部　セクシュアル・ハラスメントに関する最近の法的諸問題

する離職を正当な離職として保険給付したことを嚆矢として多くの州で保険受給が可能だが，その上限は180日）。このため，この両者をカバーするよう設計されている労災補償が，被害者のために用いられている[1]。

　民間労働者の労災補償は州法で定められており，州法は，使用者に労災補償の無過失責任を課すとともに，民間保険会社や州による保険のいずれかに加入する義務を課している。

　労災被災者は，被災を直ちに使用者に通知するよう義務づけられている。その後，被災者は，労災補償委員会などの行政機関に対し，正式の労災補償請求を行う。大多数の事案は，この段階で，当事者の合意に基づく任意解決によって処理される。労働者，使用者又は保険会社が争う場合は，行政機関は審問を開いて事実認定を行ったうえで判定を下すが，判定に不服な者は，審査委員会などの上部機関に再審査を求めることができ，その決定に不服な者は，裁判所に提訴することができる。労災補償の給付額は，労働者が現実に被った損害をカバーするものではなく（休業補償は平均賃金の50～66.33%），しかも，各州法が，使用者の不法行為上の過失立証を不要とし，使用者に労災補償の厳格責任を課す一方で，労働者が使用者を不法行為で訴えることを制限しているため（労災補償の排他性），労災補償の適用を受ける労働者は，使用者の故意による行為及び第三者の行為が労災の原因である場合を除いて，別途，使用者に対し不法行為に基づく損害賠償請求を行うことはできないの

---

(1) Marc A. Franklin and Robert L. Rabin, Tort Law and Alternatives, Foundation Press, 2001, pp.800 et s.; "United States", in The Littler Mendelson Guide to International Employment and Labor Law, 2nd edition, vol.IV, Litter Mendelson, P. C., 2010, p.173. 国内歳入法典409A条では，医学的に決定できる身体的又は精神的障害のうち12カ月以上継続することが見込まれるものにより実質的に有給の職務に従事することができないもの等が障害とされるが，従業員フリンジ・ベネフィット・プランは，そのプランがカバーする範囲で給付すればよい（Michael J. Canan and William D. Mitchell, Employee Fringe and Welfare Benefit Plans, 2011 edition, West, 2011, pp.402 et s.）。雇用保険及び医療保険につき，Arjun P. Aggarwal and Madhu M. Gupta, Sexual Harassment in the Workplace, Butterworth, 3rd edition, 2000, pp.403 et s.,「米国経済白書2012」エコノミスト2012年5月21日号173頁以下等を参照。アメリカの不法行為訴訟について，拙著『改訂版セクシュアル・ハラスメントの法理』労働法令，2004年，198頁以下参照。

が原則であるが，性犯罪発生率の高いアメリカでは，強姦の被害者などが長期的な療養を必要とし働けない場合などに，労災請求が行われているようである[2]。

なお，労災補償は，より対審的でない行政手続で行われ，比較的迅速な問題解決がなされるという労働者に利点を有するが，労災補償を受けるためには，労働者の「損傷」(injury) が，「障害」(disability ＝労災補償の分野では労働者が業務の遂行を困難にするような心身の障害を負うこと，又はそのことによる賃金の喪失をいう) に関わるものであるか，治療を要するものでなければならず，単なる苦痛 (pain and suffering) は救済されない[3]。

労働者は，連邦法である公民権法第7編の性差別の問題として精神的被害の回復を求めることも可能である。コンチネンタル航空の初めての女性パイロットXが，男性同僚から航空機コックピット内でポルノを見せられたり卑わいな言動にさらされたりし，Xがこのことを上司に訴えたにもかかわら

---

(2) 中窪裕也『アメリカ労働法〔第2版〕』弘文堂，2010年，296頁以下，徐婉寧「業務上のストレス性疾患と労災補償・損害賠償(1)」法学協会雑誌128巻12号112頁以下。Bryan A. Garner (Editor in Chief), Black's Law Dictionary, Ninth Edition, West, 2009, p.1745.; Jack B. Hood, Benjamin A. Hardy, Jr., and Harold S. Lewis, Jr., Workers' Compensation and Employee Protection Laws, 4th ed., Thomson/West, 2005, pp. 87 et s.；Cass R. Sunstein and Judy M. Shin: Damages in Sexual Harassment Cases, in Catharine A. MacKinnon and Reva B. Siegel ed., Directions in Sexual Harassment Law, Yale University Press, 2004, p.337. 平成元年版犯罪白書によれば1987年アメリカの強姦罪発生率は37.4であり，わが国1.5の25倍である。合衆国司法省全国犯罪被害調査によれば1987～92年に全米の強姦の8％は被害者の勤務中に発生しており（林弘子「アメリカにおける職場暴力と使用者責任」海外社会保障情報112号5頁），1992～96年にはそれが年平均5万500人・同10％に達している (Bureau of Justice Statistics Special Report (July 1998, NCJ 168634), National Crime Victimization Survey － Workplace Violence, 1992-96)。ワシントン州では1980～89年に81人の強姦被害者が労災認定を申立てている (Bruce H. Alexander, Gary M. Franklin and Marsha E. Wolf: The Sexual Assault of Women at Work in Washington State, 1980 to 1989, Public Health Briefs April 1994, Vol.84, No.4, pp.641 et s.)。

(3) Liza H. Gold, Sexual Harassment － Psychiatric Assessment in Employment Litigation, American Psychiatric Publishing, Inc., 2004, p.31. 田中英夫編集代表『英米法辞典』東京大学出版会，1991年，256頁。

第2部　セクシュアル・ハラスメントに関する最近の法的諸問題

ず，上司らはこれらを防止・除去するためになにもしなかったため，Xは精神的苦痛を受け，被害開始から3年後に心理カウンセリングを受けて不安やうつ状態を軽減したという事案について，バック・ペイ等に加えて，精神的苦痛に関して25万ドルの損失補てん賠償金を勝ち取った例がある（コロンビア特別区地方裁判所1998年判決，Blakey v. Continental Airlines, Inc., 992 F. Supp. 731（D. C. N. J. 1998））[4]。実際に，被害者が，これらいずれの法的手段を用いるかは，加害行為の態様や救済等を考慮して，選択することになる[5]。

2　労災認定裁判例

筆者が入手した裁判例には，次のようなものがある。

まず，カリフォルニア州控訴裁判所1983年1月17日判決（City of La Habra v. Workers' Compensation Appeals Board of the State of California and Leona Jean Elwell, California Compensation Cases, Matthew Bender, 1983, volume 48, pp.21 et s.）は，次のように述べて，精神障害を労災と認定した。

「X夫人により，労災補償申立がなされた。Xは，1977年11月15日から1979年11月15日にかけて，ラ・ハブラ市の警察・消防通信係として雇用されていたときに精神的損傷を負ったと主張する。Xの聴聞において，Xが，1979年11月16日にノイローゼにかかったことが証拠上明らかにされた。Xの証言によれば，1979年7月及び8月に，消防局大隊長AがXの職場に立ち寄りはじめ，いつもXを自宅まで送った。Xの証言によれば，Xは，時々Aのオフィスに出火地図を持っていかなければならず，地図についてAと仕事することを要求されていた。Xによれば，Aは，通信室から1マイルのところで勤務しているが，ますますしつこくなり，勤務後Xと話をするためにXのところに来て，家まで付いて来て自宅を訪ねるようになった。Xは，

---

[4] Raymond F. Gregory, Women and Workplace Discrimination - Overcoming Barriers to Gender Equality, Routgers University Press, 2003, p. 188.

[5] William Petrocelli and Barbara Kate Repas, Sexual Harassment on the Job, Nolo Press, 1992, p.1/23.; Martha S. Davis: Rape in the Workplace, South Dakota Law Review, vol. 41, 1996, pp. 413 et s.

第7章 セクシュアル・ハラスメントと労災補償

Aが，あるとき駐車場でXを呼び止め，好きだと言ったが，Xは，結婚しており4人の子どもがいて，関わりたくないと言ったと証言する。／Xの証言によれば，Aは，同年7月に銃を携帯し始めた。Aは，Xの消防通信に関してXに指示をしたが，AはXを撃つのではないかと感じたと，Xは述べる。Xの証言によれば，Xは，Aにより『洗脳され』脅されて，数回同人と外出した。Xは，Aが2度Xを強姦したと証言する。しかし，反対尋問において，Xは，Aのサイド・ビジネスである壁紙の見積もりのために自宅に来るようAに求めたことを認めており，Xは，強姦の件をいかなる正式の申立にも記載していない。Xは，金銭苦による夫の1975年の心臓発作及び鎮痛剤濫用により精神的問題を抱えていたことは，証拠により明らかである。医学的証拠は，Xの職場のハラスメントの経験が真実であれば，Xのノイローゼとその後の精神的損傷は，一部雇用上の要素に起因することを示している。／Xの夜勤上司である市警察巡査部長Bの証言によれば，Xは，1979年7月，Bに，Aに悩まされていると苦情を言い，1980年には，警察委員会に苦情申立手続きをした。Bの証言によれば，Bは，C警部に，XがAについて言ったことを伝えたが，Cは，Xがこの件についてCと話し合っていると言っていた。Xの同僚通信係Dは，Aが，地図の仕事で通信オフィスに来ていたと証言する。Dの証言によれば，Xは，1979年秋に夫と別れ，Aと付き合っていると言っていた。市消防本部長Eの証言によれば，XがAに悩まされていると言ったとき，ほかの仕事を考えたほうがよいと提案した。Eは，Aは攻撃的で多くを求める人間であると証言する。／Aは，Xを解雇する権限はないし，銃を携帯することは稀で，それは放火犯捜査のためであると証言する。Aによれば，Xとは，同年9月に，双方の結婚問題が理由で（Aの妻はガンで死亡），職場外で個人的関係ができたのである。Aによれば，XはAが好きと言っており，性的誘いにも抵抗しなかった。／1982年8月2日，労災補償裁判官は，裁定書を発し，Xは，労働に関わる精神的損傷を受け，19.25％の労働能力を喪失したと認定した。裁定理由において，同裁判官は，XがAと一緒に何度も仕事をしなければならず，AがXを殺すかもしれないと信じていたと述べた。同裁判官は，

第2部 セクシュアル・ハラスメントに関する最近の法的諸問題

また，Bの証言が，Aがこの恋愛を始めたことを示しており，ほかの証言も，Aが攻撃的で多くを求める人間であることを示していると述べた。同裁判官は，Xが，結婚問題と同市におけるXの『従属的な地位』のために『精神的に脆弱』であり，Aが押しつける状況を止めることができず，その結果，Xはノイローゼにかかったと結論付けた。市は，再審査請求をしたが，1982年9月27日，控訴委員会はそれを棄却した。／控訴審において，市は，XがAの言い寄りに抵抗すればAはXを撃つだろうというXの考えは誤りであり，XとAの関係は個人的なものでXの職場環境に関わりがないので，Xの精神的問題は労災ではないと主張する。被控訴人は，Xの精神障害は労災であると主張し，①Xは，しばしばAと仕事をすることを要求され，その際AはXに個人的な関係を迫った，②Xは，XがAの言い寄りに抵抗すればAはXを撃つだろうと信じていた，③Xは，Aとの関係によりノイローゼに陥ったとする証拠を示した。／控訴を棄却する。」

また，次のような，フロリダ州控訴裁判所1990年判決（The Ramada Inn Surfside and Adjusutco, Inc. v. Swanson 560 So. 2d 300（Ct. App. Fl., 1st Dist 1990））がある[6]。

「控訴の元となる事件は，1988年3月30日に生じた。同年1月，女性Xは，面接を受け，ラマダ・イン・サーフサイドのラウンジ・スーパバイザーとして雇用された。ジェネラル・マネージャーであるAは，面接をし，採用を決定した。／当事者間に争いのない事実は，次のとおりである。すなわち，(1)Aは，Xに仕事をオファーするためにXのアパートに行った。(2)Aは，しばしばXのアパートの近くの食事施設に出かけた。(3)AとXは，ラマダ・インのスーパーボウル・パーティーの後で一緒に飲みに出かけた。(4)Aは，Xが棚卸をしているとき，ラマダ・インの酒蔵にXと入った。(5)2月20日，Aは，Xに誕生日の白バラを贈った。(6)3月，Aは，エレベーター内でXの唇にキスをした。(7)3月30日，AはXと性交した。(8)Xの

---

[6] The Ramada Inn Surfside and Adjusutco, Inc. v. Swanson 560 So. 2d 300 (Ct. App. Fl., 1st Dist 1990), in Dawn D. Benett-Alexander and Laura B. Pincus, Employment Law for Business, Irwin ／McGraw-Hill, 1998, pp.577 et s.

第 7 章　セクシュアル・ハラスメントと労災補償

採用前に，Aは，前ラウンジ・スパーバイザーと性的関係をもっていた。Xは，これらの出来事により，Aから望まない注目を受け，不快な身体接触を受けたと主張する。Aは，Xは極度にいちゃつき，概して性的に積極的であったと主張する。控訴の焦点となる出来事は，3月30日に生じた。／Xは，その日，Xがラマダ・インで勤務中に，Aが来て，投資対象として他のホテル物件を見に行くので，Xもそこに行って物件を見るように言ったと証言する。XとAは，別の車でそのホテルに行った。Xは，Xがレストランとラウンジを見ていたとき，Aがフロントに入ったのを見たと証言する。Aは，その後，Xのところに来て，客室のひとつを調べるため一緒に来るように言った。第2の問題の中心である性交は，この客室内で生じた。Aは，Xが，自分の車と自分の意思でこのホテルに来て，性的関係が生じたのであり，Xは性的に積極的であったと主張する。Xは，Xが性行為を始めたとのAの主張を強く否定する。／多くの証人が，3月30日以降，Xが，非常に緊張してナーバスになり，職場で飲酒するようになったと証言した。6月16日から9月中旬までの間，Xは，精神的治療のために3度病院に入院した。Xの主治医Bは，Xの状態を，かなり重いうつ障害及び適応障害と診断した。／Bの証言は，BがXから聞いた最初の話から，Xが1987年11月に自殺未遂をしたこと，アル中の父親のもとで不幸な子ども時代を送ったこと，親が離婚したこと，不幸な結婚をしたこと，アル中の可能性があることを示している。Bは，このような背景事情を示しているが，Bの証言は，Bが1988年にXを治療した状況は，復職に関わる強迫観念とXがAと持った性関係について感じた葛藤に関わるものであるという見解を保持している。Xの以前の精神的問題はXの感情障害の原因足りうるかという質問に答えて，Bは，職場での性交という不幸なエピソードがXのうつのより大きな原因をなしており，3度の入院を促したと思われると証言した。／使用者及び保険会社は，まず，Bの証言が，Xの精神的困難とX・A間の性関係の因果関係を基礎づけるとの原審の判断に異議を唱える。フロリダ州法典440・02条(1)項（1987年）は，労災補償給付は『恐怖又は興奮による精神的損傷（mental injury）に限る』と明記するが，重い職務関連の精神障害（emotional disorder）

141

第2部　セクシュアル・ハラスメントに関する最近の法的諸問題

は，それが，職場での明確な身体的衝撃又は外傷により引き起こされたときは，補償を受けることができる。／当裁判所は，Bが，Xの精神障害は，主としてAとの性的関係により引き起こされたと結論付けた原審の判断を記録が支持すると解するものであり，Xの精神状態とそれに関連する入院は，職場での性関係に関わらない要因により引き起こされたとの，使用者及び保険会社の主張を排除するものである。Bの証言全体を検討すると，個々の見解は統一的に主張されているとはいえないが，Bは，実際，Xの精神的問題及び3度の入院が，主としてAとの性関係により引き起こされたと解することは，合理的な精神医学的蓋然性の範囲内であると解せられるとしている。／使用者及び保険会社は，次に，性交は，Xの同意なく行われたとの原審認定に異議を唱える。当裁判所は，Xを含む証人の信用性を判断するのは，そもそも，第1審裁判官としての労災事件担当裁判官であると指摘しておく。それゆえ，当裁判所は，原審の事実認定が十分で相当な証拠により基礎づけられている限り，事実認定に関する原審判断を変更することは許されない。／本件において，X及びAの信用性に関する原審判断によれば，性的エピソードの任意性が覆ることは明らかである。この点について，原審は，Xの主張を認め，Aの主張を認めなかった。原審は，両証人の証言中にその振る舞いを観察する機会を得ているので，各人の信用を相対的に評価する能力は，当裁判所の証言記録の評価に勝るものである。このような状況で，当裁判所は，性交がXの同意なく生じたという原審の事実認定を妨げるつもりはない。／『業務に起因し，かつ，業務遂行中に生じた損傷』に関する労災補償法の給付は，認められる。業務に起因し，かつ，業務遂行中に生じた損傷については，『業務遂行中に，労働者が合理的に所在する場所で，かつ，雇用上の義務を合理的に遂行中に又はそれに付随する事項に合理的に関わっている間に，損傷が生じなければならない』。言い換えれば，『給付を受けるためには，雇用と因果関係がなければならず，かつ，時間的，場所的及び状況的に業務遂行中に，損傷しなければならない』。／本件記録は，XのAとの性関係は，業務に起因して，かつ，ラマダ・インのラウンジ・スーパバイザーとしての業務遂行中に生じたことを示している。第1に，エピソードは，

第 7 章　セクシュアル・ハラスメントと労災補償

業務遂行中に生じ，Xの通常の労働時間内に生じた。第2に，Xの上司が行くことを指示したホテルで事件は生じた。最後に，Xの主張によれば，投資可能性に関するホテル資産の評価について上司を補助するという意味で，労働者が雇用上の義務を合理的に遂行している間に事件は生じた。以上の理由により，原審判断を維持する。」

この事件のほかにも，ホテル女性従業員Xが，客に尻を触られ，ブラウスを引き上げられ，腹部を触られる被害を受けたため，ホテル・マネージャーが警察を呼び，Xが客を告訴したが，その後，Xが，不安に駆られて，不眠症になり，体重も減り，PTSD（心的外傷後ストレス障害）にり患し，1年間治療を受けたが改善が見られないという事案について，労災補償請求を認容したもの（ペンシルバニア州地方裁判所2008年1月18日判決，M & B Inn Partners Inc. v. Workers' Compensation Appeals Board (Petriga), 940 A. 2d 1255 (Pa. Commw. Ct. Jan. 18, 2008)）がある[7]。

3　否　定　例

各州の裁判例には，精神障害の労災請求を棄却したものもある。

まず，女性労働者Xが，男性同僚に2度，ハグしてキスされようとして寝ないかと声をかけられ，他の同僚が何人かの同僚に，ある女性は仕事を得るために寝たんだとコメントしたのを聞いたという，3つの出来事しかない場合に，同人に声をかけた同僚は，使用者から，今度やったらクビだと警告されたにもかかわらず，Xが，精神科医を受診し，不安，胃痛，気分落ち込み，不眠，元気喪失，泣きたい衝動，絶望感を訴え，これらの出来事が原因だと訴えたが，労災補償請求を棄却されたもの（ニューメキシコ州控訴裁判所1993年判決，Cox v. Chino Mines/Phelps Dodge, 850 P. 2d1038 (N. M. App. 1993)）がある[8]。いわゆる過敏な被害者（hypersensitive victims）の事案である。

また，女性労働者Xが，企業ポリシー違反で懲戒処分として女性上司A

---

(7)　Alba Conte, Sexual Harassment in the Workplace - Law and Practice, vol.2, Aspen Publishers, 2010, pp.12-1012 et s.
(8)　A, Conte, op. cit., pp.12-779 et s.

第2部　セクシュアル・ハラスメントに関する最近の法的諸問題

から口頭注意を受け，数カ月後，生産性と報告書偽造に関して低査定を受けてから，胸の痛みを感じ始め，医師から PTSD と診断されて退職した後，X が，この間 A からセクシュアル・ハラスメントを受けたと主張したことについて，そのような事実は認められないとして，労災補償請求を棄却したもの（ユタ州控訴裁判所 1992 年判決，Stokes v. Board of Review of the Industrial Commission of Utah, 832P.2d56 （Utah Ct. App. 1992）もある[9]。

　さらに，業務以外の家族的な要因が精神障害の原因であるとして，労災認定しなかったもの（カリフォルニア控訴裁判所 1996 年 6 月 14 日判決，MMI Medical, Inc. et al. v. Workers' Compensation Appeals Board, Dorothy Alene Aldridge, California Compensation Cases, Matthew Bender, 1995, volume 60, pp. 574 et s.）がある。

　この判決は，1991 年 4 月に雇用された女性 X が，同年 12 月から翌年 2 月にかけて男性上司 A からセクシュアル・ハラスメントを受けたため，不眠，発疹，頭痛，不安発作が生じたとして労災申立した事案について，労使双方から提出された医師の診断書を検討し，労働者側の「B 医師は，業務以外の多くのストレッサーを考慮していない。B は，X の精神的損傷に業務以外の要因がどの程度貢献しているかを考慮していないので，労災補償審査委員会の裁定を基礎付ける実質的証拠はない。／それどころか，C 医師及び D 医師は，『X の適応障害，長年にわたる人格障害及び 1991 年 11 月から 92 年 4 月までの急性一部障害は，100 ％ 業務以外の性質を有すると思慮する。配偶者の虐待は，X の既往の人格障害の帰結である長年にわたる性格的欠陥を悪化させた。……X は，配偶者の暴力，離婚及び子どもたちとの離別により進行した適応障害について医学的治療及び心理療法を受ける必要がある。』と結論付けている。／労災補償審査委員会の業務上負傷の裁定は，実質的証拠に裏付けられておらず，その裁定は，無効である。」と述べている。

　また，本人の個体側要因を理由としたもの（カリフォルニア州控訴裁判所 1998 年 3 月 3 日判決，Mary Kwong v. Workers' Compensation Appeals Board,

---

(9)　A, Conte, op. cit., p.12-1111.

California Compensation Cases, Matthew Bender, 1998, volume 63, pp.454 et s.）がある。

　この判決は、ロサンジェルス・タイムズに雇用された女性Ｘが、1985年ころセクシュアル・ハラスメントを受け、精神的損傷を受けたと主張する事案について、「労災補償裁判官は、3人の医師が、Ｘは、ある種のパラノイア障害を有しており、それが出来事の知覚をゆがめていると指摘したと述べている。……同裁判官は、『Ｘの病歴を裏付ける証拠はないが、Ｘの既往のパラノイアを考慮すると、Ｘが、ストレスと主張する職場の出来事を正確に知覚したとの証明はなく、職場は、Ｘのパラノイア傾向が集中する受動的要素に過ぎないと思われる。』と結論付けている。／労災補償審査委員会は、審査請求を棄却し、労災補償裁判官の裁定を是認した。……控訴を棄却する。」と述べている。

4　認定上の問題

　アメリカの労災補償法は、制定当初、災害の主たる原因が、突発的、かつ、予期できない出来事である外傷的災害（traumatic accident）であり、そこから即座に損傷が生じたものを労災と認定するという、いわゆる災害主義で始まり、その後、適用対象が職業病に拡大されたという経緯があるため、職業病の認定に関しては、業務と疾病との間の因果関係の証明について困難が伴う。とくに、メンタル・ストレスについては、初期の労災事案は、外傷的身体的災害（traumatic physical accident）により精神的損傷が生じる「身体的＝メンタル」事案であったが、現在では、身体的災害を伴わない、メンタルな原因により高度に主観的で精神的な損傷（mental or emotional injury）が生じる「メンタル＝メンタル」事案のほうが多くなっているため、労災認定はより困難を伴うものとなっている。後者の事案には、仕事のプレッシャーやハラスメントが特定できないものも含まれる。また、多くの事案は、既存の疾病の悪化や、業務上及び業務外の要因が共働原因である事案であるといわ

第2部　セクシュアル・ハラスメントに関する最近の法的諸問題

れている[10]。

　精神障害の労災認定に関して，例えば，カリフォルニア州労働法典は，現在，次のような規定を置いている[11]。

「3208・3条　(a)　精神的損傷は，それが障害を引き起こすもの又は医学的治療を必要とするものであるとき補償する。それは，139・2条(j)項(4)号の下に公布する手続に従い診断する。この手続が公布されるまで，アメリカ精神医学会精神障害診断統計マニュアル改訂第3版の用語及び基準を用いて，又は精神医学分野の医師により一般的に承認され全米的に受け入れられているその他の精神診断の用語及び診断基準を用いて診断する。

　(b)　(1)　精神的損傷が補償されるものであることを立証するために，労働者は，優越的証拠により，雇用上の具体的な出来事が精神的損傷のすべての共働原因に対して優越的であることを証明しなければならない。

　　(2)　前号(1)にかかわらず，その損傷が暴力行為の被害者であること又は重大な暴力行為に直接遭遇したことから帰結するときは，労働者は，優越的証拠により，雇用上の具体的出来事が損傷の本質的原因であることを照明しなければならない。

　　(3)　本条の目的に関して，『本質的原因』とは，すべての共働原因のうち35％乃至40％以上の因果関係を占めることをいう。　……

　(d)　本条のほかの規定に関わらず，労働者が，その使用者により6カ月以上雇用されていないときは，使用者への請求に関わる精神的損傷について，本条に従い，補償は支払われない。6カ月の雇用期間は，継続的である必要はない。本項は，精神的損傷が，突発的かつ異常な雇用条件により引き起こされたときは，適用しない。本項のいかなるものも，3602条に規定する排他的救済原則により権利が存在しないときは，労働者又はその被扶養者が精神的損傷について使用者に対して法律上又は衡平法上の損害賠償請求訴訟を

---

(10)　M. A. Franklin and R. L. Rabin, op. cit. pp. 797 et s.; J. B. Hood, B. A. Hardy, Jr., and H. S. Lewis, Jr., op. cit., pp.73 et s.

(11)　この規定の制定経緯については，徐婉寧「業務上のストレス性疾患と労災補償・損害賠償(2)」法学協会雑誌129巻4号232頁以下が詳しい。

起こすことを許すものと解釈されてはならない。……

(h) この章に規定する補償は、精神的損傷が、本質的に適法な、差別的でない、誠実な人事行為によるものであるときは、支払われない。証明責任は、それを主張する者が負う。」

アメリカでは、身体的災害があるときは、労災と認められやすいが、そうでない場合には、労災認定には困難が伴うようである。

第2節　わが国の労災補償

1　労災補償の必要性

わが国では、これまで、被害者の精神障害は、不法行為訴訟で争われ、慰謝料のほか、治療費、休業損害、逸失利益等を含めて高額の損害賠償を得た例がある[12]。しかし、これまでの不法行為訴訟では、長くても退職後1年間の給与を加害行為と相当因果関係のある逸失利益と認めた例があるにすぎないため（日銀京都支店長セクシュアル・ハラスメント事件・京都地判平13・3・22判例時報1754号125頁）、より長期の療養を必要とする被害者の医療保障と所得保障は、重要な課題である。

また、被害者に充分な資力がない場合（民事訴訟を起こすことが困難）や、相手に資力がない場合、相手の法的責任を問えない場合にも、被害者の医療保障と所得保障は、重要な課題である。

被害者は、健康保険で治療した場合、医療機関で治療費の3割の一部負担金を支払わなければならないが、治療が長引けば、その負担は重い。また、所得保障についても、被害者は、当初、有給休暇を使用し、その後は、欠勤・病気休職することが考えられるが、後者の期間、被害者は、健康保険の傷病手当金（標準報酬日額の2／3）を受給することができるが（常時5人以上を使用する適用事業所に使用される週30時間以上労働する労働者で短期雇用等を除く者が被保険者）、その給付期間は、最大18カ月である。

---

(12) 前掲拙著313頁以下。

第 2 部　セクシュアル・ハラスメントに関する最近の法的諸問題

　被害者は，退職等により失業した場合，雇用保険の特定受給資格者として失業等給付（基本手当は標準報酬日額の 6 〜 8 割）を受給することもできるが，その給付日数は，被保険者期間 10 年以上 180 日，同 5 年以上 120 日，それ以外 90 日と長くはない[13]。

　さらに，わが国の女性労働者は，平成 22 年度で，パート・アルバイト，派遣労働者などの非正規雇用者が 53.8 ％と過半数を超え，35 歳未満の若年層においてもその率は上昇しているため（内閣府『平成 23 年版・男女共同参画白書』2011 年，56 頁以下），以上の諸制度を利用できない被害者が考えられる。

　これらのことを考慮すると，被害者にとって，次のような労災保険法上の給付は，より長期の療養を保障するものであろう。

① 　療養補償給付（本人負担のない治癒までの医療現物給付）。

② 　休業補償給付（休業 4 日目から就労可能まで給付基礎日額の 6 割だが，同 2 割の休業特別支給金も給付される。3 日目までは労基法に基づく使用者に

---

[13]　厚生労働省リーフレット『平成 21 年改正対応……特定受給資格者及び特定離職者の範囲と判断基準』（915 - 2）（21・9ST）「特定受給資格者の判断基準……(9)上司，同僚等からの故意の排斥又は著しい冷遇若しくは嫌がらせを受けたことによって離職した者……②事業主が男女雇用機会均等法第 11 条に規定する職場におけるセクシュアル・ハラスメント（以下「セクハラ」という。）の事実を把握していながら，雇用管理上の措置を講じなかった場合に離職した者が該当します。この基準は，当該労働者が事業主（又は人事担当者），雇用均等室等の公的機関にセクハラの相談を行っていたにもかかわらず，一定期間（概ね 1 カ月）経過後においても，事業主が雇用継続を図る上での必要な改善措置を講じなかったため離職した場合が該当します。その他，事業主が直接の当事者であり離職した場合や対価型セクハラに該当するような配置転換，降格，減給等の事実があり離職した場合も該当します。ただし，視覚型セクハラ（事業所にヌードポスター等を掲示し，女性従業員が苦痛に感じて業務に専念できないこと）については，例えば『隣の席の上司が，自分ひとりに繰り返し卑わいな写真を見せて反応を見て喜んでおり，同僚に相談しても信じてもらえない』ような特定の労働者を対象とするものを除き，それにより離職を決意するに至るとは通常考えられないことから，原則として，この基準に該当しません。」。

第 7 章　セクシュアル・ハラスメントと労災補償

よる平均賃金の 6 割の休業補償）。

③　傷病補償年金（療養開始後 1 年 6 カ月経過して治癒せず傷病が重い場合。同法施行規則別表第 2，傷病等級表「第 1 級　1　神経系統の機能又は精神に著しい障害を残し，常に介護を要するもの」で 1 年につき給付基礎日額の 313 日分～「第 3 級　3　神経系統の機能又は精神に著しい障害を残し，終身労務に服することができないもの」で同 245 日分）。

④　障害補償年金（同別表第 1，障害等級表「第 1 級　3　神経系統の機能又は精神に著しい障害を残し，常に介護を要するもの」で 1 年につき同 313 日分～「第 7 級　3　神経系統の機能又は精神に障害を残し，軽易な労務以外の労務に服することができないもの」で同 131 日分）。

⑤　障害補償一時金（同上「第 9 級　神経系統の機能又は精神に障害を残し，服することができる労務が相当な程度に制限されるもの」で同 391 日分。なお，「神経系統の機能又は精神の障害に関する障害等級認定基準について」（基発第 0808002 号，平成 15 年 8 月 8 日）は，「通常の労務に服することはできるが，非器質性精神障害のため，就労可能な職種が相当程度に制限されるもの」を第 9 級の 7 の 2 とし，対人業務に就けないことによる職種制限が認められる場合を例として挙げている）。

また，労働者は，労災による療養のために休業する期間及びその後 30 日間は，労働基準法 19 条の解雇制限により雇用も保障される。それに，労災補償は，稼得能力の損失補てん等使用者の無過失労災補償責任に基づく被災者の速やかな保護が目的で，給付が定型化しており，それを超える損害や慰謝料については，別途，不法行為等の民事訴訟で争わなければならないが，わが国では，労基法 84 条 2 項により労災補償の排他性はなく，それが可能である。

2　裁　判　例

わが国において，判例雑誌等に掲載された関連判決として，地公災基金東

第2部　セクシュアル・ハラスメントに関する最近の法的諸問題

京都支部長（東京都海外事務所）事件（平成16・12・6労働判例887号42頁）がある。

　この事件は，女性職員X（事実婚の状態）が，東京都ニューヨーク事務所（所員6名）に単身赴任中，上司である同事務所長A（既婚者で家族帯同赴任）から自宅で性的暴行を受けて，外傷後ストレス障害（PTSD）等を発症したとして，平成12年3月に帰任後，地方公務員災害補償法に基づき公務災害認定を求めたというものである。Xは，地公災基金東京都支部長から，疾病を公務外とする処分を受けたため，その処分の取り消しを求める訴訟を起こした。

　判決によれば，Xは，平成10年5月に同事務所に赴任した。6月中旬，Xは，Aに同行してシアトルに出張し，Aが，夕食後Xをホテル自室に誘い，椅子に座って話していたXの手に触ったが，Xに制止された。AとXは，7月下旬の土曜日，Aの運転する車で郊外に乗馬に行った。Xは，その車中で，宝塚歌劇のCDを聞きながら，同歌劇の説明等をし，Aに対しXが所有する同歌劇のビデオを見せる旨の約束をした。8月1日に職員がスタッフとして参加したニューヨーク・東京親善少年野球大会終了後，Xは，Aに自宅で同歌劇のビデオを見せることとなり，Aが運転する公用車で自宅に向かい，午後3時40分ころ自宅に着いた。Aは，自宅に入った後，Xに突然抱きつくなどした上，Xの意思に反して，乳房や下半身を触ったり，舐め回すなどした。XとAは，その後，ビデオを見るなどして過ごした後，ブルックリンに夜景を見に行き，午前0時過ぎに，AがXを自宅まで送った。Xは，同月4日，Aに対し本件性的暴行について抗議したが，その後，Xは，9月11日まで，Aを自宅に招くなどしてAと数回性的関係を持ち，親密な関係が続いた。しかし，Xが，9月下旬にAが元宝塚スターのニューヨーク公演の切符を家族のために申し込んだと誤解して激怒したことを契機として両者の関係が悪化し，10月末には破綻した。Xは，同年9月末から翌平成11年11月まで，カウンセリングや医師の治療を受け，帰国後も医師の治療を受けている。Xは，本件性的暴行後も，Aが帰任する平成11年6月までの間，Aの下で勤務し，自らの帰任後の平成12年5月以降，病気休暇を

第7章　セクシュアル・ハラスメントと労災補償

とり，休職し，その後，退職した。

　判決は，判例に従って，「地方公務員が災害を受けた場合に，それが公務災害として認定されるためには，当該災害が任命権者の支配管理下にある状態で発生し……当該災害と公務との間に相当因果関係が認められること……すなわち，公務遂行性と公務起因性の2要件を充たす必要がある。」としたうえで，公務遂行性の要件について，「公務終了後1時間30分以上経過した後にXの自宅で発生した本件性的暴行は，就業時間外かつ事業施設外で発生したことが明らかである。しかも，Xは，その所有する宝塚歌劇のビデオをAに見せるため，Aの運転する自動車で帰宅し，Aを自宅に招き入れているところ，XとAがXの自宅で宝塚歌劇のビデオを見るということは，およそXが担当していた職務遂行上不可欠の行為とはいえず，それ以前のXとAとの間の私的な交際関係の延長であったと解するのが相当である。また……XがAを自宅に招き入れるに至った行為に任命権者の支配が及んでいたということはできない。結局，XがAを自宅に招き入れたことは，公務とは無関係な勤務時間外かつ事業施設外の私的な行為に過ぎず，これを公務としての支配従属関係に基づいた行為ということはできない。」と述べて，本件暴行の公務遂行性を否定した。判決は，公務起因性についても，「本件性的暴行は公務遂行上の事故ということはできない。そうだとすると，本件性的暴行と，本件疾病との間の相当因果関係の存否について判断するまでもなく，Xの職務と本件疾病との間には，相当因果関係すなわち公務起因性が認められないというほかない。また……Xが本件性的暴行に遭遇したのは……公務とは無関係の理由でAを自宅に招き入れたからであること，Xの職務は主にニューヨーク経済ニュースの発行，日本の公的機関との情報交換，見本市出展に関する事務などであり，およそ性的暴行に遭うような性質のものではないこと，本件性的暴行は就業時間外かつ事業施設外で発生したものであることなどを総合考慮すれば，本件性的暴行は，Xの職務に内在する危険が現実化したものということはできない。」とした。

　また，判決は，「Xが，本件性的暴行後に公務に従事し，Aの支配下におかれて心理的負荷を受け続けたことにより本件疾病を発症したとか，これを

151

第2部　セクシュアル・ハラスメントに関する最近の法的諸問題

悪化させたとか認めるに足りる証拠は存在しないし，Xが，本件性的暴行後にAからいじめを受けたと認めるに足りる証拠も存在しない。……結局，本件疾病は，本件性的暴行ないし本件性的暴行後におけるXとAとの間の私的な交際・葛藤・破局等の中から発症したと認めるのが相当で……公務起因性を認めることは困難である。」として，Xの請求を棄却した。

本件は，アメリカでいう恋愛破綻型セクシュアル・ハラスメントの事案であるが，判決は，本件暴行は，公務遂行性及び公務起因性の要件を欠くうえ，暴行後の公務従事中における心理的負荷も認められないとして，本件疾病を公務外とした[14]。

本件は，性的暴行について相手の法的責任を問うことが困難な事案である（相手を宥恕したとして慰謝料請求を棄却したものとして，X社事件・東京地判平22・4・20労働経済判例速報2079号26頁以下がある）。

3　労災認定基準改正

わが国でも，最近，被害者が労災補償を受けている。わが国では，労災認定基準「心理的負荷による精神障害等に係る業務上外の判断指針について」（平成11年9月14日，基発544号，改正平成21年4月6日，基発0406001号）に関連して，通達「セクシュアルハラスメントによる精神障害等の業務上外の認定について」（平成17年12月1日，基労補発1201001号）が出され，適用されてきた（平成16～21年度合計被害者の精神障害の労災認定22件，不認定39件）[15]。

平成23年，より迅速な判断ができるよう精神障害の労災認定基準が改訂され，新認定基準「心理的負荷による精神障害の認定基準について」（平成

---

(14) 本件の判例研究に，川田知子「上司による性的暴行で受けたPTSD罹患と公務災害の認定」労働法律旬報1619号32頁以下がある。なお，労災認定行政においては，非災害性疾病は，災害という事態を経由せずに発症するものであるため，業務遂行性の有無を判断することなく業務起因性を判断するプロセスがとられている（山川隆一『労働紛争処理法』弘文堂，2012年，307頁）。

(15) 厚生労働省「精神障害の労災認定の基準に関する専門検討会　第1回『セクシュアルハラスメントに係る分科会』資料4『論点に関する労災補償の現状』」。平成

23年12月26日，基発1226第1号）が出されたが，それにより，セクシュアル・ハラスメントによる精神障害の労災認定基準も改訂された。その概要は，以下のとおりである。

① 対象疾病

労災認定の対象疾病は，国際疾病分類第10回修正版（ICD-10）第Ⅴ章に分類される精神障害で，器質性のもの及び有害物質に起因するものを除いたものに限定されており，いわゆる心身症は含まれない。

② 認定要件

同基準は，「第2 認定要件」において，「次の1，2及び3のいずれの要件も満たす対象疾病は，労働基準法施行規則別表第1の2第9号に該当する疾病として取り扱う。／1 対象疾病を発病していること。／2 対象疾病の発病前おおむね6カ月の間に，業務による強い心理的負荷が認められること。／3 業務以外の心理的負荷及び個体側要因により対象疾病を発病したとは認められないこと。」としている。

③ 認定要件に関する基本的な考え方

同基準は，対象疾病の発病に至る原因の考え方は，環境由来の心理的負荷（ストレス）と，個体側の反応性，脆弱性との関係で精神的破綻が生じるかどうかが決まり，心理的負荷が非常に強ければ，個体側の脆弱性が小さくても精神的破綻が起こるし，逆に脆弱性が大きければ，心理的負荷が小さくても破綻が生じるとする「ストレス－脆弱性理論」に依拠している。このため，同基準は，心理的負荷による精神障害の業務起因性を判断する要件として，対象疾病の発病の有無，発病の時期及び疾患名について明確な医学的判断があることに加え，当該対象疾病の発病の前おおむね6カ月の間に業務による強い心理的負荷が認められることを掲げている。この場合の強い心理的負荷とは，精神障害を発症した労働者がその出来事及び出来事後の状況が持続する程度を主観的にどう受け止めたかではなく，同種の労働者が一般的にどう受け止めているかという観点から評価されるものであり，同種の労働者とは

職種，職場における立場や職責，年齢，経験等が類似する者をいう。さらに，これらの要件が認められた場合であっても，明らかに業務以外の心理的負荷や個体側要因によって発病したと認められる場合には，業務起因性が否定される。

④ **特別な出来事がある場合**

同基準は，「上記第２の認定要件のうち，２の『対象疾病の発病前おおむね６カ月の間に，業務による強い心理的負荷が認められること』とは，対象疾病の発病前おおむね６カ月の間に，業務による出来事があり，当該出来事及びその後の状況による心理的負荷が，客観的に対象疾病を発病させるおそれのある強い心理的負荷であると認められることをいう。……業務による心理的負荷の強度の判断に当たっては，精神障害発病前おおむね６カ月の間に，対象疾病の発病に関与したと考えられる業務によるどのような出来事があり，また，その後の状況がどのようなものであったのかを具体的に把握し，それらによる心理的負荷の強度はどの程度であるかについて，別表１『業務による心理的負荷表』……を指標として『強』，『中』，『弱』の３段階に区分する。／なお，別表１においては，業務による強い心理的負荷が認められるものを心理的負荷の総合評価が『強』と表記し，業務による強い心理的負荷が認められないものを『中』又は『弱』と表記している。『弱』は，日常的に経験するものであって一般的に弱い心理的負荷しか認められないもの，『中』は経験の頻度は様々であって『弱』よりは心理的負荷があるものの強い心理的負荷とは認められないものをいう。」とする。

同基準は，「具体的には次のとおり判断し，総合評価が『強』と判断される場合には，上記第２の２の認定要件を満たすものとする。」とした上で，「(1)『特別な出来事』に該当する出来事がある場合／発病前おおむね６か月の間に，別表１の『特別な出来事』に該当する業務による出来事が認められた場合には，心理的負荷の総合評価を『強』と判断する。」としている。別表１は，「強姦や，本人の意思を抑圧して行われたわいせつ行為など」を受けたことを，特別な出来事の類型に該当し，総合評価を「強」とするとして

いる。

⑤ 特別な出来事がない場合

　同基準は，「『特別な出来事』に該当する出来事がない場合は，以下の手順により心理的負荷の総合評価を行い，『強』，『中』又は『弱』に評価する。」とし，「ア　『具体的出来事』への当てはめ／発病前おおむね6カ月の間に認められた業務による出来事が，別表1の『具体的出来事』のどれに該当するかを判断する。ただし，実際の出来事が別表1の『具体的出来事』に合致しない場合には，どの『具体的出来事』に近いかを類推して評価する。／なお，別表1では，『具体的出来事』ごとにその平均的な心理的負荷の強度を，強い方から『Ⅲ』，『Ⅱ』，『Ⅰ』として示している。／イ　出来事の心理的負荷の総合評価／(ｱ)該当する『具体的出来事』に示された具体例の内容に，認定した『出来事』や『出来事後の状況』についての事実関係が合致する場合には，その強度で評価する。」としている。

　別表1は，出来事後の状況として，表に示す「心理的負荷の総合評価の視点」のほか，「職場の支援・協力等（問題への対処等を含む）の欠如」に該当する状況のうち，著しいものは総合評価を強める要素として考慮するとしている。別表1は，さらに，「セクシュアルハラスメントを受けた」という具体的出来事の平均的な心理的負荷の強度をⅡとするが，心理的負荷の総合評価で，その「内容，程度等」，「その継続する状況」，「会社の対応の有無及び内容，改善の状況，職場の人間関係等」を考慮するとし，【「強」になる例】として，「胸や腰等への身体接触を含むセクシュアルハラスメントであって，継続して行われた場合」，「胸や腰等への身体接触を含むセクシュアルハラスメントであって，行為は継続していないが，会社に相談しても適切な対応がなく，改善されなかった又は会社への相談等の後に職場の人間関係が悪化した場合」，「身体接触のない性的な発言のみのセクシュアルハラスメントであって，発言の中に人格を否定するようなものを含み，かつ継続してなされた場合」，「身体接触のない性的な発言のみのセクシュアルハラスメントであって，性的な発言が継続してなされ，かつ会社がセクシュアルハラスメン

トがあると把握していても適切な対応がなく，改善がなされなかった場合」という4つの例を挙げている。

　同基準は，続けて，「(イ)事実関係が具体例に合致しない場合には，『具体的出来事』ごとに示している『心理的負荷の総合評価の視点』及び『総合評価における共通事項』に基づき，具体例も参考としつつ個々の事案ごとに評価する。……／b……『出来事』と『出来事後の状況』の両者を軽重の別なく評価しており，総合評価を『強』と判断するのは次のような場合である。／(a)出来事自体の心理的負荷が強く，その後に当該出来事に関する本人の対応を伴っている場合／(b)出来事自体の心理的負荷としては中程度であっても，その後に当該出来事に関する本人の特に困難な対応を伴っている場合／c 上記bのほか，いじめやセクシュアルハラスメントのように出来事が繰り返されるものについては，繰り返される出来事を一体のものとして評価し，また，『その継続する状況』は，心理的負荷が強まるものとしている。」としている。

⑥　業務以外の心理的負荷及び個体側要因の判断

　同基準は，「上記第2の認定要件のうち，3の『業務以外の心理的負荷及び個体側要因により対象疾病を発病したとは認められないこと』とは，次の①又は②の場合をいう。／①業務以外の心理的負荷及び個体側要因が認められない場合／②業務以外の心理的負荷及び個体側要因は認められるものの，業務以外の心理的負荷又は個体側要因によって発病したことが医学的に明らかであると判断できない場合……業務以外の心理的負荷の強度については……別表2『業務以外の心理的負荷評価表』を指標として，心理的負荷の強度を『Ⅲ』，『Ⅱ』又は『Ⅰ』に区分する。」としている。別表2は，「離婚又は夫婦が別居した」こと等を強度Ⅲとしている。

　同基準は，続いて，本人の個体側要因については，その有無とその内容について確認し，個体側要因の存在が確認できた場合には，それが発病の原因であると判断することの医学的な妥当性を慎重に検討して，上記②に該当するか否かを判断するとしている。

⑦ 評価期間の特例及び留意事項

　同基準は、セクシュアル・ハラスメントのように出来事が繰り返されるものについては、発病の6カ月よりも前にそれが開始されている場合でも、発病前6カ月以内の期間にも継続しているときは、開始時からのすべての行為を評価の対象とするとし、評価期間の特例としている。また、「強姦に遭った等の特に強い心理的負荷となる出来事を体験した者は、その直後に無感覚等の心的まひや解離等の心理的反応が生じる場合があり、このため、医療機関への受診時期が当該出来事から6カ月よりも後になることもある。その場合には、当該解離性の反応が生じた時期が発病時期となるため、当該発病時期の前おおむね6カ月の間の出来事を評価すること。」としている。

　また、同基準は、「心理的負荷の評価に際しては、特に次の事項に留意する。／① セクシュアルハラスメントを受けた者（以下『被害者』という。）は、勤務を継続したいとか、セクシュアルハラスメントを行った者（以下『行為者』という。）からのセクシュアルハラスメントの被害をできるだけ軽くしたいとの心理などから、やむを得ず行為者に迎合するようなメール等を送ることや、行為者の誘いを受け入れることがあるが、これらの事実がセクシュアルハラスメントを受けたことを単純に否定する理由にはならないこと。／②被害者は、被害を受けてからすぐに相談行動をとらないことがあるが、この事実が心理的負荷が弱いと単純に判断する理由にはならないこと。／③被害者は、医療機関でもセクシュアルハラスメントを受けたということをすぐに話せないこともあるが、初診時にセクシュアルハラスメントの事実を申し立てていないことが心理的負荷が弱いと単純に判断する理由にはならないこと。／④行為者が上司であり被害者が部下である場合、行為者が正規職員であり被害者が非正規職員である場合等、行為者が雇用関係上被害者に対して優越的な立場にある事実は心理的負荷を強める要素となり得ること。」としている。

　このような被害者の心理状態を考慮した判断は、民事裁判では従来から行

第2部　セクシュアル・ハラスメントに関する最近の法的諸問題

われてきた[16]。

⑧　治　ゆ

なお，同基準は，「心理的負荷による精神障害は，その原因を取り除き，適切な療養を行えば全治し，再度の就労が可能となる場合が多いが，就労が可能な状態でなくとも治ゆ（症状固定）の状態にある場合もある。／例えば，医学的なリハビリテーション療法が終了した時点が……また，通常の就労が可能な状態で，精神障害の症状が現われなくなった場合又は安定した状態を示す『寛解』との診断がなされている場合には，投薬等を継続している場合であっても，通常は治ゆと考えられる。例えば薬物が奏功するうつ病について，9割近くが治療開始から6カ月以内にリハビリ勤務を含めた職場復帰が可能となり，また，8割近くが治療開始から1年以内，9割以上が治療開始から2年以内に治ゆ……となるとする報告がある。」とする。同基準は，治ゆ後，症状の動揺防止のため長期間にわたり投薬等が必要とされる場合にはアフターケア（平成19年4月23日付け基発第0423002号）を，一定の障害を残した場合には障害補償給付（労働者災害補償保険法第15条）を，それぞれ適切に実施するとしている。

アフターケアには，診察，保健指導，精神療法，カウンセリング等が含まれる。

以上の新認定基準においても，上記「特別な出来事」がある場合は，比較的労災認定は容易だが，それがない場合には，認定に困難が伴うといえる。厚生労働省は，セクシュアル・ハラスメント等による精神障害の労災請求について，リーフレットを発行したり，各都道府県労働局に相談窓口を開設し，臨床心理士等の専門家を配置し，相談日を設けて，被害者の心情を十分に配慮した相談及び労災認定調査を行なうとしているが，黒木宣夫医師（労災補償指導医，精神障害の労災認定の基準に関する専門検討会セクシュアルハラスメント事案に係る分科会委員）は，通常の業務に従事し，上司部下との関係も第三者からは通常の関係にしか見えなかった場合，数年後のある日，突然，部

---

[16]　前掲拙著282頁以下，313頁以下。

第 7 章　セクシュアル・ハラスメントと労災補償

下である女性が，上司に実はセクシュアル・ハラスメントを受けていたと主張した場合等は，慎重に取り扱う必要があり，セクシュアル・ハラスメントのみで精神疾患が引き起こされたと安易に考えるのではなく，それによる心理的反応（心理負荷）が精神疾患発症にどのように共働原因として働いたかを十分検証することが重要であるとしている[17]。

　新認定基準は，ある事案が契機のひとつとなっている。この事案は，女性派遣社員が，約 2 年半にわたり派遣先上司から交際を迫られるなどし，派遣会社相談窓口に相談したが，有効な対策は講じられず，2006 年に退職したというものである。この女性は，ストレスによる強迫神経症と診断されている。女性は，働くと体調が悪くなり，生活に困り，翌年に函館労基署長に労災申請したが認められなかったため，同署長の処分取消を求める行政訴訟を起こしたところ，2011 年 11 月 10 日，国が東京地裁への準備書面により労災と認め，その後休業補償支給を決定したとのことである（朝日新聞 2010 年 5 月 13 日，11 月 11 日等）。なお，同署長は，前掲基労発 1201001 号が出された直後の 2006 年 1 月に，2 年間にわたり上司からセクシュアル・ハラスメントを受け（詳細不明），不眠や食欲不振により退職し，PTSD と診断され働きに出られない女性に労災認定をしている（朝日新聞 2006 年 1 月 13 日）。ほかに，小田原労基署長も，2006 年 7 月 13 日付けで，ファミリーレストランの元アルバイト女性が，男性同僚 3 人からたびたび卑猥な言動を受けて入院し，重度のうつ病と診断され，退院のめどがたたないという事案について，労災認定している（産経新聞 2007 年 5 月 18 日）。

4　身体傷害事案及び使用者の不対応等

　アメリカでは，被害者の身体的損傷を労災と認定しており，わが国でも，同様の事案が考えられる[18]。通勤災害については，女性労働者が深夜帰宅

---

(17)　黒木宣夫「認定基準改正に当たっての論点～特に長時間労働，いじめ，セクシュアルハラスメントに関して」産業保険 69 号 6 頁。
(18)　A, Conte, op. cit., pp.12-262 et s. 監禁，強制わいせつ致傷被告事件（大阪地判平 23・8・31TKC 法律情報データベース文献番号 25473565）は，下請会社の入社間もない女性契約社員が優越的地位にある男性取引先社員から強制わいせつにより傷害を

第2部　セクシュアル・ハラスメントに関する最近の法的諸問題

途中に暴漢に背後から抱きつかれ，刃物で背部を刺され負傷した災害が，通勤に通常伴う危険が具体化したものとして労災保険法上の通勤災害と認定されている（昭和49・6・19，基収1276号）。

また，新認定基準で重視された使用者の不対応や被害者の不利益取扱は，わが国では，男女雇用機会均等法11条が定める事業主の措置義務において規定されているにすぎず，それらを不法行為上の注意義務や労働契約上の安全配慮義務違反として構成することは可能であるが，アメリカ公民権法第7編が高額の損害賠償を伴う報復的差別禁止規定を規定していることに比べて，規制が弱いことは否めない[19]。この点の規制強化も必要であろう。

む　す　び

日米両国において，長期的な療養を必要とし働けないセクシュアル・ハラスメント被害者に労災補償の必要性が高い。両国とも，特別な出来事がある場合を除いて，精神障害の労災認定は困難を伴っている。わが国では，上記新認定基準が被害者にとってどのように有益かの評価は，その運用の結果を待たなければならない。厚労省は，同基準に基づき精神障害の労災請求事案につき6カ月以内の決定を目指し，労災請求しやすい環境形成に努めていくとしている[20]。また，労災補償と不法行為訴訟等他の法的手段の各々がどのように有益かの評価も，今後の課題として残されている。

　　　受けた事案であり（被告人は懲役4年），被害者は，労災補償を受けることが可能であると思われる。
(19)　拙稿「セクシュアル・ハラスメントと報復行為」（山田省三・石井保雄編『労働者人格権の研究〜角田邦重先生古稀記念・下巻』信山社，2011年）369頁以下。
(20)　厚生労働省労働基準局労災補償部補償課職業病認定対策室「精神障害の労災認定基準の解説」法律のひろば2012年5月号14頁。

第8章　セクシュアル・ハラスメントと報復禁止

はじめに

　わが国では，セクシュアル・ハラスメントを拒絶した労働者や，企業内相談窓口又は都道府県労働局等の外部機関へ申立てた労働者等に対する，使用者等による解雇等の報復行為は，講学上，それほど注目されてこなかった。しかし，セクシュアル・ハラスメントが民事裁判で争われるようになった当初から，報復に関わる判例が存在したし，最近も注目すべき判例があり，この問題は，実務上は，依然，重要な課題である。

　この問題は，アメリカやフランスなどでも，重要な課題となっているところであり，本章は，これらの国の動向を参考に，わが国の問題状況を検討するものである。

第1節　わが国の報復禁止法制

1　報復に関する裁判例

　これまでの判例では，セクシュアル・ハラスメントがようやく民事裁判で争われるようになった時期で，1997年改正均等法21条により，事業主に対して，関係者のプライバシー保護や不利益取り扱い禁止を定める，セクシュアル・ハラスメント予防等に関する配慮義務が課される以前に生じた，経営者のセクシュアル・ハラスメントを拒絶したり，企業内でそれを申し出たりした労働者に対する報復的解雇事案や，被害者の支援者に対する報復的解雇事案が目立っている。

　被害者解雇については，東京セクシュアル・ハラスメント事件（東京地判平9・2・28判タ947号228頁。損害賠償請求事件，原告が会社代表者のセクシュ

第2部　セクシュアル・ハラスメントに関する最近の法的諸問題

アル・ハラスメントを断固拒絶する態度をとったことに対する報復としての解雇に慰謝料50万円)，東京セクシュアル・ハラスメント（M商事）事件（東京地判平11・3・12労判760号23頁。原告が会社代表者からのセクシュアル・ハラスメントを申し出て適切な措置を期待したことに対する私的ないさかいを理由とする解雇無効，慰謝料20万円）がある。後者は，一度当事者間で和解したが，その際，和解内容を口外しない旨の条項を和解に含めなかったため，紛争が再発した事案である。報復防止のために留意すべき事柄である。

　被害者の支援者解雇については，中央タクシー事件（徳島地決平9・6・6労判727号77頁），及び中央タクシー（本案）事件（徳島地判平10・10・16労判755号38頁）が，いずれも，解雇された被害者を支援した労働組合委員長と上司の解雇を就業規則所定の解雇事由に該当せず不当な理由によるもので無効としている。財団法人大阪身障者未亡人福祉事業協会事件（大阪地決平8・5・31労判703号102頁）も，性的に不快な行為を受けたことを内容とするビラ配布を理由とする解雇を無効としている。

　ただし，正興産業事件（浦和地川越支判平6・11・10労経速1549号13頁）は，セクシュアル・ハラスメント発生に際して団交要求や事前通告なしの怠業を計画指導したことを理由とする労働組合委員長に対する懲戒解雇を有効としている。

　その後，わが国では，判例による解雇権濫用の法理の適用により解雇権が厳しく制限されているためか，被害者等の解雇事件はほとんどみられなかったが，最近でも，常務理事のセクシュアル・ハラスメントやパワー・ハラスメントに関する報告文書を職責として理事長に提出したこと等を理由とする財団法人総務部長に対する諭旨解雇を，客観的合理的理由を欠き無効とした財団法人骨髄移植推進財団事件（東京地判平21・6・12労経速2046号3頁。慰謝料50万円。平22・7・5東京高裁にて和解・職場復帰）がある。この事案は，いわゆる内部告発（公益通報者保護法）の問題として処理することも可能な事件である[1]。最高裁は，松下プラズマディスプレイ事件（最2小判平21・

---

(1)　この事件については，棗一郎「骨髄バンク　パワハラ・セクハラ告発事件判決」季刊労働者の権利280号76頁以下がある。公益通報者保護法については，角田邦重

12・18労判993号5頁）において，大阪労働局への職安法，労働者派遣法違反申告に対する報復としての労働者へのリペア作業命令及び雇止めを不法行為とし，慰謝料90万円の支払いを命じた原審の判断を維持している。

なお，金沢セクシュアル・ハラスメント（解雇）事件（最2小判平11・7・16労判767号14頁）は，セクシュアル・ハラスメントが生じた後，しばらくたっても問題が解決せず，労働者が使用者と決定的に対立して両者間の信頼関係が失われ，労働契約が継続しがたい状況に至った場合には，普通解雇も解雇権濫用ではないとしている。被害者は注意すべき事柄である[2]。

2　報復に関する法令

報復禁止に関する法令としては，男女雇用機会均等法の規定がある。同法17条2項は，事業主に対して，労働者が都道府県労働局長に紛争解決援助を求めたことを理由として，解雇その他の不利益な取扱いをしてはならないとし，18条2項は，労働者が都道府県労働局長に調停の申請をしたことを理由として，解雇その他の不利益な取扱いをしてはならないとしている（1997年改正均等法により導入）。

ところで，労働基準法104条は，1920年代以前に労働者の申告権を認めていたヨーロッパ先進諸国の立法の影響を受けたILO20号勧告を容れて，労基法違反の事実について監督機関への労働者の申告権を定めており（「事業場に，この法律又はこの法律に基づいて発する命令に違反する事実がある場合においては，労働者は，その事実を行政官庁又は労働基準監督官に申告することができる。／②使用者は，前項の申告をしたことを理由として，労働者に対して解雇その他の不利益な取扱をしてはならない。」），同条違反には，罰則（労基法119条・6カ月以下の懲役又は30万円以下の罰金）が課されるとともに，法律

　　＝小西啓文編『内部告発と公益通報者保護法』法律文化社，2008年，内閣府国民生活局企画課編『詳説公益通報者保護法』ぎょうせい，2006年を参照。
(2)　この事件については，拙著『改訂版セクシュアル・ハラスメントの法理』労働法令，2004年，269頁以下を参照。

第2部　セクシュアル・ハラスメントに関する最近の法的諸問題

行為は民事上も無効とされている[3]。

　均等法17条2項及び18条2項についても、「『理由として』とは、労働者が紛争の解決の援助を求めたことが、事業主が当該労働者に対して不利益な取扱いを行うことと因果関係があることをいう」、「『不利益な取扱い』とは、配置転換、降格、減給、昇給停止、出勤停止、雇用契約の更新拒否等がこれに当たるものであること。／なお、配置転換等が不利益な取扱いに該当するかについては、給与その他の労働条件、職務内容、職制上の地位、通勤事情、当人の将来に及ぼす影響等諸般の事情について、旧勤務と新勤務とを総合的に比較考慮の上、判断すべきものであること。」（「改正雇用の分野における男女の均等な機会及び待遇の確保等に関する法律の施行について」平成18・10・11雇児発1011002号）とされており（同旨・1997年改正均等法に関する平成10・6・11女発168号）、労基法104条とほぼ同様の文言・解釈が用いられているが、違反に対して罰則はなく、厚生労働大臣が、事業主に報告を求め、助言、指導、勧告をすることができ（均等法29条）、勧告を受けた者がこれに従わなかったときは、その旨を公表することができ（同30条）、報告をせず又は虚偽の報告をした者は20万円以下の過料に処せられる（同33条）とされているにすぎないため、上記両項に関わる報復禁止は、民事上は、不法行為上の注意義務や労働契約上の配慮義務の内容として構成し、報復的解雇、懲戒処分等は、解雇権や懲戒権の濫用（労働契約法15条・16条）等として構成する必要がある。

　均等法11条2項に基づき厚生労働大臣が定める指針「事業主が職場における性的な言動に起因する問題に関して雇用管理上講ずべき措置についての指針」（平成18・10・11厚生労働省告示第615号）は、事業主が職場における性的な言動に起因する問題に関して雇用管理上講ずべき措置として、労働者が職場におけるセクシュアル・ハラスメントに関し相談をしたこと又は事実関係の確認に協力したこと等を理由として、不利益な取扱いを行ってはなら

---

[3] 松岡三郎『条解・労働基準法(下)』弘文堂、1959年、1149頁以下、労働省労働基準局編著『新訂版・労働基準法(下)』労務行政研究所、1973年、731頁以下、東京大学労働法研究会編『注釈労働基準法(下)』有斐閣、2003年、1062頁以下。

ない旨を定め，労働者に周知啓発することとしている（1997年改正均等法21条2項に基づく指針「事業主が職場における性的な言動に起因する問題に関して雇用管理上配慮すべき事項についての指針」（平成10・3・13労働省告示第20号）は，事業主は，職場におけるセクシュアル・ハラスメントに関して，相談をし，又は苦情を申し出たこと等を理由として，当該女性労働者が不利益な取扱いを受けないよう特に留意するとともに，その旨を女性労働者に対して周知する必要があるとしていた）。この事業主の措置義務は，公法上の義務で行政指導の根拠とはなるが，私法上の効果を有するものではないため，同義務に関わる報復禁止は，民事上は，不利益取扱を受けない旨の就業規則等の明示規定の有無にかかわらず，不法行為上の注意義務や労働契約上の配慮義務の内容として構成し，報復的解雇や懲戒処分等は，解雇権や懲戒権の濫用等として構成する必要がある。

第2節　EU諸国の報復禁止規定

1　EUの報復禁止規定

EUの2006年7月5日の男女均等待遇指令（2006／54／EC）は，加盟国に対して，次のように，報復からの保護措置を義務付けている。

「第24条（迫害・Victimisation）加盟国は，均等待遇原則の遵守を執行する目的でなされる企業内における苦情申立て又は司法手続きに対する報復（adverse treatment）としての，使用者による解雇その他の不利益取扱いから，国内法及び慣行又はそのいずれかに定める被用者代表である者を含め，被用者を保護するのに必要な措置を導入するものとする。」

2　フランスの報復禁止規定

フランスは，2012年8月6日のセクシュアル・ハラスメントに関する法律により，セクシュアル・ハラスメント罪（刑法典222－33条，2年の拘禁及び3万ユーロの罰金）のほかに，刑法典225－1－1条及び労働法典L・1155－2条1項に，次のような，セクシュアル・ハラスメント差別罪を規定した。

第2部　セクシュアル・ハラスメントに関する最近の法的諸問題

「刑法典225-1-1条　刑法典222-33条に定めるセクシュアル・ハラスメント行為を受けたこと若しくは受けることを拒絶したこと，又はかかる行為を証言したことの故の人の間の区別は，差別を構成する。……」（刑罰・225-2条，3年の拘禁及び4万5千ユーロの罰金）

「労働法典L・1155-2条　L・1152-2条，L・1153-2条及びL・1153-3条に定めるモラル・ハラスメント又はセクシュアル・ハラスメントに引き続いてなされた差別行為は，1年の拘禁及び3750ユーロの罰金に処する。」

　これらの規定は，セクシュアル・ハラスメント罪を創設した1992年刑法典改正の際に設けられ，2007年労働法典再編の際に廃止された，労働法典のセクシュアル・ハラスメント差別罪を復活強化したものであり，セクシュアル・ハラスメント自体は，差別ではないが，その受け入れ拒絶等を理由とする差別的取扱いは，差別として禁止するという考えに基づくものである。刑法典の規定は，労働に関しては解雇や懲戒などの重大な不利益取扱いがあったときに用いられ，労働法典の規定は，配転，昇進拒絶などのそれ以外の不利益取扱いがあったときに用いられる。詳しくは，本書第9章を参照されたい。

2　イギリスの報復禁止規定

　イギリスの2010年平等法（Equality Act 2010）は，報復に当たる迫害（Victimisation）について，次のように規定する。

　第2部第2章（禁止行為）「第27条　迫害／(1)　次に掲げることのいずれかを理由として，ある人Aが，他の人Bに不利益を与えたとき，AはBを迫害する。／(a)　Bがこの法律で保護される行為をすること。／(b)　Aが，Bは同行為をした又はするだろうと信じたこと。／(2)　この法律で保護される行為とは，次に掲げる行為をいう。／(a)　この法律の下で訴訟手続をすること。／(b)　この法律の訴訟手続に関して証拠又は情報を提供すること。／(c)　この法律に関わる目的でその他の行為をすること。／(d)　Aその他の人がこの法律に違反したと（明示的又は黙示的に）申立てること。／(3)　虚偽の証拠若しくは情報を提供し，又は虚偽の申立てをすることは，不誠実に

なされたとき，この法律で保護される行為としない。／(4) 本条は，不利益を受けた人が個人であるときにのみ適用する。／(5) 法律に違反するとの文言は，平等条項又は平等ルールに違反することを含むものとする。」

　第5部（労働）「第39条　被用者及び応募者 ……(3) 使用者Ａは，次に掲げることに関して，応募者Ｂを迫害してはならない。／(a) Ａが誰を採用するかを決定するための準備において。／(b) ＡがＢに提示する労働条件に関して。／(c) Ｂを採用しないことにより。／(4) Ａは，次に掲げることに関して，Ａの被用者Ｂを迫害してはならない。／(a) Ｂの労働条件に関して。／(b) 昇進，異動，研修その他の不利益，便宜若しくはサービス機会へのアクセスをＡがＢに提供する方法に関して，又は提供しないことにより。／(c) Ｂを解雇することにより。／(d) Ｂにその他の不利益を与えることにより。……(7) ……第(4)項(c)号において，Ｂを解雇するとの文言は，次に掲げる事由によるＢの雇用終了も含むものとする。／(a) 期間満了（場合又は状況による期間終了も含む）による。／(b) ＢがＡの行為を理由として予告なく辞職する権限を有する状況におけるＢの行為（予告によるものを含む）による。」

　第9部第3章（雇用審判所）「第124条　救済・一般 ……(2) 審判所は，次に掲げることをすることができる。／(a) 訴訟に関わる事項に関して原告及び被告の権利を宣言すること。／(b) 被告に対し原告への賠償支払を命じること。／(c) 適切な勧告をすること。」

　2010年平等法に統合された1975年性差別禁止法は，第4条に，迫害的差別（Discrimination by way of victimisation）規定を置き，同法に基づいて提訴した労働者や訴訟に関して証拠・情報を提供した労働者に対して，使用者が措置をとることを差別として禁止していたが（民事責任），この規定は複雑で，それに対する裁判所の解釈により，迫害的差別を立証することは，他の差別の立証に比べて相対的に困難を伴うとされていた[4]。

---

(4) Elizabeth Gillow, Martin Hopkins and Audrey Williams, Harassment at Work, 2nd edition, Jordan Publishing, 2003, p.144.；Aileen McColgan, Discrimination Law: Text, Cases and Materials, 2nd edition, Hart Publishing, 2005, p.65.

第2部 セクシュアル・ハラスメントに関する最近の法的諸問題

これらの規定の違反については,民事責任が問題となる。

4 ドイツの報復禁止規定

ドイツの2006年一般平等取扱法は,次のように規定する。

「第16条(処分の禁止)(1) 使用者は,この節の権利行使又はこの節に違反する指示に従うことの拒絶を理由として被用者を不利益に取扱ってはならない。この際に被用者を援助する者又は証人として陳述する者にも同じことが適用される。／(2) 当該被用者による不利益取扱の行為態様の拒絶又は甘受は,この被用者に関連する判断の根拠として考慮されてはならない。1項2文は同様に適用される。／(3) 第22条〔*証明責任〕は同様に適用される。」

この規定の違反については,民事上の効果及び責任が問題となる[5]。

第3節 アメリカの報復禁止規定

1 報復的差別

アメリカの報復(Retaliation)禁止規定は,報復的差別を禁止する1964年公民権法第7編42 U.S.C.§2000e-3(a)にある[6]。すなわち,同項は,公民権法第7編に基づく申立てをした労働者やその者のために証言し,援助した者等を使用者の報復的差別から保護するために,次のように規定する。

「42 U.S.C.§2000e-3 その他の雇用行為／(a) 執行手続を申立て,証言し,援助し又は参加したことを理由とする差別／被用者……に対して……その者がこの章で違法な雇用行為とされる行為に反対したことを理由として,又は,この章の下で,調査,手続若しくは聴聞に,申立てし,証言し,援助し若しくは参加したことを理由として,差別することは,使用者の違法な雇用行為

---

(5) 本条の翻訳は山川和義・日独労働法協会会報8号92頁による。この報復禁止規定は,ドイツでは注目されていないようだが,同法上の不利益取扱いの効果等については,モニカ・シュラハター(緒方桂子訳)「労働法における差別禁止～ドイツ一般平等取扱法」労旬1725号6頁以下及び緒方桂子「解題」同18頁以下を参照。

(6) 42 U.S.C.§2000e-3(a)(報復的差別禁止)については,中窪裕也『アメリカ労働法[第二版]』(弘文堂,2010年)231頁が詳しい。

第8章　セクシュアル・ハラスメントと報復禁止

である。」

　この規定に対する違反については，他の公民権法違反と同様に，懲罰的損害賠償を含めた損害賠償請求が可能である。

　この規定は，アメリカ連邦最高裁判所が，著名な1986年メリター貯蓄銀行対ヴィンソン事件判決において，セクシュアル・ハラスメントが性差別等を禁止する1964年公民権法第7編に規定する性差別に当たるとした根拠規定である42 U.S.C.§2000e-2(a)とは別の規定である（「42 U.S.C.§2000e-2　違法な雇用行為／(a)　使用者の雇用行為／次に掲げることは，使用者の違法な雇用行為である。／(1)　個人の人種，皮膚の色，宗教，性又は出身国を理由として，個人を雇用しないこと，雇用を拒絶すること若しくは解雇すること，又は報酬，雇用条件若しくは雇用上の権利に関して個人を差別すること。／(2)　個人の人種，皮膚の色，宗教，性又は出身国を理由として，個人から雇用の機会を奪う若しくは奪う効果を有する方法又は被用者としての地位に不利な影響を及ぼす方法により，その被用者又は雇用の応募者を制限し，差別し，類別すること。」）。

　連邦最高裁は，著名な①1986年メリター貯蓄銀行対ヴィンソン事件判決（上司との性関係中の環境型セクシュアル・ハラスメント事案，同解消後の解雇事案）において，セクシュアル・ハラスメントが1964年公民権法第7編42 U.S.C.§2000e-2(a)（性差別等禁止）の禁止する性差別に当たるとしたが，その後，同規定に基づいて次のような判決を下している。

　すなわち，②1993年ハリス対フォークリフトシステムズ事件判決において，「第7編のもとで，行為が『濫用的労働環境』ハラスメントとして損害賠償の根拠となるか否かを決定するヴィンソン事件の基準は，客観的に敵対的又は濫用的環境であること～合理的人間が敵対的又は濫用的と認識するもの～と，環境が濫用的であるという被害者の主観的知覚を要求する。客観的に敵対的又は濫用的な労働環境をつくり出すに十分に重大又は蔓延的でない行為は，第7編の範囲を超えるものであり，被害者が主観的に濫用的であると知覚しない行為についても同様である。」と述べて合理的人間基準を採用した。

　③1998年バーリントン・インダストリー対エラース事件判決において，

169

第2部　セクシュアル・ハラスメントに関する最近の法的諸問題

監督者の性的行動に対する労働者の拒絶等の結果として昇給拒否や解雇等の不利益が実行されたときは対価型セクシュアル・ハラスメントであるが，不利益が実行されず，その脅迫だけでは濫用的労働環境（環境型）ハラスメントの問題であるとしたうえで，「第7編は，反セクシュアル・ハラスメント・ポリシー及び効果的な苦情処理メカニズムの創設を促進するよう企図されている。使用者責任がこのような手続を創設する使用者の努力に一部依拠するとしても，第7編の文脈において争訟よりも調停を促進することは，議会の意思及び……苦情処理手続の発展を促進する EEOC のポリシーを果たすことになるであろう。この限度において使用者責任を制限することにより，重大又は蔓延的になる前にハラスメント行為を被用者が報告することを促進することがあるとしても，それも，第7編の抑止目的にかなうであろう。」と述べて，企業内苦情処理手続による問題解決促進を第7編の目的にかなうとした。

④同じく1998年ファラガー対ボカ・レイトン市事件判決において，「第7編の差別禁止規定の下で，使用者は，被用者に直接又は高次の権限を有する監督者が創りだした損害賠償の根拠となる敵対的環境については，被害者である被用者に対して代位責任を負う。現実に不利益をもたらす雇用行為が行われない場合，使用者は，優越的証拠による証明と，(a)使用者は，セクシュアル・ハラスメント行動を防止するために合理的な配慮をしたこと，(b)被用者が，使用者が提供する防止又は矯正の機会を合理的理由なく利用せず，その他損害を避けることもしなったことという，ふたつの必要条件を充たすことを要件として，責任又は損害に対して積極的抗弁を行うことができる。」と述べて，使用者の責任要件及び抗弁を明らかにした。

⑤1998年オンクル対サウンドナー・オフショア・サービス事件判決において，同僚・同性間セクシュアル・ハラスメントも性差別にあたるとした。

そして，⑥2001年クラーク郡学区対ブリーデン事件判決において，上記②判決に基づき1回の性的ジョークと被害者の主観的知覚だけでは第7編違反とならないとした。

連邦最高裁は，かねてより，第7編の第一の目的は性差別や人種差別など

の差別を終結させ労働者の雇用を保護することにあり，損害賠償は二次的な目的であるとしていたが（1982年フォード・モーター対EEOC事件判決等），1998年の両判決（③④）は，前記のようにセクシュアル・ハラスメントに関する使用者の責任要件と抗弁の要件を定めるとともに，企業内苦情処理手続による問題解決促進を第7編の趣旨であるとした。このような両判決のアプローチは，微妙で複雑な個別状況の下で規範を定立する制度プロセスを発展促進するものであると評価されている[7]。

 EEOC（雇用機会均等委員会）は，両判決に従いそのセクシュアル・ハラスメント・ガイドラインを改定した。ところが，ガイドラインに従って各企業に苦情処理手続が普及すると，被害者の解雇等の報復（Retaliation＝公民権法上の権利行使の試みを抑止又は処罰する使用者の人事上の決定その他の行為）が多発し，報復的差別訴訟が急増する状況が生じた。

 報復多発及び報復的差別申立増大はアメリカ特有の問題と思われる。アメリカの著名な研究によれば，セクシュアル・ハラスメントについて，「報復の恐怖が，人々が偏見や差別に対する懸念を表明する代わりに沈黙する第一の理由である」[8]。

 アメリカの解雇自由の徹底した随意雇用の下では，使用者による解雇が容易であり，報復は多発しやすい。1992年から2000年の間にEEOCへの報復的差別申立は倍増して，第7編違反申立全体の約25％に達し，さらに，1997年から2007年の間にも，EEOCへの報復的差別申立は倍増した。この急増は，第7編違反申立に対する使用者側の否定的・責任回避的傾向の増大と，使用者の報復を責めたてる労働者側の心情傾向を反映したものと評されている[9]。

---

(7) Susan Sturm, Second Generation Employment Discrimination: A Structural Approach, 101 Columbia Law Review 458 (2001), p.463.
(8) Deborah L. Brake, Retaliation, 90 Minnesota Law Review 18 (2005).
(9) Raymond F. Gregory, Women and Workplace Discrimination – Overcoming Barriers to Gender Equality, Rutgers University Press, 2003, p.164.

第 2 部　セクシュアル・ハラスメントに関する最近の法的諸問題

使用者側に報復的動機があるとき、報復は、§2000e-3(a)（報復的差別禁止）の問題であり、被害者及び支援者等は、同規定に基づいて提訴することができる。

§2000e-3(a)（報復的差別禁止）に基づく訴えは、§2000e-2(a)（性差別等禁止）による性差別の事実認定がなくても勝訴する可能性があり、①原告が法的に保護された反対又は参加をしたこと、②不利益な雇用行為が生じたこと、③反対又は参加と不利益な雇用行為の間に因果関係があること、を証明することによりプリマ・ファシー・ケース（prima facie case 一応有利な事件）が立証されるので、報復的差別申立は、労働者にとって申立しやすいともいえる[10]。

EEOC へ申立てた労働者や同申立に基づく企業内外の調査等に関わった労働者は、参加条項（§2000e-3(a)「参加したこと」）により保護され、企業内苦情処理手続を申立てた労働者も反対条項（同「反対したこと」）により保護される。

ところが、これらセクシュアル・ハラスメントに反対した労働者や、EEOC への申立等正規の手続で申立てし、証言し、援助し若しくは参加した労働者が、保護を受けることは、条文上明らかであるが、企業内苦情処理手続による内部調査に応じて受動的にセクシュアル・ハラスメントを受けたことを証言した者が、反対条項により保護されるか否かは、必ずしも明らかでなかった。それが争点となったのが、2009 年 1 月 26 日クロフォード対テネシー州ナッシュビル・ダビッドソン郡庁事件アメリカ連邦最高裁判決（Crawford v. Metropolitan Government of Nashville and Davidson County, Tennessee, 555 U. S. ＿＿, 129S. Ct. 846（2009））である[11]。

同判決は、上記③エラース事件判決＝④ファラガー事件判決などの従来の

---

(10)　Alba Conte, Sexual Harassment in the Workplace: Law and Practice, 4th edition, vol.1, Aspen Publishers, 2010, pp.3-245 et s.

(11)　拙稿「セクシュアル・ハラスメントと報復行為」（『労働者人格権の研究～角田邦重先生古稀記念』信山社、下巻、2011 年）369 頁以下、拙稿「セクシュアル・ハラスメントと報復的差別」労働法律旬報 1718 号 38 頁以下も参照されたい。

第8章　セクシュアル・ハラスメントと報復禁止

判決に依拠して，企業内苦情処理手続による内部調査に応じてセクシュアル・ハラスメントを受けたことを証言した者も反対条項により保護されるとした。

2　クロフォード対テネシー州ナッシュビル・ダビッドソン郡庁事件連邦最高裁判決

(a)　事実の概要

　テネシー州ナッシュビル・ダビッドソン郡庁（メトロ）が，ヒューズ部長によるセクシュアル・ハラスメントの噂に関する内部調査中，女性職員クロフォードは，メトロ職員の質問に答えて，ヒューズが彼女にセクシュアル・ハラスメントをしたと報告した。メトロは，ヒューズにいかなる措置もとらず，すぐに，彼女を，使い込みを理由に解雇した。クロフォードは，1964年公民権法第7編に基づいて提訴し，メトロは，ヒューズに関する彼女の報告に報復しており，42 U.S.C.§2000e-3(a)（報復的差別禁止）に違反すると主張した。同規定のうち，①使用者が，違法な雇用行為とされる行為に反対した被用者を差別することを違法とする部分は，「反対条項」と呼ばれ，②使用者が，この章の下で，調査，手続若しくは聴聞に，申立，証言，援助若しくは参加した被用者を差別することを違法とする部分は，「参加条項」と呼ばれる。連邦地方裁判所は，サマリー・ジャッジメント（正式事実審理を経ないでなされる判決）によりクロフォードの申立を却下し，第6巡回裁判所も，これを承認したため，クロフォードが上告した。

(b)　判決の内容

　スーター判事が，法廷意見を述べる。

　1964年公民権法第7編（42 U.S.C.§2000e以下）は，職場における性差別又は人種差別を通報した被用者に対する使用者による報復を禁止する。ここでの問題は，この保護が，自分の意思に基づいてではなく，使用者の内部調査の質問に答え，差別について証言した被用者に及ぶか否かである。当裁判所は，次のように判示する。

173

第 2 部　セクシュアル・ハラスメントに関する最近の法的諸問題

Ⅰ　2002 年，被上告人テネシー州ナッシュビル・ダビッドソン郡庁（メトロ）は，メトロ学校区職員関係部長ジーン・ヒューズによるセクシュアル・ハラスメントの噂を調査し始めた。メトロ人事部職員ベロニカ・フレイジャーが，上告人ビッキー・クロフォード，30 歳メトロ職員に，ヒューズの「不適切な行動」について証言を依頼し，クロフォードは，次のように，いくつかのセクシュアル・ハラスメント行動を述べた。すなわち，一度，ヒューズは，「ヒューズさん，お元気ですか？」との彼女のあいさつに答えて，自分の股間を握って，「元気って知ってる？」と言い，「彼女の窓へ自分の股間を突き出す」ことを繰り返した。また，ある時，彼が，彼女の部屋へ入ってきて，「彼女の頭をつかみ，彼の股間に押し付けた」ということである。他の 2 人の被用者も，ヒューズからセクシュアル・ハラスメントを受けたことを報告した。メトロは，ヒューズにいかなる措置もとらなかったが，調査終了後すぐに，クロフォードと 2 人の告発者を解雇した。クロフォードについては，使い込みを解雇理由とした。クロフォードは，メトロがヒューズの行動に関する彼女の報告に報復したと主張して，雇用機会均等委員会（EEOC）に第 7 編違反の申立をし，その後，テネシー州中部地区連邦地方裁判所に提訴した。

第 7 編の報復禁止規定は，「使用者がその被用者に対し差別することを違法な雇用行為とする」2 つの条項を有する。すなわち，「(1)被用者が，この章により違法な雇用行為とされた行為に反対したことを理由とするもの，(2)被用者が，この章の下に，調査，手続又は聴聞で，いかなる形態であれ，申立をし，証言し，援助し又は参加したことを理由とするもの」（42 U.S.C. §2000e-3(a)）である。前者は，「反対条項」（opposition clause）と呼ばれ，後者は，「参加条項」（participation clause）と呼ばれており，クロフォードは，両条項違反でメトロを訴えている。

連邦地裁は，メトロ勝訴のサマリー・ジャッジメントを下した。判決は，クロフォードは，「いかなる苦情も申立てず」，「他人の申立による調査継続中の内部調査において調査員の質問に答えたにすぎなかった」ので，反対条項を充たすことができなかったと判示した。判決は，彼女の主張は，参加条

項についても認められないと判示した。第6巡回裁判所の先例は，参加条項を，「EEOC申立の審理のために行われる場合……使用者の内部調査への被用者の参加」を保護することに限定しているからである。

控訴審も，同様の理由で，反対条項は，「報復からの保護……を保証するためには積極的で一貫した『反対』行動を要求する」が，「クロフォードは，調査参加の前に苦情を申立てたと主張せず，調査後その解雇までにいかなる行動もとらなかった」と述べた。初審同様，控訴審も，「使用者の内部調査」は「EEOC申立の審理のために」行われたものではないので，クロフォードは，参加条項違反を証明することができなかったと解した。

第6巡回裁判所の判決は，とくに反対条項に関する他の巡回裁判所の諸判決と一致しないので，当裁判所は，クロフォードの裁量上訴の申立を認める。当裁判所は，原判決を破棄し，審理を尽くさせるために差し戻す。

Ⅱ　反対条項は，「使用者が，この章により違法とされた行為……に被用者が反対したことを理由として，被用者を……差別することを違法」とする (42 U.S.C.§2000e-3(a))。「反対する (oppose)」という言葉は，法律により定義されていないので，その通常の意味を有する (1979年ペリン対合衆国事件連邦最高裁判決)。すなわち，「反抗する，敵対する」，「闘う」，「対決する」，「抵抗する」，「逆らう」(ウエブスターズ・ニューインターナショナル・ディクショナリー) である。これらの行為は，エネルギーの様々な消費を伴うが，「抵抗する (resist) は，しばしば，反対するより，活発な努力の意味を含んでいる」。

クロフォードがフレイジャーのためにした陳述は，従って，フレイジャーへの同僚による性的に不快な行動に関する明確な不承認の説明として，反対条項により保護される。クロフォードの回答は，使用者の反感を買い，虚偽の主張により彼女を解雇するに至らせた。いかがわしい振る舞いに関するクロフォードの陳述は，合理的な陪審員の心においては，政府が主張しEEOCガイドラインが説明する理由の下でも，ヒューズの取扱に対する「抵抗」又は「敵対」とみなされることは確かであろう。すなわち，「ある被用者が，その使用者に，使用者が……ある雇用差別の形態に関わっているとい

175

う考えを通報したとき，この通報は」，実質的には常に，「その行動に対する被用者の反対となるのである。」(アミカスキュリ（法廷助言者）合衆国政府申立書及び 2008 年フェデラル・エクスプレス・コーポレイション対ホロウェッキ事件連邦最高裁判決参照）。スーパーバイザーの陽気な人種差別ジョークを，被用者が滑稽に描くような異議を考えることができることも確かだが，それらは，常軌を逸した例であり，この事案は，それに当たらない。

第 6 巡回裁判所は，この条項は，「報復に対する保護を……保証するために，積極的で一貫した『反対』行動を必要とし」，被用者は，保護されるためには，苦情を「申立て」なければならないとの見解をとり，質問に答えることは反対に当たらないと考えた。しかし，これらの要件は，通常に理解されるものとして反対を例示することは明らかだが，反対を限定するものではない。

「反対」は，通常の会話における「積極的で一貫した」行動に限られない。そこでは，意見の開示を超えて意見を主張するための行動を全くしない人についても，この言葉を使用するのが自然であろう。数え切れない人々は，公開文書を書かなくても，街に出なくても，政府に抵抗しなくても，奴隷解放前に奴隷制に「反対」していたことは周知のことであるし，今日，死刑制度に「反対」であると言われている。そして，ある被用者が，行動を起こすことによるのではなく，手拍子や，差別的理由で若年労働者を解雇せよとのスーパーバイザーの命令に従うことを拒絶することにより，使用者の差別行為に反対の立場をとるとき，当裁判所は，それを「反対」と呼ぶであろう（1996 年マクドネル対シスネロン事件巡回裁判所判決参照）。それゆえ，議論を引き起こすことと同様に，他人の質問に答えることにより，ある人が「反対する」ことができることに疑いはないし，法律は，自分の意思により差別を報告した被用者を保護するが，上司の質問に答えて同じ言葉で同じ差別を報告した被用者は保護しないというような奇妙なルールを要求しない。

メトロとアミカスキュリは，報復の主張の敷居が低くなると，使用者が，重役室の外で何が起こっているか調査しなくなるだろうと主張して，「積極的」かつ「一貫した」反対という巡回裁判所判事の主張を支持する。彼らが

第8章　セクシュアル・ハラスメントと報復禁止

考えるように，調査に答えた被用者に不利益が及ぶとき報復が容易く申立理由となるなら，使用者は，差別があるか否かについて質問しないことにより，厄介を避けるであろう。

　この議論は，説得力がない。というのは，当裁判所は，それが，バーリントン・インダストリー対エラース事件当裁判所判決（1998年）及びファラガー対ボカ・レイトン市事件当裁判所判決（1998年）による調査促進を過小評価すると考えるからである。エラース事件判決及びファラガー事件判決は，「使用者は，……被害者である被用者に対し，その被用者に権限を有するスーパーバイザーがつくり出した，損害賠償の根拠となる敵対的環境について，厳格責任を負う。」と判示した。敵対的環境が被用者に対する「現実に不利益をもたらす雇用行為にあたるとき」，積極的抗弁はできないが，使用者が，差別行為を「防止し，迅速に矯正するための合理的配慮をし」，かつ，「原告被用者が，使用者の提供する防止又は矯正の機会を合理的理由なく利用しなかったとき，あるいは，他の方法で被害を避ける機会を合理的理由なく利用しなかったときには」，現実に不利益をもたらす雇用行為は認められず，使用者は，抗弁できるのである。かくして，使用者は，その責任回路を断つ方法として，その企業における差別行為を探索して止めさせる強い動機の下に置かれている。使用者が，内部調査で突き止めた差別を非難する者をいつか解雇したいと望む可能性は，エラース事件判決＝ファラガー事件判決の積極的抗弁の魅力を削ぐとは，当裁判所は考えない。

　ところで，当裁判所は，第6巡回裁判所ルールが，被用者の「被害を避ける」という法律の「主要な目的」と，エラース事件判決＝ファラガー事件判決の企図を，それほど害しないとする理由を見出すことができない。使用者の質問に答えて差別を報告した被用者が，処罰され，救済されないとすれば，賢明な被用者は，自分又は他者に対する第7編違反について，沈黙する理性を持つだろう。「報復の恐怖が，人々が偏見や差別に対する懸念を表明する代わりに沈黙する第一の理由である」という論文の指摘を考慮すれば，このことは，架空のことではない（ブレイク「報復」ミネソタ・ロー・レヴュー2005年）。ボスが，当裁判所判例の下に抗弁を確保する措置をとったとした

177

第2部　セクシュアル・ハラスメントに関する最近の法的諸問題

ら，巡回裁判所ルールは，かくして，敵対的職場環境に異議のある被用者に，本当のジレンマを創出するであろう。被用者が調査に応じて差別を報告したとき，使用者は，彼女の発言を理由として自由に制裁するだろう。しかし，彼女が，差別について沈黙し，その後，第7編違反を提訴しても，使用者は，「迅速に差別を防止し，矯正するための合理的配慮をした」が，「原告被用者が……使用者の提供する防止又は矯正の機会を合理的理由なく利用しなかった」と主張して，責任を逃れるだろう。法律の条文も当裁判所の先例も，このジレンマを支持しない。

クロフォードの行為は，反対条項により保護されるので，当裁判所は，第6巡回裁判所が参加条項の解釈を誤ったとの彼女の主張を審理しない。しかし，それは，この訴訟の終結を意味しない。というのは，メトロのサマリー・ジャッジメント申立は，2つの条項の範囲のほかに，報復申立に対するいくつかの抗弁を提起しているからである。巡回裁判所は，報復の要素に関するそのルールのゆえに，これら他の問題を審理していない。それらは，差し戻される。

Ⅲ　第6巡回裁判所の判決を破棄し，当裁判所の意見に従って審理を尽くさせるために，事件を差し戻す。以上，判決する。（アリトー判事及びトーマス判事の補足意見省略）

む　す　び

わが国では，セクシュアル・ハラスメントを拒絶したことや，企業内相談窓口へ申し出たこと，都道府県労働局等の外部機関へ申立てたこと等に対する，経営者等による労働者への報復行為禁止は，当然のことであるためか，講学上，それほど注目されてこなかった。しかし，被害者等に対する報復行為は，企業内や国民の間でセクシュアル・ハラスメントに対する理解が深まった現在においても，行なわれる可能性があるうえ，解雇以外の不利益取扱いに関する裁判例は少ない。また，法律の条文で明記し，民事・刑事の制裁を備える，本章で検討した諸国の規制と比べると，各国で法制度や規制方

第8章　セクシュアル・ハラスメントと報復禁止

法等が異なるとはいえ，法律の条文で被害者等への報復禁止を明記していないわが国の規制が，弱いことは否めない。上記の均等法の指針等に従い，企業内におけるセクシュアル・ハラスメント被害者，支援者その他の関係者保護の徹底が求められるとともに，法改正の検討が望まれる。

第9章　フランスのセクシュアル・ハラスメント罪と罪刑法定主義

は じ め に

　フランスは，1992年刑法典改正に際して，刑法典222-33条にセクシュアル・ハラスメント罪を創設した[1]。

　これまで，毎年平均して80人が同罪により有罪判決を受けている[2]。

　同罪は，1998年の性犯罪予防及び防止並びに未成年者保護に関する法律による改正を経て，1996年ヨーロッパ社会憲章批准を受けた2002年の社会近代化法により，大幅な改正を受け，性的好意を得るという目的と行為の反復性のみを要件とするものとなった。この改正は，加害者及び加害行為の態様等その規制対象を拡大するものであり，進歩的とする好意的な評価がある一方で，学説の一部からは，同罪が，憲法の規定する罪刑法定主義に違反するとの批判を受けていた。

　憲法院は，2012年5月4日，同罪を罪刑法定主義に違反する憲法違反であると判断し，官報による判決公布日である翌日に同罪を廃止した。政府は，急遽，法律案を議会に提出し，議会も法の空白を埋めるべく迅速な審議を行ない，判決から3カ月後には，セクシュアル・ハラスメントに関する2012年8月6日の法律が成立し，新しいセクシュアル・ハラスメント罪が定められるなどした[3]。

---

(1)　同罪については，拙著『改訂版セクシュアル・ハラスメントの法理』労働法令，2004年，43頁以下を参照。
(2)　Gaëlle Dupont et Frank Johannès: Le harcèlement sexuel plus sévèlement punis, Le Monde. fr., 13.06.2012 à 14h02.
(3)　この間の経緯等については，拙稿「セクハラと罪刑法定主義」労働法律旬報1777号4頁以下，拙稿「フランス憲法院刑法典セクシュアル・ハラスメント罪違憲判決」

第2部　セクシュアル・ハラスメントに関する最近の法的諸問題

本章は，この判決及び法律を検討し，セクシュアル・ハラスメントの刑事規制に関する問題点を明らかにしようとするものである。

第1節　刑法典セクシュアル・ハラスメント罪

　フランス刑法典222-33条のセクシュアル・ハラスメント罪は，1992年の刑法典改正により新設されたものである。すでに述べたように，これまで，毎年平均して80人が同罪により有罪判決を受けている。

　同罪は，1992年刑法典改正では，「職務により得た権限を濫用し，性的好意を得ることを目的として，命令，脅迫又は強制を用いて，他人にハラスメントする行為は，1年の拘禁及び10万フランの罰金に処する。」と規定されていた。同罪は，①性的好意を得るという目的，②職務権限の濫用，③命令，脅迫又は強制という圧力手段行使等を犯罪の構成要素としており，3つの要素が相互補完的に同罪の狭い概念を支えていた[4]。その後，同罪は，性犯罪の予防及び防止並びに未成年者保護に関する1998年法により，圧力手段に「重大な圧力」が加えられ，「職務により得た権限を濫用し，性的好意を得ることを目的として，命令，脅迫，強制又は重大な圧力を用いて，他人にハラスメントする行為は，1年の拘禁及び10万フランの罰金に処する。」とされた。

　さらに同罪は，1996年ヨーロッパ社会憲章批准を受けた2002年の社会近代化法により改正され，「性的好意を得ることを目的として，他人にハラスメントする行為は，1年の拘禁及び1万5千ユーロの罰金に処する。」と規定され，性的好意を得るという目的と行為の反復性のみを構成要素とするものとなった。この改正は，同罪から，職務権限濫用の要素と圧力手段行使の要素を撤廃して，加害者を，それまでの経営者や管理職などの上司だけでは

　　平成法政研究17巻1号153頁以下，拙稿「フランス憲法院セクシュアル・ハラスメント罪違憲判決」労働法律旬報1786号35頁以下も参照。

(4)　Yves Mayaud: Chronique de jurisprudence – Infractions contre les personnes, Revue de science criminelle et de droit pénal comparé, 2012, no 2, p.372.

第 9 章　フランスのセクシュアル・ハラスメント罪と罪刑法定主義

なく，同僚，顧客，部下などにも拡大するもので，加害行為の態様も拡大するものであった。この規定については，同罪の概念を根本的に変更し，同罪の適用対象を拡大するもので，立法的進歩であるとする好意的な評価がある一方で，学説の一部からは，犯罪に当たるすべての行為は，刑罰も含めて法律により明確に規定されていなければならないとする罪刑法定主義の基本原則に違反するとの批判を受けていた。すなわち，この条文は，同罪の適用範囲を拡大させたが，罪刑の法定（incrimination）があいまいになり明確性を失い，罪刑法定主義に違反するというのである[5]。

　罪刑法定主義は，フランス憲法の一部である1789年人と市民の権利宣言8条（「法律は，厳格かつ明白に必要な刑罰（peines strictement et évidement nécessaire）のみを定めることができ，なんびとも，犯罪の前に制定され，公布され，かつ，適法に適用された法律によってのみ処罰される。」）と，憲法34条（「法律は，次に掲げる事項に関して規範を定める。……重罪及び軽罪の決定，並びに，それらに適用される刑罰，刑事訴訟手続……」）に由来するものである。

第2節　憲法院セクシュアル・ハラスメント罪違憲判決

　憲法院は，2012年5月4日の合憲性優先問題判決（Décision no 2012-240 QPC du 4 mai 2012（Journal officiel de la République française, 5 mai 2012, p.8015））において，刑法典セクシュアル・ハラスメント罪を憲法違反とする判決を下した。

1　事実の概要

ローヌ県選出元国民議会議員ジェラール・デュクレイは，刑法典222-33

---

[5] Damien Roets: L'inquiétante métamorphose du délit de harcèlement sexuel（A propos de réécriture de l'article 222-33 du code pénal par la loi no 2002-73 du 17 janvier 2002 dite ≪de modernisation sociale≫), D. 2002, pp.2059 et s.; Valérie Malabat: A la recherche du sens du droit pénal du harcèlement, Droit social, mai 2003, p.492.; Raphaële Parizot: Exit de délit-tautologie de harcèlement sexuel – A propos de Cons. Const., 4 mai 2012, QPC, Petites affiches – 24 mai 2012, p.3.

第2部　セクシュアル・ハラスメントに関する最近の法的諸問題

条のセクシュアル・ハラスメント罪により起訴され，控訴審において，執行猶予付3月の拘禁及び5千ユーロの罰金，3年の公的職務又は公的雇用禁止に処せられた。同人は，破毀院への上告の際に，合憲性優先問題を提起し，同条の罪刑法定条文は，犯罪の構成要素を規定することなく，「性的好意を得ることを目的として他人をハラスメントする行為」を罰している点で，1789年人と市民の権利宣言8条，憲法34条，法律の明確性及び明細性の原則，法的予見可能性及び法的安全の原則等に違反すると主張した。破毀院刑事部は，この問題を重大な問題と判断し，憲法院に移送した。

これを受けた憲法院は，審理のうえ，刑法典222-33条のセクシュアル・ハラスメント罪を罪刑法定主義に違反する憲法違反と判決し，同罪を廃止した。

2　判決の内容

1　刑法典222-33条の文言「性的好意を得ることを目的として他人をハラスメントする行為は，1年の拘禁及び1万5千ユーロの罰金に処する。」に鑑み，

2　申立人によれば，異議を申立てられた条文は，この犯罪の構成要素を明確に規定することなく，「性的好意を得ることを目的として他人をハラスメントする行為」を罰することにより，罪刑法定主義の原則（principe de légalité des délits et des peines）並びに法律の明確性及び明細性の原則（les principes de clareté et précision de la loi），法的予見可能性の原則，法的安全の原則に違反することに鑑み，

3　立法府は，憲法34条，及び1789年人と市民の権利宣言8条による罪刑法定主義の原則から，刑事法の適用範囲を自ら規定し犯罪及び刑罰を十分に明確かつ明細な文言により規定する義務（l'obligation …de définir les crimes et délits en termes suffisamment clairs et précis）を負うことに鑑み，

4　……1992年7月22日の法律の文言では，新刑法典222-33条が規定

第9章　フランスのセクシュアル・ハラスメント罪と罪刑法定主義

かつ禁止するセクシュアル・ハラスメントは,「職務上得た権限を濫用し,命令,脅迫又は強制を用いて,性的好意を得ることを目的として,他人をハラスメントする行為」と規定されていること,……1998年6月17日の法律11条は,「命令,脅迫又は強制を用いて」という文言に代えて,「命令,脅迫,強制又は重大な圧力を用いて」と規定し,この犯罪に新たな定義を与えたこと,……2002年1月17日の法律179条は,セクシュアル・ハラスメント罪を新たに改正し,異議を申立てられた刑法典222-33条の文言としたことに鑑み,

5　以上のことから,刑法典222-33条は,犯罪の構成要素が十分に定義されていないのに,セクシュアル・ハラスメント罪を処罰することを認めており,罪刑法定主義の原則に違反し,憲法違反と宣告されなければならないことに鑑み,……

7　刑法典222-33条の廃止は,この判決の公布の日からであり,廃止は,その日に判決が確定していないすべての事件に適用されることに鑑み,

判決する。

第1条　刑法典222-33条は,憲法に違反する。

第2条　第1条の憲法違反の宣告は,7項に定める条件による本判決の公布の日から効力を生ずる。

この判決は,……1958年11月7日のオルドナンス23-11条に定める条件の下に,官報に公布される。(＊5月5日の官報により公布)

3　憲法院と罪刑法定主義

憲法院は,罪刑法定主義については,すでに,贈収賄罪にかかる憲法院1981年1月19日及び20日DC判決（Décision no 80-127 DC des 19 et 20 janvier 1981, JO 22 janvier 1981, p.308）において,「立法者は,恣意を排除するに十分に明確かつ明細な文言により犯罪を定義する必要 (la nécessité …de définir les infractions en termes sufisamment clairs et précis pour exclure l'arbitraire) がある。」との解釈を示していた。

第 2 部　セクシュアル・ハラスメントに関する最近の法的諸問題

　憲法院は，この解釈に従い，セクシュアル・ハラスメント罪改正と同時に，2002 年社会近代化法により新設された刑法典のモラル・ハラスメント罪（「222-33-2 条　他人の権利若しくは尊厳を毀損し，身体的若しくは精神的健康を悪化させ又は職業的将来を害するおそれのある，労働条件の破損を目的とし若しくはその効果を有する反復的行為により，他人をハラスメントする行為は，1 年の拘禁及び 1 万 5 千ユーロの罰金に処する。」）については，憲法院 2002 年 1 月 12 日 DC 判決において（Décision no 2001-455 DC du 12 janvier 2002, JO 18 janvier 2002, p.1053），次のように，合憲と判断していた。

　「81　1789 年人権宣言 8 条及び 9 条により，刑罰は，罪刑法定主義の原則，刑罰の必要性の原則，刑事法の遡及禁止の原則及び無罪推定の原則が遵守されることを条件としてのみ科すことができることに鑑み，
　82　……立法府は，憲法 34 条及び罪刑法定主義の原則から，犯罪行為者の特定を可能とし，刑の宣告における恣意を排除するために，刑事法の適用範囲を自ら規定し犯罪及び刑罰を十分に明確かつ明細な文言により規定する義務を負うことに鑑み，……
　86　……このような条件の下において，労働におけるモラル・ハラスメント行為を禁止するふたつの罪刑の法定を刑法典及び労働法典に定めることは，……それ自身，憲法に違反するものではないことに鑑み，……
　　判決する。……第 2 条　……170 条は憲法に違反しない。」

　モラル・ハラスメント罪は，セクシュアル・ハラスメント罪とは異なり，侵害行為の具体的態様，行為の目的・効果，行為の反復性等を犯罪の要素として規定し，これら 3 つの要素が相互補完的に同罪の狭い概念を支えている。
　憲法院は，本判決の直前にも，刑法典 227-27-2 条の近親相姦性的侵害罪にかかる憲法院 2012 年 2 月 17 日合憲性優先問題判決（Décision no 2011-222 QPC du 17 février 2012, JO 18 février 2012, p.2846）において，本判決と同じ文言を用いて，「立法府は，憲法 34 条，及び 1789 年人と市民の権利宣言 8 条による罪刑法定主義の原則から，刑事法の適用範囲を自ら規定し犯罪及び刑罰を十分に明確かつ明細な文言により規定する義務を負うことに鑑み，」

第9章　フランスのセクシュアル・ハラスメント罪と罪刑法定主義

としたうえで，同罪には家族の定義がなく罪刑法定主義に違反して憲法違反であるとの判断を下している。

　本判決は，罪刑法定主義について，どの程度犯罪の構成要素を明らかにする必要があるのかを必ずしも明らかにしていないが，罪刑法定主義に関するこれまでの憲法院の解釈を踏襲したものであり，必ずしも予測できないものではない。

　そもそも，罪刑法定主義の問題は，セクシュアル・ハラスメント罪を含む性犯罪一般について問題となりうるものである。同罪を新設した1992年の刑法典改正は，強姦罪（viol），その他の性的攻撃罪（強姦以外の性的攻撃罪。狭義の性的攻撃罪でわが国の強制わいせつ罪に当たる），及びセクシュアル・ハラスメント罪を，性的攻撃罪（aggression sexuelle・広義の性的攻撃罪）として規定し，「222-22条　性的攻撃とは，暴行，強制，脅迫又は不意打ちを用いて犯したあらゆる性的侵害をいう。」との定義を置いている。とりわけ強姦罪は，「222-23条　いかなる性質であれ（de quelque nature qu'il soit），暴行，強制，脅迫又は不意打ちを用いて他人に対して犯した性的貫通行為（tout acte de pénétration sexuelle）を強姦とする。強姦は，15年の禁固に処する。」と規定し，女性性器以外への性的貫通行為や男性に対する性的貫通行為を含めて同罪を幅広く規定したため，規定が一部明確性を失い，同罪についても，口淫等につき罪刑法定主義違反が問題となった。しかし，破毀院刑事部は，同条の規定を限定的に解釈し，この問題を回避している。破毀院刑事部などの判例は，セクシュアル・ハラスメント罪についても，同様の試みをしたが，同罪の条文自体があまりにも開放的であったため，それができなかったのである。

第3節　セクシュアル・ハラスメントに関する2012年8月6日の法律

　2012年5月4日の憲法院判決は，フランス大統領選挙投票日の4日前に下されたが，当時の大統領候補オランド現大統領及びサルコジ前大統領とも

第 2 部　セクシュアル・ハラスメントに関する最近の法的諸問題

法改正を約束したため，新政権発足早々の 6 月 13 日には，政府提出法案が元老院に提出された。元老院及び国民議会とも，法の空白を埋めるべく迅速な審議を行い，2012 年 8 月 6 日のセクシュアル・ハラスメントに関する法律（Loi no 2012-954 du 6 août 2012 relative au harcèlement sexuel, JO 7 août 2012, p.12921）が国会の全会一致で成立し，翌日の官報で公布・施行されている。

この法律の主要な論点は，次のとおりである[6]。

1　セクシュアル・ハラスメント罪の改訂（1 条）

同法は，反復行為によるセクシュアル・ハラスメント罪と単独行為によるセクシュアル・ハラスメントみなし罪という，ふたつのセクシュアル・ハラスメント罪の類型を定めた。

まず，セクシュアル・ハラスメント罪は，刑法典「222-33 条　I　セクシュアル・ハラスメントとは，ある人に対して，その下劣的若しくは屈辱的な性質の故に（en raison de leur caractère dégradant ou humiliant）他人の尊厳を侵害し，又は脅迫的，敵対的若しくは不快な状況（situation intimidant, hostile ou offensant）を創りだす，性的性質を有する言葉又は行動を，反復的に課す行為をいう。」と規定された。

同罪は，2002 年改正以前の同罪のように職務権限濫用や圧力手段行使を犯罪の構成要素とせず，性的行為の反復性，侵害行為のふたつの態様等を要素としており，違憲とされた 2002 年法による同罪と同様に，上司，同僚，

---

[6]　Circulaire CRIM 2012-15/E8, 7 août 2012.; David Dassa Le Deist: Les infractions en matière sexuelle à l'aune du principe de l'égalité pénale, Gazette du palais – vendredi 26, samedi 27 octobre 2012, pp.4 et s.; Emmanuel Dreyer: Commentaire des dispositions de la loi du 6 août 2012 relative au harcèlement sexuel, Gazette du palais – vendredi 26, samedi 27 octobre 2012, pp.8 et s. Laura Mourey: Les délits de harcèlement sexuel et de discrimination: retour sur une difficile association（A propos de la loi no 2012-954 du 6 août 2012 relative au harcèlement sexuel）, Petites affiches, 24 septembre 2012, pp.6 et s.; Loïc Lerouge: Harcèlement: nouvelles dispositions issues de la loi du 6 août 2012, Droit social, octobre 2012, pp.944 et s.; Jean-Yves Maréchal: Harcèlement sexuel: nouvelle definition et nouvelles malfaçons, La semaine juridique, Edition générale, 10 septembre 2012, pp.1610 et s.

第9章　フランスのセクシュアル・ハラスメント罪と罪刑法定主義

顧客，部下等によるセクシュアル・ハラスメント行為を幅広く対象とするものである。同罪は，同様に，労働関係の当事者に限らず，スポーツや教育関係の当事者等の行為に幅広く適用されるものである。

　同罪は，上記モラル・ハラスメント罪や，EU2006年男女均等待遇指令等の差別的セクシュアル・ハラスメント概念（同指令2条（Directive2006/54/EC（Equal opportunities and equal treatment in employment）1項(d)「セクシュアル・ハラスメント：人の尊厳を侵害する目的又は効果を有し，性的性質を有する，望まれない言語，非言語又は身体的行為のいずれかの形態が生じたとき，とくに，脅迫的，敵対的，下劣的，屈辱的又は不快な環境を創りだすとき（sexual harassment: Where any form of unwanted verbal, non-verbal or physical conduct of a sexual nature occurs, with the purpose or effect of violating the dignity of a person, in particular when creating an intimidating, hostile, degrading, humiliating or offensive environment)」）から一部着想を得たとされる。同罪は，共同体法差別分野への適合規定を定める2008年5月27日の法律により民事的概念として導入された差別的セクシュアル・ハラスメント概念に類似するが（同法1条3項1号「差別は，次に掲げるものを含む。……人が被る，その尊厳を侵害する目的若しくは効果を有し，又は脅迫的，敵対的，下劣的，屈辱的若しくは不快な環境（environnement intimidant, hostile, dégradant, humiliant ou offensant）を創りだす目的若しくは効果を有し，……性的意味を有する行為。」），必ずしもEUの概念を移入したものではないとされている。

　つぎに，セクシュアル・ハラスメントみなし罪は，行為の反復性を要素としないものであり，同条「Ⅱ　行為者本人又は第三者のために，性的性質を有する行為を得ることを真実又は外見的な目的として，重大な圧力形態を行使する行為は，反復性の有無を問わず，セクシュアル・ハラスメントとみなす。」と規定された。同罪は，1992年刑法典改正により創設されたセクシュアル・ハラスメント罪から直接着想を得たものだが，国会審議では，性的強請り罪（délit de chantage sexuel）として説明されている。1992年法のセクシュアル・ハラスメント罪は，セクシュアル・ハラスメントみなし罪同様，性的関係を採用の条件とする採用強請り（chantage à l'embauche）などのい

189

第2部　セクシュアル・ハラスメントに関する最近の法的諸問題

わゆる性的強請りに対応するためのものであったが，1992年法では，行為の反復性が必ずしも明らかではなかったので，今回，この点を明らかにした規定が定められた。

このふたつの類型に対する刑罰は，改正前に比べて2倍に引き上げられ，同条「Ⅲ　Ⅰ項及びⅡ項に掲げる行為は，2年の拘禁及び3万ユーロの罰金に処する。」とされた。

同条Ⅲ項は，これに加えて，刑の加重事由を定めており，「これらの刑は，行為が次に掲げるものであるとき，3年の拘禁及び4万5千ユーロの罰金とする。

1　人が職務権限を濫用したとき。
2　15歳以下の未成年になしたとき。
3　年齢，疾病，身体障害，身体的若しくは精神的欠陥又は妊娠状態のゆえの特別の脆弱性が明らかである，又は行為者がそれを認識している人になしたとき。
4　経済的又は社会的状態の不安定による特別の脆弱性又は依存性が明らかである，又は行為者がそれを認識している人になしたとき。
5　複数の行為者又は共犯者によるものであるとき。」と規定する。

性犯罪について刑の加重事由を定めることは，1863年法以来のフランスの手法であり，他の性犯罪については，1980年法及び1992年刑法典改正により刑の加重事由が幅広く導入されている。

2　セクシュアル・ハラスメント差別罪復活強化（3条）

この法律は，ふたつのセクシュアル・ハラスメント罪の類型のほかに，刑法典及び労働法典にセクシュアル・ハラスメント差別罪を置いている。すなわち，刑法典は，「225－1－1条　222－33条に定めるセクシュアル・ハラスメント行為を受けたこと若しくは受けることを拒絶したこと又はかかる行為を証言したことを理由とする人の間の区別は，差別を構成する。かかる行為には，同条Ⅰ項に定めるものについては，言葉又は行動が反復的でないものも含まれる。」(刑罰・225－2条・3年の拘禁及び4万5千ユーロの罰金)と規

定する。労働法典は，L・1155-2条1項「労働法典L・1152-2条，L・1153-2条及びL・1153-3条に定めるモラル・ハラスメント又はセクシュアル・ハラスメントに引き続いてなされた差別行為は，1年の拘禁及び3750ユーロの罰金に処する。」と規定して，労働関係特有の保護を規定する。この刑法典の規定は，労働に関しては解雇や懲戒などの重大な不利益取扱いがあったときに用いられ，労働法典の規定は，配転，昇格拒絶などのそれ以外の不利益取扱いがあったときに用いられることが予定されている。また，労働法典の規定は，採用応募者，研修応募者，研修生等も保護の対象とする。これらは，1992年法により創設され，2007年の労働法典再編オルドナンスにより廃止された労働法典のセクシュアル・ハラスメント差別罪を復活強化したものである。

　これらの規定は，上記ふたつのセクシュアル・ハラスメント罪の類型とともに，「被害者は，まさしく，身体的魅力や，性的魅力，知的魅力などによりハラスメントされるものであり，セクシュアル・ハラスメント自体は性差別ではない。」という1992年法以来のフランス法の認識に基づくものである[7]。すなわち，セクシュアル・ハラスメントは禁止，処罰されるが，それ自体は性差別ではなく，その受け入れ拒絶等を理由とする差別的取扱いは差別として禁止，処罰するというのである。この規定は，上司との性的関係を受け入れた女性労働者の長椅子昇進（promotions-canapé）も禁止，処罰する。

3　労働監督官のセクシュアル・ハラスメントに関する事実認定権限（7条）

　この法律は，労働監督官に対して，セクシュアル・ハラスメント及びモラル・ハラスメントに関して事実認定をする権限を付与している（L・8112-2条）。これまで，労働監督官は，これらに関する一般的監督権限しか有しなかった。

---

[7] Françoise Dekeuwer-Defossez: harcèlement sexuel:discrimination ou atteinte à la liberté？（A propos de l'article 222-33 du nouveau code penal et de la loi no 92-1179 du 2 novembre 1992 relative à l'abus d'autorité en matière sexuelle), JCP, 1993 p.3662.; .L. Mourey, op. cit., p.7.

第 2 部　セクシュアル・ハラスメントに関する最近の法的諸問題

4　ホモ・セクシュアル等の人たちのセクシュアル・ハラスメントからの保護（6条）

この法律は，ホモ・セクシュアル，トランス・セクシュアル，トランス・ジェンダーの人たちのセクシュアル・ハラスメントからの保護を明記している。これは，判例の取扱いを反映したものである。

5　2012 年 8 月 7 日の司法大臣通達

この法律の公布・施行と同時に，司法大臣から，法律を解説する 2012 年 8 月 7 日の司法大臣通達が出された。同通達は，法律の解釈については，国会での審議内容等を取り入れた部分が多い[8]。

このほか，同通達は，セクシュアル・ハラスメント被害者がメディアでの身元及び映像公表禁止の対象であることを確認し（1881 年出版の自由に関する法律 39 条の 4・1 万 5 千ユーロの罰金），司法関係者に周知している。

同通達は，セクシュアル・ハラスメント被害者が犯罪被害者給付金制度の対象であることも確認し，関係者に周知している。フランスの犯罪被害者給付金制度は，被害者が 1 月以上労働不能となったときに損害の全額補償があるなど（それ未満は収入要件等あり），補償は充実している。わが国では，被害者の所得喪失と医療費負担に対応するために，「心理的負荷による精神障害の労災認定基準（平成 23・12・26 基発 1226 号 1 号）」をめぐり労災補償適用が論じられているが，フランスは，この問題には犯罪被害者給付金制度により対応している。

む　す　び

わが国では，セクシュアル・ハラスメント罪創設に向けた議論は活発ではない。わが国では，セクシュアル・ハラスメントについてはアメリカの議論の影響が強いが，英米法には，伝統的に罪刑法定主義の観念がない。刑事法についてフランス，ドイツ等の大陸法系の影響が強いわが国では，セクハラ罪を創設しようとすれば，罪刑法定主義の問題は避けて通れない問題である。

---

(8)　同通達については，後掲の翻訳資料参照。

第9章　フランスのセクシュアル・ハラスメント罪と罪刑法定主義

フランス憲法院の上記判決及びその後の法改正は，わが国に参考になると思われる。

　わが国でも，防衛大学校指導教官が，居酒屋で居合わせた同校女子学生の身体を衣服の上から触るなどしたとして，神奈川県迷惑行為防止条例違反（卑わい行為）の罪で懲役8月・執行猶予4年に処せられている（横浜地横須賀支判平23・3・8読売新聞2011年3月10日）。同条例は，「第3条（卑わい行為の禁止）何人も，公共の場所又は公共の乗物において，人を著しく羞恥させ，又は人に不安を覚えさせるような方法で，次に掲げる行為をしてはならない。(1)衣服その他の身に着ける物……の上から，又は直接に人の身体に触れること。」（15条（罰則）1年以下の懲役又は100万円以下の罰金）と規定しており，同条例は，「道路，公園，広場，駅，埠頭，興行場，飲食店，遊技場その他の公共の場所又は電車，乗合自動車，船舶その他の公共の乗物」（2条）での上記行為を処罰する。同様に，石川県警の交番連絡協議会後の飲食店懇親会終了後，路上で，女性警察官2名に「胸触っていいか」「ホテルに行こう」などと言い，手をなめるなどした同協議会委員が，石川県迷惑防止条例違反の罪で罰金20万円に処せられている（金沢地判平22・6・25共同通信2010年6月25日）。最高裁も，北海道条例2条の2第1項4号の「『卑わいな言動』とは，社会通念上，性的道義観念に反する下品でみだらな言語又は動作をいうと解され，同条1項柱書きの『公共の場所又は公共の乗物にいる者に対し，正当な理由がないのに，著しくしゅう恥させ，又は不安を覚えさせるような』と相まって，日常用語としてこれを合理的に解釈することが可能であり，所論のように不明確であるということはできない」としている（迷惑防止条例違反被告事件・最3小判平20・11・10刑集62巻10号2853頁）。また，神奈川県警大和署の複数の30代警察官が，カラオケ店に，後輩の20代の女性警察官を呼び出し，服を交換させ，キスをしたことについて，被害届に基づいて，強要と暴行の容疑で逮捕されたことが報じられている（その後不起訴処分（起訴猶予），朝日新聞2013年2月9日）。これらの例をみると，わが国でも，セクシュアル・ハラスメント罪創設の可能性はあるといえるが，どのようなセクシュアル・ハラスメント罪を創設するかは，今後の課題である。

第2部　セクシュアル・ハラスメントに関する最近の法的諸問題

翻訳資料

セクシュアル・ハラスメントに関する 2012 年 8 月 6 日の法律及び司法大臣通達

I　セクシュアル・ハラスメントに関する 2012 年 8 月 6 日の法律 2012－954 号（Loi no 2012-954 du 6 août 2012 relative au harcèlement sexuel（Journal officiel de la République française, 7 août 2012, p.12921））

「セクシュアル・ハラスメントに関する 2012 年 8 月 6 日の法律 2012－954 号 NOR：JUSX1224421L

国民議会及び元老院は次に掲げる法律を採択し、共和国大統領がこれに審書した。

第1条　刑法典第 2 冊第 2 編第 2 章第 3 節の第 4 パラグラフを、次に掲げる 222－33 条に改める。

『222－33 条　I　セクシュアル・ハラスメントとは、ある人に対して、その下劣的若しくは屈辱的な性質の故に人の尊厳を侵害し、又は脅迫的、敵対的若しくは不快な状況を創りだす、性的性質を有する言葉又は行動を、反復的に課す行為をいう。

II　行為者本人又は第三者のために、性的性質を有する行為を得ることを真実又は外見的な目的として、重大な圧力形態を行使する行為は、反復の有無を問わず、セクシュアル・ハラスメントとみなす。

III　I 項及び II 項に掲げる行為は、2 年の拘禁及び 3 万ユーロの罰金に処する。

これらの刑は、行為が次に掲げるものであるとき、3 年の拘禁及び 4 万 5 千ユーロの罰金に処する。

1　職務上得た権限を濫用したとき。

2　15 歳以下の未成年になしたとき。

3　年齢、疾病、身体障害、身体的若しくは精神的不全又は妊娠状態により特別の脆弱性が明らかである、又は行為者がそれを認識している人になした

194

第9章　フランスのセクシュアル・ハラスメント罪と罪刑法定主義

とき。
　4　経済的又は社会的状態の不安定による特別の脆弱性又は依存性が明らかである，又は行為者がそれを認識している人になしたとき。
　5　複数の正犯又は共犯によるとき。』

第2条　刑法典222−33−2条末尾『処する』の後を，『2年の拘禁及び3万ユーロの罰金』に改める。

第3条　Ⅰ　刑法典225−1条の後に，次に掲げる225−1−1条を加える。
　『225−1−1条　222−33に定めるセクシュアル・ハラスメント行為を受けたこと若しくは受けることを拒絶したこと又はかかる行為を証言したことを理由とする人の間の区別は，差別を構成する。同条Ⅰ項に定めるものについては，かかる行為には，言葉又は行動が反復的でないものも含まれる。』
　Ⅱ　刑法典225−2条及び432−7条の各第1項の『225−1条』を，『225−1条及び225−1−1条』に改める。
　Ⅲ　刑法典225−2条4号及び5号に，『又は225−1−1条に定める』を加える。
　Ⅳ　公衆衛生法典L・1110−3条2項，L・1110−3−1条1項及びL・1541−2条Ⅲ3項『225−1条』の後に，『又は225−1−1条』を加える。

第4条　Ⅰ　刑法典132−77条1項及び2項，221−4条7号，222−3条，222−8条，222−10条，222−12条及び222−13条各条の5号の3，222−18−1条の第2文，222−24条9号，222−30条6号，225−1条1項及び2項，226−19条1項，311−4条9号並びに312−2条3号の『嗜好』の後に『又は同一性』を加える。
　Ⅱ　刑事訴訟法典695−9−17条3号，695−22条5号並びに713−20条及び713−37条各号の4号の『嗜好』の後に『又は同一性』を加える。
　Ⅲ　スポーツ法典L・332−18条1項及び332−19条末尾項の『嗜好』の後に『又は同一性』を加える。
　Ⅳ　労働法典L・1132−1条，L・1321−3条3号及びL・1441−23条1号の『嗜好』の後に『又は同一性』を加える。
　Ⅴ　マイヨットに適用される労働法典L・032−1条の『嗜好』の後に『又は同一性』を加える。
　Ⅵ　報道の自由に関する1881年7月29日の法律24条1項，32条3項，33条4項及び48−4条1項の『嗜好』の後に『又は同一性』を加える。

第2部　セクシュアル・ハラスメントに関する最近の法的諸問題

  Ⅶ　公務員の権利義務を定める1983年7月13日の法律83-634号6条2項の『嗜好』の後に『又は同一性』を加える。
  Ⅷ　差別禁止分野の共同体法への適合規定を定める2008年5月27日の法律2008-496号1条1項及び2条2号の『嗜好』の後に『又は同一性』を加える。

第5条　刑事訴訟法典2-2条1文『性的攻撃罪』の後に『，セクシュアル・ハラスメント罪に』を加える。

第6条　Ⅰ　刑事訴訟法典2-6条を次のように改める。
 1　1項を次のように改める。
  a　『又は風習に対して』を『，風習又は性的嗜好若しくは性的同一性』に改める。
  b　『刑法典』の後，1項末尾を，『それらが，被害者の性別，家族状況，風習，性的嗜好若しくは性的同一性を理由として又はセクシュアル・ハラスメントに引き続いてなされたときは，並びに労働法典L・1146条及びL・1155-2条』と改める。
 2　2項冒頭を，『ただし，セクシュアル・ハラスメントに引き続いてなされた差別については，…（この部分は不変）…団体は訴訟の受理可能性を有しない。』と改める。
 Ⅱ　刑事訴訟法典807条2項の『又は風習に対して』を『，風習又は性的嗜好若しくは性的同一性に対して』と改め，『又は風習に対して』を『，風習又は性的嗜好若しくは性的同一性に対して』と改める。

第7条　労働法典を次のように改める。
 1　L・1152-2条の『労働者』の後に，『職業訓練又は研修中のいかなる人も』を加える。
 2　L・1153-1条を次のように改める。
 『L・1153-1条　いかなる労働者も次に掲げる行為を受けてはならない。
  ①　反復的な性的性質を有する言葉又は行動により，その下劣的若しくは屈辱的な性質の故に人の尊厳を侵害し，又は脅迫的，敵対的若しくは不快な状況を創りだすセクシュアル・ハラスメント。
  ②　行為者又は第三者のために性的性質を有する行為を得ることを真実又は外見的な目的とする，重大な圧力形態をなすセクシュアル・ハラスメ

第9章　フランスのセクシュアル・ハラスメント罪と罪刑法定主義

ントとみなされる行為。』
3　L・1153-2条を次のように改める。
　a　『いかなる採用，研修又は職業訓練の応募者も』を『いかなる職業訓練又は研修中の者も，いかなる採用，研修又は職業訓練の応募者も』に改める。
　b　『受ける』の後，同条末尾を『L・1153-1条に定めるセクシュアル・ハラスメント行為。ただし，同条1項に定めるものについては，言葉又は行動が反復的でないものも含まれる。』に改める。
4　L・1153-3条，『労働者』の後に，『，いかなる職業訓練又は研修中の者も』を加え，『行動』を『行為』に改める。
5　L・1152-4条に，次の1項を加える。
　『刑法典222-33-2条の条文は，職場に掲示される。』
6　L・1153-5条に，次の1項を加える。
　『刑法典222-33条の条文は，職場及び採用の場所又はその入口に掲示される。』
7　L・1153-5条及びL・1153-6条の『行動』を『行為』に改める。
8　L・1155-2条1項を，次のように改める。
　『労働法典L・1152-2条，L・1153-2条及びL・1153-3条に定めるモラル・ハラスメント又はセクシュアル・ハラスメントに引き続いてなされた差別行為は，1年の拘禁及び3750ユーロの罰金に処する。』
9　L・1155-3条及び1155-4条を廃止する。
10　L・2313-2条1項2文，『に由来する』の後に，『モラル・ハラスメント若しくはセクシュアル・ハラスメントの行為又は』を加える。
11　L・4121-2条7項末尾，『モラル』の後を，『並びにL・1152-1条及びL・1153-1条に定めるセクシュアル・ハラスメント』と改める。
12　L・4622-2条2項，『職場』の後に，『セクシュアル・ハラスメント又はモラル・ハラスメントを防止すること』を加える。
13　L・8112-2条1項，『刑法典225-2条』の後に，『刑法典222-33条及び222-33-2条に定める，労働関係の枠内におけるセクシュアル・ハラスメント罪又はモラル・ハラスメント罪』を加える。

第8条　公務員の権利義務を定める1983年7月13日の法律83-634号6条の3

第 2 部　セクシュアル・ハラスメントに関する最近の法的諸問題

を次のように改める。
1　1項の前に，次の3項を加える。
『いかなる公務員も，次の行為を受けてはならない。
　a　反復的な性的性質を有する言葉又は行動により，その下劣的若しくは屈辱的な性質の故に人の尊厳を侵害し，又は脅迫的，敵対的若しくは不快な状況を創りだすセクシュアル・ハラスメント。
　b　行為者又は第三者のために性的性質を有する行為を得ることを真実又は外見的な目的とする，反復の有無を問わない，重大な圧力形態をなすセクシュアル・ハラスメントとみなされる行為。』
2　『公務員』の後，1項末尾を削除する。
3　1号を次のように改める。
『1　前3項に定めるセクシュアル・ハラスメント行為を受けたこと又は受けることを拒絶したことを理由として。ただし，aに定めるものについては，言葉又は行動が反復的でないものも含まれる。』
4　2号の『した行為』を，『したことを理由として』に改め，『行動』を『行為』に改める。
5　3号の『した行為』を，『したことを理由として』に改め，『行動』を『行為』に改める。
6　末尾前項末尾，『に対し』の後を，『前3項に定めるセクシュアル・ハラスメント行為』に改める。

第9条　マイヨットに適用される労働法典を，次のように改める。
1　序冊5編を，次のように改める。
　a　L・052-2条，『労働者』の後に，『，いかなる職業訓練又は研修中の者も』を加える。
　b　L・052-4条に，次の1項を加える。
　　『刑法典222-33-2条の条文を，職場に掲示する。』
　c　3章を，次のように改める。
　　『セクシュアル・ハラスメント
　　　L・053-1条　いかなる労働者も次に掲げる行為を受けてはならない。
　　　1　反復的な性的性質を有する言葉又は行動により，その下劣的若しくは屈辱的な性質の故に人の尊厳を侵害し，又は脅迫的，敵対的若しくは

第9章　フランスのセクシュアル・ハラスメント罪と罪刑法定主義

不快な状況を創りだすセクシュアル・ハラスメント。

　2　行為者又は第三者のために性的性質を有する行為を得ることを真実又は外見的な目的とする，反復の有無を問わない，重大な圧力形態をなすセクシュアル・ハラスメントとみなされる行為。

　L・053-2条　いかなる労働者，職業訓練若しくは研修中の者，又は採用，研修若しくは職業訓練の応募者も，L・053-1条に定めるセクシュアル・ハラスメントを受けたこと又は受けることを拒絶したことを理由として，懲戒，解雇，又は，特に報酬，職業訓練，再配置，配置，職業資格，格付け，昇進，配転又は契約更新について，直接的若しくは間接的な差別措置の対象とされてはならない。ただし，同条1号に定めるものについては，言葉又は行動が反復的でないものも含まれる。

　L・053-3条　いかなる労働者，職業訓練若しくは研修中の者も，セクシュアル・ハラスメントを証言したこと又は供述したことを理由として，懲戒，解雇又は差別措置の対象とされてはならない。

　L・053-4条　L・053-1条及びL・053-3条に違反する規定又は行為は，無効とする。

　L・053-5条　使用者は，セクシュアル・ハラスメント行為の防止のために必要な措置をとるものとする。

　刑法典222-33条の条文は，職場及び採用がなされる場所又はその入口に掲示される。

　L・053-6条　セクシュアル・ハラスメント行為をした労働者は，懲戒処分を受けるものとする。』
d　4章を，次のように改める。
　−　L・054-1条1項，『L・052-3条』の後に，『及びL・053-1条乃至L・053-4条』を加える。
　　L・054-2条1項に，『及びL・053-1条乃至L・053-4条』を加える。
e　5章を，次のように改める。
　L・055-2条1項を，『労働法典L・052-2条，L・053-2条及びL・053-3条に定めるモラル・ハラスメント又はセクシュアル・ハラスメントに引き続いてなされた差別行為は，1年の拘禁及び3750ユーロの罰金に処する。』と改める。

199

第2部　セクシュアル・ハラスメントに関する最近の法的諸問題

　　　　L・055－3条及びL・055－4条を廃止する。
　2　L・432－2条1項2文，『に由来する』の後に，『モラル・ハラスメント若しくはセクシュアル・ハラスメントの行為又は』を加える。
　3　L・610－1条2項1文に，『並びに刑法典222－33条及び222－33－2条に定める，労働関係の枠内における，セクシュアル・ハラスメント罪又はモラル・ハラスメント罪』を加える。

第10条　この法律の1条乃至6条は，ワリス・エ・フトゥナ，フランス領ポリネシア及びニューカレドニアに適用する。

第11条　海外フランスに関わるフランス各省の管轄に属する海外領土又は結合領土に労働法典を定める1952年12月15日の法律52－1322号を，次のように改める。
　1　1編に，次の2条の2乃至2条の4を加える。
　　『第2条の2　Ⅰ　いかなる労働者も，その権利及び尊厳を侵害し，身体的若しくは精神的健康を悪化させ，又はその職業的将来を害する恐れのある，労働条件の低下を目的とし又はその効果を有するモラル・ハラスメントの反復的行為を受けてはならない。
　Ⅱ　いかなる労働者，職業訓練若しくは研修中の者も，モラル・ハラスメントの反復的行為を受けたこと若しくは受けることを拒絶したこと，又はかかる行為を証言したこと若しくは供述したことを理由として，懲戒，解雇，又は，特に報酬，職業訓練，再配置，配置，職業資格，格付け，昇進，配転又は契約更新について，直接的若しくは間接的な差別措置の対象とされてはならない。
　Ⅲ　Ⅰ及びⅡに違反する規定又は行為は，無効とする。
　Ⅳ　使用者は，モラル・ハラスメント行為の防止のために必要な措置をとるものとする。
　　刑法典222－33－2条の条文は，職場に掲示される。
　Ⅴ　モラル・ハラスメント行為をした労働者は，懲戒処分を受けるものとする。
　　　第2条の3　Ⅰ　いかなる労働者も，次の行為を受けてはならない。
　1　反復的な性的性質を有する言葉又は行動により，その下劣的若しくは屈辱的な性質の故に人の尊厳を侵害し，又は脅迫的，敵対的若しくは不快な状況を創りだすセクシュアル・ハラスメント。

第9章　フランスのセクシュアル・ハラスメント罪と罪刑法定主義

2　行為者又は第三者のために性的性質を有する行為を得ることを真実又は外見的な目的とする，反復の有無を問わない，重大な圧力形態をなすセクシュアル・ハラスメントとみなされる行為。

Ⅱ　いかなる労働者，職業訓練若しくは研修中の者，いかなる採用，研修若しくは職業訓練の応募者も，Ⅰに定めるセクシュアル・ハラスメント行為を受けたこと若しくは受けることを拒絶したことを理由として，懲戒，解雇，又は，特に報酬，職業訓練，再配置，配置，職業資格，格付け，昇進，配転又は契約更新について，直接的若しくは間接的な差別措置の対象とされてはならない。ただし，Ⅰの1号に定めるものについては，言葉又は行動が反復的でないものも含まれる。

Ⅲ　いかなる労働者，職業訓練又は研修中の者も，セクシュアル・ハラスメント行為を証言したこと又はそれを供述したことを理由として，懲戒，解雇又は差別措置の対象とされてはならない。

Ⅳ　Ⅰ及びⅡに違反する規定又は行為は，無効とする。

Ⅴ　使用者は，セクシュアル・ハラスメント行為の防止のために必要な措置をとるものとする。

　　刑法典222-33条の条文は，職場及び採用がなされる場所又はその入口に掲示される。

Ⅵ　セクシュアル・ハラスメント行為をした労働者は，懲戒処分を受けるものとする。

　　第2条の4　2条の2Ⅱ，並びに2条の3Ⅱ及びⅢに定めるモラル・ハラスメント又はセクシュアル・ハラスメントに引き続いてなされた差別行為は，1年の拘禁及び3750ユーロの罰金に処する。』

2　145条5項の後に，次の1項を加える。

　　『刑法典222-33条及び222-33-2条に定めるセクシュアル・ハラスメント罪又はモラル・ハラスメント罪を認定すること。』

第12条　2012年5月4日の憲法院合憲性優先問題判決2012-240号による刑法典222-33条廃止を理由として，軽罪裁判所又は控訴院軽罪部が，公訴消滅を確認するとき，裁判所は，弁論終結前に表明された民事原告の申立てに基づいて，私法の規定を適用し，訴追を基礎付ける行為に由来するすべての損害の賠償及び民事原告の申立てる費用の額を決定し，その支払いを命じる権

201

第 2 部　セクシュアル・ハラスメントに関する最近の法的諸問題

　限を有する。ただし，この費用は，国が支払う費用を含むものではない。
　　本条は，ワリス・エ・フトゥナ，フランス領ポリネシア及びニューカレドニアに適用する。

　　この法律は，国の法律として施行される。
2012 年 8 月 31 日，ブレガンソン要塞にて。
共和国大統領　フランソワ・オランド
総理大臣　ジャン＝マルク・アイロー
国璽尚書・司法大臣　クリスティアーヌ・トビラ
労働雇用職業訓練社会対話大臣　ミシェル・サパン
女性の権利大臣・政府広報官　ナジャ・バロー＝ベルカセン」

Ⅱ　国璽尚書・司法大臣通達「セクシュアル・ハラスメントに関する 2012 年 8 月 6 日の法律 2012－954 号の刑法及び刑事訴訟法に関する規定の解説」(Présentation des disposition de droit pénal et de procedure pénale de la loi no 2012-954 du 6 août 2012 relative au harcèlement sexuel)

「フランス共和国司法省　刑事・特赦局　一般刑事司法部　一般刑事立法課　2012 年 8 月 7 日即時施行

国璽尚書・司法大臣発
　控訴院検事長，高等控訴裁判所検事及び検事宛復命
　控訴院長，高等控訴裁判所長及び大審裁判所長宛伝達

　番号：JUS D 1231944C
　通達番号：CRIM 2012-15/E8-07.08.2012
　レファレンス：S.D.J.P.G.12L79C
タイトル：セクシュアル・ハラスメントに関する 2012 年 8 月 6 日の法律 2012－954 号の刑法及び刑事訴訟法に関する規定の解説
条　文：刑法典 222－33 条，222－33－2 条，225－1 条，225－2 条及び 432－7

第9章　フランスのセクシュアル・ハラスメント罪と罪刑法定主義

条。刑事訴訟法典2-2条及び2-6条。1881年7月29日の法律24条，32条，33条及び48-4条。

キーワード：団体，差別，セクシュアル・ハラスメント，モラル・ハラスメント，性的嗜好又は性的同一性，被害者

公　布：この通達は官報及びインターネットよりに公布する。

伝達方法（司法官宛）

検事長に直接伝達，検事長を介して検事に伝達
裁判所長に直接伝達，裁判所長を介して裁判官に伝達

　セクシュアル・ハラスメントに関する2012年8月6日の法律は，国会の全会一致で採択され，8月7日付官報により公布された。この法律は，2002年1月17日の法律による規定の不明確性を理由として，憲法院2012年5月4日の合憲性優先問題判決2012-240号により廃止された刑法典222-33条に規定するセクシュアル・ハラスメント罪の罪刑の法定を再構成し，再構成によりあらゆる立法的結論を得ることを主たる目的とする。

　この法律は，このため，刑法典，刑事訴訟法典及び労働法典並びに公務員の権利義務を定める1983年7月13日の法律という複数の法典及び法律を改正した。

　新規定は，この種の行為の対象となる人が置かれる，人の尊厳を許し難く侵害し，最もしばしば女性がその被害者となる状況全体をカバーするために，過去のセクシュアル・ハラスメント罪より，明確かつ広い定義を置いた。

　この法律は，この行為の重大性に応じて刑を重くし，他の性犯罪の刑と均衡するよう刑の上限を引き上げた。

　この法律は，また，セクシュアル・ハラスメント被害者になされる差別について，特別かつ広範な抑制措置も定めた。

　この通達は，新法による刑法及び刑事訴訟法の主たる改正点を，解説及び注釈し，とりわけ，この犯罪の被害者に関して，検察官が新規定の適用において実行すべき刑事政策の一般方針を明確にすることを目的とする。新犯罪

第2部 セクシュアル・ハラスメントに関する最近の法的諸問題

の対照表を添付した。

新規定の意義と範囲をよりよく理解するために，裁判所は，必要と思慮するとき，国会審議を参照するが，審議は，これに関する非常に多数かつ有用なデータを含んでいる。この通達は，そのうち最も重要なものを取り入れている。

新規定は，共和国領土全体に適用される。

1 セクシュアル・ハラスメント罪の再構成

この法律1条は，刑法典222-33条の規定を，新規定に改訂した。

1.1 セクシュアル・ハラスメント罪の新定義

刑法典222-33条は，セクシュアル・ハラスメントの2つの定義を置いた。ひとつは，反復行為が問題であり，もうひとつは，セクシュアル・ハラスメントとみなされる単独行為である。

この新定義は，明確にセクシュアル・ハラスメント（及びそれに由来する差別）禁止原則を確立すべく，この法律7条及び8条により，労働法典（後記2.2）及び公務員の権利義務を定める1983年7月13日の法律6条においても採用された。222-33条の規定は，いずれにせよ，一般的効力を有するものであり，すべての分野，とくに，スポーツ分野及び教育分野にも適用される。国会が，スポーツ法典及び教育法典において，セクシュアル・ハラスメント禁止を言及する必要はないと判断したのは，この故にである。

1.1.1 反復行為を要素とするセクシュアル・ハラスメント罪

222-33条Ⅰ項は，『セクシュアル・ハラスメントとは，ある人に対して，その下劣的若しくは屈辱的な性質の故に人の尊厳を侵害し，又は脅迫的，敵対的若しくは不快な状況を創りだす，性的性質を有する言葉又は行動を，反復的に課す行為をいう。』と規定する。

よりよく構成され，かつ，より明確なこの新規定は，複数のEU指令のセクシュアル・ハラスメント定義から，一部着想を得ている（2002年9月23日の2002／73／CE，2004年12月13日の2004／113／CE及び2006年7月5

第9章　フランスのセクシュアル・ハラスメント罪と罪刑法定主義

日の2006／54／CE）。

　この軽罪は，まず，被害者に課された，反復的かつ性的性質を有する，あらゆる性質の行為（言葉，身振り，郵便物若しくは物の配送又は配達，態度等）を想定している。

　被害者の不同意は，それゆえ，同罪の構成要素のひとつである。同罪は，行為者により強いられ，被害者が被り，かつ，望まない行為を想定している。この法律は，被害者が，急速かつ明確に行為者に同意していないことを知らしめること（たとえば，行為を止める旨の書面による又は証人の前での要求などによる）を，全く要求していない。

　実際，同意の不存在は，一群の指標（例えば，行為に対する継続的沈黙，あるいは，同僚や上司に対する介入の要請）が裁判官に同意欠如という客観的状況を認定させるので，それがあいまいなものでない以上，行為がなされる脈絡の中から導き出される。セクシュアル・ハラスメントの定義で使用する課すという動詞は，性器露出行為の定義においても用いられていることは指摘しなければならない。

　行為の反復性の要件は，ハラスメント概念に固有のものであり，脅迫のような他の軽罪にも存在するが，行為が2回以上行われることを要求するに過ぎない。それは，非常に短期間の間に行為が反復されるので，空白期間が行為間を分けることを要求しない。

　行為は性的含意を有することで十分であり，行為が明示的かつ直接的に性的性質を呈することを必要としない。

　処罰可能であるためには，行為が，その下劣的若しくは屈辱的な性質の故に被害者の尊厳を侵害するものであるか，被害者に対して脅迫的，敵対的若しくは不快な状況を創りだすものでなければならない。

　前者は，被害者の性別，性的嗜好又は性的同一性を理由とした，挑発，侮辱若しくは中傷となる，反復的な言葉又は文書のような，露骨に性的，猥雑，わいせつな言葉又は行動に及ぶものである。ホモ嫌悪行為や，性倒錯又はトランス・ジェンダーの人に向けられた行為が問題となることも明らかである。

　後者は，行為が尊厳を侵害しないときでも，被害者の生活条件，労働条件

第2部　セクシュアル・ハラスメントに関する最近の法的諸問題

又は宿泊条件を耐えられなくする結果をもたらす場合に対応する。例えば，同僚が行為を止めることを要求しているにもかかわらず，性的含意を有するメッセージや物を絶え間なく送って，人が同僚を日常的に悩ませる場合である。

1.1.2　単独行為によるセクシュアル・ハラスメント罪
a　罪刑の解説

222-33条Ⅱ項は，『行為者本人又は第三者のために，性的性質を有する行為を得ることを真実又は外見的な目的として，重大な圧力形態を行使する行為は，反復の有無を問わず，セクシュアル・ハラスメントとみなす。』と規定する。

この行為の定義は，新刑法典に規定され，1998年6月17日の法律により一部改正されたセクシュアル・ハラスメントの元の定義から特に直接に着想を得ている。

ただし，新定義では，単独行為で，犯罪とするに十分であることが明記されている。ハラスメントするという動詞を用いていた元の規定は，行為の反復を含意するようにも思われていた。

222-33条Ⅱ項の規定する軽罪は，それゆえ，1991年に行われた新刑法典の審議の折に，立法者及び政府が表明した，反復行為が問題であれ，単独行為だが特別の重大性を有する行為が問題であれ，セクシュアル・ハラスメント行為を禁止するという目的を達成することができる。

222-33条Ⅱ項に規定する特別の重大性は，被害者に向けられ，かつ，性的目的を示す重大な圧力となる行為が要求されることの結果である。この行為は，議会審議の折に，表現の印象的でイメージ的な性格から，何度も『性的強請り』と呼ばれた。

重大な圧力の概念及び圧力の目的は，明確である。

＊重大な圧力

重大な圧力の概念は，実際は，次に掲げるようなものを代償として，人が被害者に性的性質を有する行為を強いようとする非常に多様な場合に及んで

第9章　フランスのセクシュアル・ハラスメント罪と罪刑法定主義

いる。
- 雇用，昇給，賃貸借契約，試験合格等の被害者の求める利益。
- 解雇，望まない配置転換，賃料の闇の特に多額の引き上げ，留年等の特に被害甚大な状況を回避する保障。

これらの代償は，圧力をなすが，その重大性評価は，脈絡を考慮して，より明確には，行為者と被害者間の関係，被害者が置かれた状況，被害者が対象となる圧力に抵抗できる大きな可能性の有無などを考慮して評価される。

上述のように，この圧力は，単独行為でよく，反復の必要はない。1回だけの採用面接の折や，賃貸アパルトマン下見の折に，かかる圧力の対象となる人の例は，とくに，国会審議の折に何度も引き合いに出された。

*圧力の目的

圧力は，行為者本人又は第三者のために，性的性質を有する行為を得ることを真実又は外見的な目的として，行使されなければならない。

性的性質を有する行為は，少なくとも，外見的には，非常に多様である。それは，実際には，旧定義の性的好意の概念に対応するが，被害者の尊重に欠けるその性格のゆえに，これを維持することは適切ではないと思われた。それは，特に性的関係を求めることを要しない。あらゆる性的性質を有する行為，特に，性的性質を有する空想を堪能するための，すなわち，性欲を増大させ又は引き起こすための単純な身体接触が問題である。

目的は，真実又は外見的なものであり，時として困難な，行為者の特別の故意を立証することが要求されていないことは明らかである。

これは，ふざけて，若しくは被害者に屈辱を与えるだけの目的で，又は被害者を辞職させるために，真実に性的行為を得る意思を有しないで行動する人を制裁することを認める。客観的かつ外見的に，圧力は，被害者や証人である第三者に，性的性質を有する行為が求められていたという印象を与えることで十分である。

最後に，行為が第三者のためである場合，行為は，ハラスメント行為者のために求められる必要はない（このような規定は，以前は労働法典L・1153-1条に存在した）。

第 2 部　セクシュアル・ハラスメントに関する最近の法的諸問題

b　強姦又は性的攻撃をセクシュアル・ハラスメントとしてはならない

国会審議において，過去，より重い性犯罪を構成する行為が，とりわけ，性的攻撃又は性的攻撃未遂が，セクシュアル・ハラスメント罪として起訴されていたことが認められた。

かかる実務は，満足すべきものでないことは明らかである。検察官は，犯罪の構成要素が満たされる以上，最も重い犯罪を主張するよう注意しなければならない。

特に，行為者が，強制又は脅迫の下に，被害者と性的含意を有する身体接触を実際に行ったときは，性的攻撃罪又は性的攻撃罪未遂が主張されなければならないのが原則である。

それに，セクシュアル・ハラスメントみなし罪の定義が，もっぱら重大な圧力という表現を用い，2002 年 1 月 17 日の法律以前に用いられていたこの軽罪の定義のように，刑法典 222-22 条の適用において強姦罪や性的攻撃罪を特徴付ける脅迫又は強制という文言を用いていないのは，性的攻撃罪の事案に，ハラスメント罪を用いることを防ぐためである。

1.2　セクシュアル・ハラスメント罪の刑罰

セクシュアル・ハラスメント罪に関する拘禁及び罰金の主刑は，222-33 条Ⅲ項に規定されている。

以前に規定されていた付加刑は，刑法典の規定が変更されていないので，執行が続けられることは注意を要する。

刑法典 222-44 条に規定する刑罰，すなわち，Ⅱ章に規定する人の身体的及び精神的完全状態侵害に関するすべての軽罪に適用になる刑罰（武器携帯禁止，運転免許停止及び無効，車両，武器又は動物没収），222-45 条に規定する刑罰（公民権，民事的権利及び家族の権利の制限，公的職務又は未成年と関わる活動の制限，市民権又は親責任研修受講義務）並びに，2010 年からの，判決文の公示及び公告（222-50-1 条）が，重要である。

検察官は，刑が適切であると思慮するときは，これらの刑の宣告を申立てることを躊躇してはならない。

第9章　フランスのセクシュアル・ハラスメント罪と罪刑法定主義

1.2.1　同罪の主刑

セクシュアル・ハラスメント罪及びセクシュアル・ハラスメントみなし罪は，2年の拘禁及び3万ユーロの罰金に処せられる。

この刑罰は，以前に比べ倍増している。

それは，それらの重大性に相当する刑罰であり，かつ，他の性犯罪の刑罰の程度と均衡している。

1.2.2　加重事由

5つの加重事由が，立法者により規定された。そのうち，4つは多くのほかの犯罪に規定されているものである。加重事由は，刑罰を，3年の拘禁及び4万5千ユーロの罰金と定めた。

加重は，次の場合に定められている。

1　職務上得た権限を濫用したとき。

2　15歳以下の未成年になしたとき。

3　年齢，疾病，身体障害，身体的若しくは精神的不全又は妊娠状態により特別の脆弱性が明らかである，又は行為者がそれを認識している人になしたとき。

4　経済的又は社会的状態の不安定による特別の脆弱性又は依存性が明らかである，又は行為者がそれを認識している人になしたとき。

5　複数の正犯又は共犯によるとき。

権限濫用は，2002年まで，ハラスメントの構成要素のひとつであったが，今後は，加重事由であることは，強調しなければならない。

ただし，セクシュアル・ハラスメントが，労働の枠内で，15歳を超える18歳以下の未成年者になされるとき，しばしば，徒弟，実習又は職業訓練中の者が問題であり，権限濫用の加重事由が，しばしば申立てられると思われる。実際，企業のほかの労働者は，職階下部にいる被害者の状態から，彼らに対して職務権限を有するのである。これらの場合，検察官は，この加重事由を組織的に申立てなければならない。このような場合に当たらないとき（特に，行為が他の徒弟によりなされたとき）も，検察官は，求刑において，被

209

害者が未成年であることを考慮し，この行為の重大性の厳しさを明らかにすることを躊躇してはならない。

2　セクシュアル・ハラスメントに続く差別の刑罰

　新法の主たる機軸のひとつは，セクシュアル・ハラスメント行為に起因する差別を特別に制裁することである。この行為は，元々，2007年3月12日のオルドナンスによる労働法典再編以前の労働法典の規定では，労働関係の枠内での差別しか問題ではなかった。労働法典再編は，差別禁止を維持しつつも，不本意ながら，科せられる刑罰を削除した。

　セクシュアル・ハラスメントに続く差別を，労働関係の枠外も含めて一般的に禁止するために，労働法典の罰則を復活するとともに，この法律は，刑法典の差別に関する規定も新設した。

2.1　刑法典の差別規定
2.1.1　新規定の概要

　この法律3条は，禁止される差別事由を列挙する刑法典225-1条のあとに，セクシュアル・ハラスメントに続く差別を禁止する225-1-1条を新設した。

　同条は，『222-33条に定めるセクシュアル・ハラスメント行為を受けたこと若しくは受けることを拒絶したこと又はかかる行為を証言したことを理由とする人の間の区別は，差別を構成する。同条I項に定めるものについては，かかる行為には，言葉又は行動が反復的でないものも含まれる。』と規定する。

　処罰される差別行為は，刑法典225-2条及び432-7条に規定する個人又は公務員によるものである。この両条は，新225-1-1条に適合するよう改められた。

　個人の行為による差別については，次に掲げる差別が問題となる。
　－　例えば，住居賃貸又はクラブ入場のような財産又は役務提供を拒絶すること。

第9章　フランスのセクシュアル・ハラスメント罪と罪刑法定主義

- なんらかの経済活動の正常な行使を妨げること。
- 人の採用を拒絶し，懲戒し又は解雇すること。
- 財産又は役務提供を，新225－1－1条に規定する要素のひとつに基づく条件に服属させること。
- 雇用提供，研修申し込み又は職業訓練を，新225－1－1条に規定する要素のひとつに基づく条件に服属させること。
- 社会保障法典L・412－8条2項に規定する研修のひとつに人を受け入れることを拒絶すること。

これらの行為は，3年の拘禁及び4万5千ユーロの罰金に処せられる。差別として，公衆に開かれた場所で，又はそこへのアクセスを禁止するために，財産又は役務提供の拒絶がなされたときは，5年の拘禁及び7万5千ユーロの罰金に処せられる。

行為が，公権力の受託者又は公役務の職務代行者により，公務若しくは公役務の行使において又は行使の際に，なされるものについては，次に掲げる差別が問題となる。

- 例えば，社会給付のような法律によって付与される権利である利益の拒絶。
- なんらかの経済活動の正常な行使を妨げること。

これらの行為は，5年の拘禁及び7万5千ユーロの罰金に処せられる。

2.1.2　新規定の適用

225－1－1条に規定する差別は，同時に，次に掲げる人に関わるものであることを強調しておく。

- セクシュアル・ハラスメント被害者本人。この行為を受けたか受けることを拒絶したかを問わない。
- セクシュアル・ハラスメント被害者ではなく，この行為を証言した人。セクシュアル・ハラスメントに関する証人の保護は，労働法典にはかつて存在したが，この種の手続において証言が帯びる重要性から，セクシュアル・ハラスメントに続いて起こるすべての差別事案に一般化

第 2 部　セクシュアル・ハラスメントに関する最近の法的諸問題

されなければならないと考えられた。

　セクシュアル・ハラスメントに続いて起こる差別は，ハラスメント行為が反復されなかったときにも成立することは強調しておかなければならない。すなわち，単独行為で成立する222－33条Ⅱ項に規定する重大な圧力が問題であるときだけではなく，同条Ⅰ項に規定する言葉又は行為が問題であるときも成立する。

　例えば，差別は，人が，使用者からの性的含意を有し，その尊厳を侵害する言葉の対象とされ，それが単独行為であっても，性的行為にすぐに抗議したことを理由として解雇されたときには，成立する。

　差別罪とセクシュアル・ハラスメント罪を区別する必要がある。差別罪は，セクシュアル・ハラスメント罪の事前の侵犯という前提を必ずしも必要としない。

　次に掲げる3つの状況が，現実には，生じると思われる。

－　人が，差別罪の被害者だったが，前述の例のように，ハラスメント罪が成立しなかったとき。

－　人が，ハラスメント罪の被害者だったが，その後差別がなかったとき（例えば，人が同僚にハラスメントされたが，それが，その職務経歴に影響を及ぼさなかったとき）。

－　人が，ハラスメント罪の被害者だったが，この軽罪に引き続いて差別罪の被害者であったとき（例えば，人が解雇される前に，使用者からハラスメントされたとき）。かかる場合に，検察官は，この2つの軽罪は相互に異なるので，ふたつの軽罪で起訴することが適切と思われる。

2.2　労働法典の差別規定

　この法律7条は，刑事に関して労働法典をいくつか改正している。

　この改正は，刑法典の定義に基づいて（L・1153－1条），労働者に対するセクシュアル・ハラスメント禁止原則を想起させることを第1の目的とする。

　旧条文とは異なり，労働者に対するセクシュアル・ハラスメントは，労働法典では制裁されず，制裁は，刑法典が規定する。労働法典L・1155－2条

第9章　フランスのセクシュアル・ハラスメント罪と罪刑法定主義

は，罰則を規定するが，L・1153－1条に言及していない（モラル・ハラスメントに関するL・1152－1条にも言及していない。その労働法典の刑罰も，刑法典の刑罰と重複していた）。

労働法典L・8112－2条は，法律による新条文では，刑法典222－33条及び222－33－2条の規定するセクシュアル・ハラスメント罪又はモラル・ハラスメン罪の認定を労働監督官がすることができるように改正された。

これらの改正は，また，新たに特別に，セクシュアル・ハラスメントに引き続いて労働の枠内で生じた差別を，このために改正されたL・1155－2条の規定を適用して，制裁することができるようにした。

L・1153－2条を適用して，ハラスメント被害者と，L・1153－3条を適用して，この行為を証言した人とが，同時に保護される。

モラル・ハラスメントに引き続いて生じた差別も，同様に制裁される。

L・1155－2条に規定する刑罰は，1年の拘禁及び3750ユーロであり，2007年労働法典再編前と同じである。

今後は，刑法典で規定されたものと同様に，差別は，1回のハラスメント行為の後に生じた場合でも，処罰される。

労働関係の枠内での差別行為は，L・1153－2条により規定されていることは，明確にしておく必要がある。同条は，労働者が，『懲戒され，解雇され』又は『報酬，職業教育，考課，配属，資格，職階，昇進，配置転換，若しくは契約更新について，直接又は間接の差別措置の対象と』されることを禁止する。

差別の最も重大なものは，すでに，刑法典225－1－1条及び225－2条により処罰されている。すなわち，従業員の解雇又は懲戒である。これらの場合，起訴に当たり申立られなければならないのは，最も厳罰に処せられる罪科すなわち刑法典のそれであることは，明らかである。

労働法典の規定は，例えば，セクシュアル・ハラスメントに引き続いて生じた配置転換や昇格拒絶などのその他の場合にのみ適用される。

労働法典L・1155－2条に基づく訴追の場合に，刑の免除の前に判決の宣告延期をする軽罪裁判所の権限を規定していたL・1155－3条及びL・1155

213

第 2 部　セクシュアル・ハラスメントに関する最近の法的諸問題

－4条は，廃止された。それは，これに関する刑法典の一般規定を想起させるに過ぎず，法的に無用だからである。この廃止は，刑の宣告延期がかかる起訴においてはできないということを意味しない。

最後に，労働法典に導入された新規定は，マイヨットに適用される労働法典，及びワリス・エ・フトゥナ，仏領ポリネシア及びニューカレドニアに適用されるフランス海外領土担当省の所管に属する領土及び準領土に労働法典を定める1952年12月15日の法律52－1322号に関わる，法律9条及び11条においても同様であることを明らかにしておく。

3　モラル・ハラスメントの刑罰改正並びに性的同一性及び被害者を理由とする差別

3.1　モラル・ハラスメントの刑罰引上げ

労働関係におけるモラル・ハラスメント罪が，2002年1月17日の社会近代化法により刑法典に導入されたとき，刑罰は，セクシュアル・ハラスメント罪と同様，1年の拘禁及び1万5千ユーロの罰金と定められた。

セクシュアル・ハラスメント罪の刑罰が引き上げられたので，直近犯罪の刑の序列の均衡を考慮して，モラル・ハラスメント罪についても，刑罰を2年の拘禁及び3万ユーロの罰金に引き上げることが必要であると考えられた。

このため，刑法典222－33－2条は，この法律2条により改正された。

上記2.2で指摘したように，労働関係におけるモラル・ハラスメント罪は，今後は，刑法典222－33－2条の規定によってのみ制裁され，労働法典L・1155－2条によってではない。後者は，モラル・ハラスメントを受けた若しくは受けることを拒絶した労働者又はかかる行為を証言した労働者に対する労働における差別を処罰する。

3.2　性的同一性及び被害者を理由とする差別その他の犯罪禁止に関する立法裁量

セクシュアル・ハラスメントの重大な状況の決定に関する元老院及び国民議会での審議は，ホモ・セクシュアル，トランス・セクシュアル又はトラン

ス・ジェンダーの人が，暴力行為又は差別行為の対象となるのと同じく，しばしば，かかる行為の被害者であることを明らかにした。

立法府は，すべてのハラスメント被害者は，その性別，性的嗜好を問わず，公民として同じ平等レベルに置かれているので，このような事案について特に重大な状況を規定するのは時宜を得ているとは判断しなかった。

立法者は，反対に，これらの規定が，ホモ・セクシュアルの人だけでなく，トランス・セクシュアル又はトランス・ジェンダーの人にも適用されることを明らかにするために，差別の基準を列挙する刑法典225－1条を改正し，被害者の性的嗜好を理由とする差別の傍らに，性的同一性を理由とする差別を付加することが望ましいと考えた。

刑法典225－1条に規定する『性的嗜好』の文言は，法律4条により，『性的嗜好又は性的同一性』という文言に置き換えられた。

この改正は，性的嗜好という文言を使用するすべての規定，特に，被害者の性的嗜好を理由としてなされる重大な状況を規定する刑法典132－77条，221－4条，222－3条，222－8条，222－10条，222－12条，222－13条，222－18－1条，222－24条，222－30条，226－19条，311－4条及び312－2条，並びに，性的嗜好を理由とする挑発，中傷，侮辱を禁止する出版法24条，32条，33条及び48－4条にも，行われている。

これらの付加は，裁判所が，これまでにも，特に，被害者の性的嗜好を理由とする重大な暴力事案において，これらの規定は，トランス・セクシュアルにも関わるものであると考えていたので，法の基本を変更するものではなく，付加は，刑法典をより明確にすることを唯一の目的とすることが明確に指摘されている。

4　セクシュアル・ハラスメント被害者の権利への配慮強化

セクシュアル・ハラスメント被害者の権利強化は，この犯罪の範囲拡大によるもののほかに，被害者保護団体に関する法律の規定についてもなされた(1)。

検察官は，この犯罪の被害者の権利尊重にも配慮しなければならない。こ

のことは，特に，司法扶助へのアクセスに関する規定の適用(2)，国家による被害者補償(3)，及び被害者の同意なくその身元をメディアに流布させることの禁止(4)については，特別の注意を要する。

被害者の権利への配慮は，新規定の施行時期，及び新法施行前の行為の被害者の特別の状況に関する規定にも存在する。後者については，立法者が移行規定を定めた(5)。

4.1 被害者保護団体の権利

4.1.1 刑事訴訟法典2-2条改正

この法律5条は，性暴力闘争団体に，性犯罪の民事原告に認められる権利を行使することを認める刑事訴訟法典2-2条を改正し，その規約がより限定的で，かつ，セクシュアル・ハラスメントに対する闘争のみを規定する団体にも，この権利を行使することを認めた。

この改正は，セクシュアル・ハラスメントに対する闘争に特化した団体の役割の重要性を認め，この行為の被害者への援助を認めた。

もちろん，この種の団体は，被害者の同意を得た上で，セクシュアル・ハラスメント罪に関する手続で民事原告になることができるのであるが，性的攻撃罪などのほかの犯罪が申立てられたときも同様である。

4.1.2 刑事訴訟法典2-6条改正

この法律6条は，性別又は風習に基づく差別と闘争することを目的とする5年以上の届出団体が，被害者の性別，家族状況又は風習を理由とする差別禁止に関して，民事原告に認められる権利を行使することを認める刑事訴訟法典2-6条を，現実に合わせて改正した。

同条は，性別，家族状況又は風習を理由とする，採用又はキャリアにおけるあらゆる差別を禁止する労働法典旧L・123-1条の文言に代えて，新労働法典L・1146-1条及びL・1155-2条の条文に対応する文言を定めた。前者は，職業上の平等に関する規定無視を制裁し，後者は，モラル・ハラスメント又はセクシュアル・ハラスメントに引き続く差別を制裁する。

同条は，団体提訴の受理を関係者の書面の同意に服属させる2項において，

旧式で十分に完全かつ明確でない一般規定に代えて，この要件が，『セクシュアル・ハラスメントに引き続く差別』に関わる事件に適用されることを明記し，特に，刑事規定を含まない公務員の権利義務に関する1983年の法律も列挙した。

最後に，同条は，禁止される差別のリストを改正し，被害者の性別又は風習を理由とする差別に，『性的嗜好又は性的同一性』に基づく差別を加えた。

4.2　補償基金による補償

セクシュアル・ハラスメントは，財源にかかわらず被害者の全額補償の権利を付与する犯罪を列挙する刑事訴訟法典706-3条2項2号の対象ではないことは注意を要する。

しかし，この行為は，被害者の健康の重大な悪化を引き起こすことがしばしばあることを強調することは重要である。

かかる悪化は，この軽罪の構成要素ではない。かかる悪化は，犯罪の証明及びその重大性評価の要素として考慮され，かつ，制裁の厳罰性及び損害賠償の重大性を決定するために考慮される。加えて，それは，犯罪被害者補償委員会の付与する補償に関して法的重要性を有する。

実際，セクシュアル・ハラスメント被害者は，1月以上労働不能となったとき，刑事訴訟法典706-3条2項1号の適用により，損害の全額補償を得ることができる。

それに，1月以上の労働不能とならず，被害者が，何らかの名目で，損害の有効かつ十分な補償又は賠償が得られないときで，かつ，それにより重大な金銭的若しくは精神的状態に陥るとき，被害者は，同法典706-14条2項の適用により，資力が司法扶助の上限未満であれば，犯罪被害者補償委員会により補償される。

被害者保護事務所は，かかる事態を知ったときは，セクシュアル・ハラスメント被害者にその権利を知らせなければならない。

第 2 部　セクシュアル・ハラスメントに関する最近の法的諸問題

4.3　メディアでの被害者の身元公表禁止

　1881 年 7 月 29 日の出版の自由に関する法律 39 条の 4 は，被害者の同意なく，『性的攻撃又は性的侵害』被害者の身元及び映像をメディアに流布することを 1 万 5 千ユーロの罰金に処していることは，注意しなければならない。

　セクシュアル・ハラスメントが性的攻撃（強姦，狭義の性的攻撃，性的露出及びセクシュアル・ハラスメントを含む総称である『性的攻撃』のタイトルの刑法典 3 節に規定されているもの）の一部をなす以上，この規定は，セクシュアル・ハラスメント被害者に適用される。

　結局，被害者がその要求を問題とするとき，被害者が事前かつ書面によりこの保護の放棄を表明していない以上，メディアがハラスメント被害者の匿名性を遵守しない場合には，検察官は，この規定に基づいて起訴することを躊躇してはならない。

　検察官は，とりわけ，必要と思慮するときは，セクシュアル・ハラスメント被害者が既に被った損害を増幅させるに過ぎない被害者の私生活に対するかかる侵害を防止するために，メディアに対し，1881 年法 39 条の 4 が規定する禁止を警告しなければならない。検察官は，ジャーナリストに対して，イニシアルや名前を変えることにより被害者を指し示す可能性について警告することもできる。

4.4　被害者の権利及び新規定の適用期日

4.4.1　新規定不遡及

　審議で指摘されたように，新規定は，より厳格なその性質から，新法施行前に行われた行為について，遡及的に適用することはできないことは明らかである。

　新規定は，官報への公布の翌日である 2012 年 8 月 8 日以降なされたハラスメント，又はハラスメントに引き続く差別にのみ適用することができる。

　しかし，222－33 条Ⅰ項に規定する，反復行為を必要とするハラスメント罪が問題であるときは，常習犯に関する伝統的判例に従い，犯罪が成立する

ためには，法律の要求する行為のひとつが，8月8日以降になされるだけで十分であることは注意を要する。

それに，セクシュアル・ハラスメント行為を理由とする差別罪が問題であるときは，犯罪の構成要素は，採用拒絶又は解雇などの差別行為にあり，ハラスメント行為そのものにあるのではない。後者は，犯罪の先決要素と解される。新規定は，差別が8月8日より前になされたハラスメントを理由とするものであっても，同日以降なされた差別に適用される。

4.4.2　新法施行前の行為による被害者の状況
a　訴因変更検討の必要性喚起

予審裁判所又は判決裁判所が，2012年5月4日の憲法院判決前に，刑法典222-33条に基づく起訴を受けたときは，訴因変更が可能であることが明らかな場合，行為の訴因変更は，裁判所の権限ではなく義務である。

裁判拒絶とならないように，先入観に拘束されることなく，裁判所に起訴され，最も適切な罪科決定を審理し受理する原則に基づいて，裁判は行われなければならない。特に，『軽罪裁判所は，起訴を受けた行為がいかなる犯罪も構成しないことが証明されたときにのみ，無罪判決をすることができる。』(2001年2月28日破毀院刑事部判決00-82548号，2000年3月28日破毀院刑事部判決, Bull. No 138, p.40)。この訴因変更は，第1審及び控訴審で行うことができ，破毀後移送の後も含まれる。訴因変更は，合議により判決を下す裁判所が，対審の原則を遵守し，審理の再開を命じるように導く。それは，また，性的攻撃罪の罪科決定が考えられるときは，裁判所が，刑事訴訟法典706-47-1条の適用により鑑定を命じるように導く。

裁判所が，公訴消滅を認めなければならないのは，提訴された行為が，暴行，モラル・ハラスメント，性的攻撃未遂などのいかなるの他の刑事犯罪も構成しない場合のみである。

b　捜査又は尋問をしたが訴因変更できない事案：被害者に対して民事裁判に訴える可能性があることを通知する必要性

捜査又は尋問をした事案で，訴因変更の可能性がなく，不起訴又は予審免

訴処分の判決をしなければならないとき，検察官は，被害者に対して，民法典1382条に基づいて民事裁判所で損害賠償を請求できる可能性を告知しなければならない。

実際，犯罪の一時的消滅は，民法典1382条の意味するセクシュアル・ハラスメント行為の必然的に過責ある性質を消滅させるものではない。その行為者は，その過失により生じさせた損害を賠償する義務を負う。

不起訴処分の場合，その告知は，被害者又は告訴人への個別的処分通知の形で行わなければならない。

被害者に，とるべき手順，司法扶助を請求できる可能性，特別団体に支援してもらう可能性について，実務的な指示をすることは可能である。

この告知は，必要なときは，被害者支援事務所を介して行うことができる。

予審免訴の場合は，検察官が，予審判事に対して，必要な場合は免訴決定の中に含めて，この告知をすることを申し立てることができる。そうしないときは，検察官が，自らそれを告知するものとする。

刑法に関する立法上の不手際のために，民事裁判所に訴訟を提訴することを余儀なくさせるという，前例のない事態であることを考慮して，司法扶助事務所が，1991年7月11日の法律6条の適用により，被害者に，その資産の有無を問わず，『特に受益にふさわしい』状況にあることから例外的に司法扶助を行うという，同事務所の配慮に注意すべきである。

c　民法典に基づいて係属軽罪裁判所で損害賠償を認める経過規定

この法律12条は，軽罪裁判所が既に起訴を受けているハラスメント行為の被害者が，損害賠償を得るために民事裁判所手続をゼロから行うことを回避するために，経過規定を定めた。

同条は，『2012年5月4日の憲法院合憲性優先問題判決2012-240号による刑法典222-33条廃止を理由として，軽罪裁判所又は控訴院軽罪部が，公訴消滅を確認したとき，裁判所は，弁論終結前に表明された民事原告の申立てに基づいて，私法の規定を適用し，訴追を基礎付ける行為に由来するすべての損害の賠償及び民事原告の申立てる費用の額を決定し，その支払いを命じる権限を有する。ただし，この費用は，国が支払う費用を含むものではな

第9章　フランスのセクシュアル・ハラスメント罪と罪刑法定主義

い。』と規定する。

　実際には，憲法院判決に起因する公訴消滅という非常に特殊な場合への刑事訴訟法典470－1条の規定の拡張適用が問題である。現実には，非故意犯罪に関する免訴の事案に対してのみ適用される。

　しかし，検察官又は予審判事によってのみ裁判所に起訴されるという470－1条の制限要件は適用されないことは，強調しておかなければならない。この規定は，2012年5月4日の憲法院判決以前に訴訟が提訴されていたときは，民事原告による直接申立ての場合にも適用になる。

　検察官は，ハラスメント行為がなされたと認めるときは，審問において，民事原告に，この規定の適用を申立てることができると注意することを躊躇してはならない。この規定は，現行470－1条と同様に，第1審及び控訴審において，必要なときは破毀後に，適用され，かつ，被害者の権利の維持及び司法の良好な管理の配慮により正当化される。

＊　　＊　　＊

　2012年5月4日の憲法院判決は，人の尊厳及び尊重の価値を遵守しなければならない社会では宥恕されてはならない行為の被害者の権利を維持し，再建するために，可能な限り迅速に埋められなければならない法の空白を，3カ月間引き起こした。

　検察官が，あらゆる訴訟手続の段階で，犯罪被害者の権利を考慮しつつ，セクシュアル・ハラスメント行為及びそれに由来する差別を禁止する新規定を機能させるのは，この精神においてである。

　私は，本部及びその管轄に属する裁判所の検察庁の検察官に，この通達の伝達に留意し，その適用から生じうる困難について，刑事特赦局の検査証の下に，私に報告するように望むものである。

　国璽尚書・司法大臣　クリスティアーヌ・トビラ」

第2部　セクシュアル・ハラスメントに関する最近の法的諸問題

通達添付書類：セクシュアル・ハラスメントに関する新規定の総合対照表

セクシュアル・ハラスメント （刑法典 222-33 条）		例	刑　罰	
反復行為	人に課される性的性質を有する行為 －　下劣的又は屈辱的な性質のゆえに人の尊厳を侵害する行為 －　脅迫的，敵対的又は不快な状況を創りだす行為	性的，同性愛嫌悪的又はわいせつな言葉若しくは動作を何度も課す人 職場の同僚に対して，その中止要求にもかかわらず，性的性質を有する言葉や物を仕向けて，毎日悩ませる人	2年の拘禁 3万ユーロの罰金	次の場合は，3年の拘禁4万5千ユーロの罰金 －　職務により得た権限を濫用した人 －　15歳以下の未成年になしたとき －　脆弱な人になしたとき（年齢，疾病，障害，妊娠…） －　経済的又は社会的に不安定な状態にある人になしたとき －　複数の人によるとき
単独行為（セクシュアル・ハラスメントみなし）	性的性質を有する行為を得ることを真実又は外見の目的とする重大な圧力	賃貸借契約署名，合格又は採用と交換に性的関係を要求する住居所有者，試験官又は使用者		

セクシュアル・ハラスメントに続く差別（ハラスメントを受けた人若しくは受けることを拒絶した人又はその行為を証言した人に対する）		例	刑　罰	
刑法典（225-1-1条，225-2条，432-7条）	財産又は役務の拒絶，採用拒絶又は解雇，権利付与の拒絶……	性的性質を有する提案を受け入れない若い女性に対するクラブ入場拒絶，上司の性的圧力に反対した人に対する解雇，ハラスメントを受けいれなかった人に対する公務員による社会扶助拒絶	3年の拘禁 4万5千ユーロの罰金	公務員によるとき又は公衆に開かれた場所で行われたときは， 5年の拘禁 7万5千ユーロの罰金
労働法典（L・1153-2条，L・1153-3条，L・1155-2条）	報酬，職業訓練，再配置，配置，職業資格，格付け，昇進，配転又は契約更新に関する差別	使用者の誘いを拒絶したことを理由とする非熟練職務への労働者の配転 上司との性的関係を受け入れた女性労働者に対する昇進	1年の拘禁 3750ユーロの罰金	

第10章　台湾のセクシュアル・ハラスメント罪

は じ め に

　台湾では，セクシュアル・ハラスメントを性騒擾（シンソーロー）という。現在，台湾の性騒擾防止関連法律は，ひとつではない。性騒擾に関する基本法かつ一般法として性騒擾防治法（2006年制定）があり，雇用に関しては，性別工作平等法（2002年制定の両性工作平等法を2008年に改正）の関連規定が適用になり，教育に関しては，性別平等教育法（2004年制定）の関連規定が適用になる。各法には，性騒擾防止や被害者救済手続に関する規定等がある[1]。

　台湾では，性騒擾防止関連法律の制定以前から，わが国同様，民事裁判において，被害者が，民法の不法行為及び使用者責任の規定に基づいて，加害者及びその使用者の法的責任を追及してきた。性騒擾防止関連法律には，性騒擾防止や被害者救済手続に関する規定等のほか，民事責任に関する規定が設けられたが（性別平等教育法を除く），これらの規定は，民法の規定と競合関係にある。

---

[1]　拙稿「翻訳資料　台湾の性騒擾（セクシュアル・ハラスメント）防止関連法律」平成法政研究14巻1号357頁以下，拙稿「台湾の性騒擾（セクシュアル・ハラスメント）防止関連法律の施行状況」平成法政研究15巻2号1頁以下参照。台湾のセクシュアル・ハラスメント防止関連法律の概要については，王能君「台湾における労働紛争処理システムの現状と課題」日本労働法学会誌116号30頁以下及び「《日本労働法学会創立60周年記念シンポジウム》東アジアにおける労働紛争システムの現状と課題」同上71頁以下の王能君国立台湾大学法律学院助理教授の発言を参照。

第2部　セクシュアル・ハラスメントに関する最近の法的諸問題

第1節　性騒擾罪

　性騒擾防治法は，刑事犯罪も規定しており，同法 25 条は，性騒擾罪を規定し，「性騒擾の意図のもとに，他人が拒否できないことに乗じて，接吻，抱擁又は臀部，胸部その他の私的部分に接触した者は，2 年以下の有期懲役若しくは拘留又は 10 万元以下の罰金の 1 以上に処する。②前項の犯罪は，告訴を待って訴追される。」と規定する。

　中華民国刑法 224 条は，強制わいせつ罪を規定し，「男女に対し，暴行，脅迫，威嚇，催眠その他のその意思に反する方法を用いて，わいせつな行為をした者は，6 月以上 5 年以下の有期懲役に処する。」とするが，性騒擾罪は，強制わいせつ罪に至らない性的行為を処罰するものである。同罪の規定は，雇用及び教育にも適用される（性騒擾防治法 1 条 2 項但書）。

　筆者が，2010 年夏に，台湾国際関係研修で台湾を訪れた際，台湾高雄地方法院（地方裁判所）は，2010 年 9 月 2 日，高雄市の靴店店主 Y を，性騒擾罪により，懲役 8 月に処し，付帯私訴により，Y が被害者である女性客 X へ慰謝料 6 万元（約 18 万円）を支払うよう命じる判決を下した（蘋果日報 2010 年 9 月 3 日）。

　この事件の事案は，前年 2 月，X が Y に靴の修理を依頼し，店内で待っていたところ，Y が，突然，X の背後から，襟元に手を伸ばし，約 2 秒間，胸部をつかんだため，驚いた X が，逃げようとして転び，顔などにけがをしたというものである。X が店を出る際，Y は X に新しいバッグを提供しようとし，その後もそれを送付しようとしたが，X がそれを拒絶し，Y を告訴した。Y は，法廷では犯行を否認していた。

　台湾には，付帯私訴制度があり，性騒擾被害者は，民事訴訟利用による高額の訴訟費用を負担せずに慰謝料等の損賠賠償を得ることができる。これは，わが国からみた，セクシュアル・ハラスメントに関する台湾法の特色といえる。わが国でも，2007 年の犯罪被害者保護関係の法改正により損害賠償命令制度（付帯私訴制度）が導入され，性犯罪については刑法 176 条から 178

224

第10章　台湾のセクシュアル・ハラスメント罪

条までの強制わいせつ罪，強姦罪，準強制わいせつ罪及び準強姦罪がその対象である（犯罪被害者等の権利利益の保護を図るための刑事手続に付随する措置に関する法律9条1項）。しかし，わが国にはセクシュアル・ハラスメント罪はない。台湾の性騒擾罪とは規定内容が異なるが，フランスは，前章で述べたように，すでに1992年刑法典改正によりセクシュアル・ハラスメント罪を新設しており（2012年法による現行「刑法典222-33条　I　セクシュアル・ハラスメントとは，ある人に対して，その下劣的若しくは屈辱的な性質の故に，他人の尊厳を侵害し，又は脅迫的，敵対的若しくは不快な状況を創りだす，性的性質を有する言葉又は行動を反復的に課す行為をいう。／II　行為者本人又は第三者のために，性的性質を有する行為を得ることを真実又は外見的な目的として，重大な圧力形態を行使する行為は，反復性の有無を問わず，セクシュアル・ハラスメントとみなす。／III　I項及びII項に掲げる行為は，2年の拘禁及び4万5千ユーロの罰金に処する。」），被害者は，付帯私訴制度を利用することができる[2]。

　この判決より前の8月31日には，軍事法廷が，国防部参謀本部将校を，性騒擾罪により，懲役4月及び罰金に処する判決を下している（蘋果日報2010年9月1日）。

　この事件の事案は，2010年6月中旬の昼間，台北県樹林市で雨中傘をさして道路を歩いていた女子高生に，オートバイに乗った同将校が近づき，Uターンして，いきなり女子高生の胸部をつかんだというものである。被害者は驚いて抗議したところ，同人は，女子高生に見苦しい言葉を吐いて羞恥させ，逃走した。被害者は，判決の刑が軽すぎるとして不服を表明しており，軍事検察官は上訴する模様である。なお，同将校は現職を離れ，懲戒処分手続に付されている。

　この後も，同年10月7日に，根拠地方法院は，バス男性乗務員が，乗務中乗客が1人になった折，座席で窓から外を見ていた女性客の太腿を撫で，一度は警察署で双方が5000元で和解したが，あきらめきれない乗務員が女性客宅にしつこく携帯電話をかけたという事案について，性騒擾意図明らか

---

[2]　拙著『改訂版　セクシュアル・ハラスメントの法理』労働法令，2004年，53頁以下。

第2部　セクシュアル・ハラスメントに関する最近の法的諸問題

で証拠も明確であるとして，乗務員を性騒擾罪により懲役4月及び罰金に処する判決を下している（聯合報電子版2010年10月8日）。

　また，桃園国際空港中央管制センターの請負契約担当管理職が，2010年2月から5月にかけて，監督・視察の際に，4名の下請女性労働者に対し，その抗拒不能の状況に乗じて，肩，背中，腰，太腿等の私的部分を撫でたことが，同年7月，立法委員（国会議員）により暴露され，9月には，公務員懲戒委員会が同人の降級を決議した。同人は，行為をしたことを認めたうえで性騒擾の意図を否認しているが，桃園地方検察庁は，性騒擾罪で起訴する模様である（聯合報電子版2010年10月15日）。

第2節　わが国とセクシュアル・ハラスメント罪

　わが国には，刑法等に性騒擾罪にあたる規定はなく，セクシュアル・ハラスメントに対する刑事規制が弱く，立法化に向けた議論も活発ではない。筆者は，かねてよりセクシュアル・ハラスメントに関する刑事法整備の必要性を主張してきたところであるが，台湾の性騒擾罪と付帯私訴制度は，参考に値するであろう。

　セクシュアル・ハラスメント罪を定めるフランス及び台湾のほか，イギリスも，コミュニティーの安全のために反社会的行動を規制する1997年ハラスメント規制法が定めるハラスメント罪を適用して，セクシュアル・ハラスメントを刑事的に規制している（R v Curtis [2010] EWCA Crim 123, [2010] All ER, p.849. 同法「第1条（ハラスメント禁止）(1)何人も次に掲げる一連の行為を行ってはならない。(a)他人に対するハラスメントになるところもので，かつ，(b)他人に対するハラスメントとなると人が知っている又は知るべきところのもの。(2)本条の目的に関して，同じ情報を有する合理的人間が当該一連の行為が他人に対するハラスメントとなると考えるときは，一連の行為に関わる者は，それが他人に対するハラスメントとなることを知っているものとみなす。(3)一連の行為を行った者が，次に掲げるいずれかを証明したときは，本条第(1)項は，その一連の行為に適用しない。(a)それが犯罪を防止又は捜査するために行われたこと。(b)そ

第10章　台湾のセクシュアル・ハラスメント罪

れが法令……のもとでその者に課される条件に従うために行われたこと。(c)特殊な状況のもとで，一連の行為を行うことが合理的であること。第2条（ハラスメント罪）(1)第1条違反の一連の行為を行う者は，犯罪につき有罪である。(2)本条のもとで犯罪につき有罪である者は，陪審によらない有罪の決定については，6月を超えない期間の拘禁及び標準尺度第5レベルの罰金又はそのいずれかに処する。」)(3)。

　わが国でも，本書第9章で述べたように，防衛大学校指導教官が，居酒屋で居合わせた同校女子学生の身体を衣服の上から触るなどした疑いで，陸上自衛隊警務隊により，神奈川県迷惑行為防止条例違反（卑わい行為）容疑で逮捕され，懲役8月・執行猶予4年の有罪判決を受けている（横浜地裁横須賀支部判平23・3・8，朝日新聞2010年11月12日，読売新聞2011年3月10日）。同条例は，「第3条（卑わい行為の禁止）何人も，公共の場所又は公共の乗物において，人を著しく羞恥させ，又は人に不安を覚えさせるような方法で，次に掲げる行為をしてはならない。(1)衣服その他の身に着ける物（以下「衣服等」という。）の上から，又は直接に人の身体に触れること。」(15条（罰則）1年以下の懲役又は100万円以下の罰金）と規定しているが，同条例は，「道路，公園，広場，駅，埠頭，興行場，飲食店，遊技場その他の公共の場所又は電車，乗合自動車，船舶その他の公共の乗物」(2条）での上記行為を処罰するに過ぎない。同様に，石川県警の交番連絡協議会後の飲食店懇親会終了後，路上で，女性警察官2名に「胸触っていいか」「ホテルに行こう」などと言い，手をなめるなどした同協議会委員が，石川県迷惑防止条例違反の罪で罰金20万円に処せられている（金沢地判平22・6・25共同通信2010年6月25日）。

　筆者は，セクシュアル・ハラスメント防止のために，わが国でもセクシュアル・ハラスメント罪を制定する必要があると考えるが，セクシュアル・ハラスメント罪の具体的内容については，ハラスメント概念を用いたフランスやイギリスの例もあれば，禁止行為を具体的に規定して，公共の場所等に限らず，強制わいせつ罪に至らない性的行為を禁止する台湾の性騒擾罪の例も

---

(3) 前掲拙著，145頁以下。

ある。わが国においては，上記条例の施行状況等から，後者のほうが，社会的に受け入れやすいと思われる。

結　語

　筆者は，旧著『改訂版　セクシュアル・ハラスメントの法理』（労働法令，2004年刊）の第9章（結章）末尾において，「わが国のセクシュアル・ハラスメントに対する法的対応は，紛争処理をはじめ解決すべき問題が多々あることは否めない。しかし，わが国では，これまでに形成されたわが国独自の法的対応を一層発展させ，社会的に定着させることが現在の課題である。セクシュアル・ハラスメントという基本的価値観を各国が共有することと，それを擁護する法的手段が各国で必ずしも同じである必要はないと考える。」と述べた。

　旧著刊行以来，約10年が経過した現在，わが国における約25年以上にわたる，セクシュアル・ハラスメントに関する法的な学説・判例・立法・行政指導及び各企業内におけるセクシュアル・ハラスメント防止の取り組み等の積み重ねにより，わが国独自の法的対応が成熟・発展し，社会的に定着したといえる状況があるといえる。

　また，現在，セクシュアル・ハラスメントという基本的価値観を各国が共有することと，それを擁護する法的手段が各国で必ずしも同じである必要はないという考えは，各国における独自の法的対応と，国連の対応をみると，受け入れられていると思われる。

　だが，わが国では，本書で検討したように，セクシュアル・ハラスメント被害者への労災補償適用等の新たな問題が生じている。

　旧著については，多くの方々から好意的な評価を受けた一方で，上記の部分については，期待したほどの結論ではないとの評価も受けたが，筆者は，理論的問題を考えつつ，これまでに形成されてきたわが国独自の法的対応を発展させ，新しい問題に取り組んでいく以外，なすべきことはないと考えている。

● 事項索引 ●

あ行

一般人の基準……………………………… *10*

か行

拡大された差別概念………… *82, 84, 116, 117*
過敏な被害者問題……………… *11, 33, 34, 41,*
　　　　　　　　　　　　　　　42, 46, 143
軽微なセクシュアル・ハラスメント
　……………………………………… *11, 48, 50*
憲法院セクシュアル・ハラスメント罪
　違憲判決（フランス）………………… *183*
公民権法第7編（アメリカ）…… *10, 34, 55,*
　　　　　　　56, 57, 81, 135, 137, 168, 173
　――の目的（アメリカ）……… *24, 36, 39*
合理的女性基準………………… *9, 10, 35, 37, 40*
合理的人間基準………………… *9, 10, 35, 37, 40, 169*
合理的人間基準プラス総合的判断枠組
　み ……………………………………… *37, 40*
国連人権委員会の女性に対する暴力特
　別報告者の最終報告書………………… *111*

さ行

罪刑法定主義……………………… *183, 185*
採用強請り ……………………………… *189*
差別的ハラスメント ………… *82, 84, 91, 94,*
　　　　　　　　　　　　　　116, 118, 189
事業主の雇用管理上の措置義務 ………… *16*
使用者責任 ………………………… *24, 130*
女性に対する暴力 …………… *105, 108, 118*
　――の撤廃に関する宣言（国連）…… *110*
女性の人権 ……………………………… *113*
女性差別撤廃条約 ……………………… *107*
人格権侵害の不法行為 …………… *42, 129*
人権擁護法案 …………………………… *74*
人事院規則 10-10 …………… *5, 15, 54, 55, 70*

心理的負荷による精神障害の認定基準
　について ………………… *135, 152, 192*
ジェンダー・ハラスメント …… *14, 15, 53,*
　　　　　　　　　　54, 56, 60, 62, 65, 67, 70
社会近代化法（フランス）…… *65, 85, 116,*
　　　　　　　　　　　　　　181, 182, 186
社会的相当性 …………………… *43, 129*
性差別 ……………………… *57, 62, 65, 81, 93*
性騒擾罪（台湾）………………………… *224*
性的の強請り …………………………… *190*
性犯罪発生率の高いアメリカ ………… *137*
セクシュアル・ハラスメント
　――加害者の懲戒処分 ……………… *131*
　――と管理監督責任 ………………… *133*
　――に関する2012年8月6日の法律
　　（フランス）…………… *187, 194, 202*
　――に続く差別 ……………………… *210*
　――による精神障害 …………… *48, 153*
　――による精神障害等の業務上外の
　　認定について ……………………… *152*
セクシュアル・ハラスメント罪（フラ
　ンス）………………… *85, 116, 117, 165, 181,*
　　　　　　　　　　182, 183, 188, 204
セクシュアル・ハラスメント差別罪
　（フランス）…………………… *165, 190*
セクシュアル・ハラスメントみなし罪
　（フランス）…………………… *189, 208*
相談窓口設置 …………………… *18, 129*

た行

台湾の性騒擾防止関連法律……………… *223*
男女共同参画基本計画…………………… *124*
男女共同参画社会基本法………………… *121*
男女均等待遇指令（EU）…… *62, 65, 82, 84,*
　　　　　　　　　　　　　　90, 116, 189
男女雇用機会均等法（2006年改正）……… *3*

事項索引

——上のセクシュアル・ハラスメント概念……………………………7, 12
——11条（2006年改正）…4, 16, 54, 160
男女雇用機会均等法21条（1997年改正）……………………3, 44, 46, 54, 70, 161
調停などの紛争解決援助……………………28

な行

長椅子昇進………………………………………191
二次被害……………………………………22, 134

は行

ハラスメント規制法（イギリス）
　…………………………………………64, 96, 226
犯罪被害者給付金制度（フランス）……192
犯罪被害者補償委員会（フランス）……217
被害者の精神障害……………………………147
平等法（イギリス）…………………………166
付帯私訴制度（台湾）………………………224
不法行為訴訟等におけるセクシュアル
　・ハラスメント概念…………………………12
フランスの従来の厳密な意味でのハラ
　スメント概念…………………………………82
報復禁止…………………………………………161
報復的差別（アメリカ）…168, 171, 172, 173

報復としての解雇……………………………162

ま行

民事判例中心というわが国独自のセク
　シュアル・ハラスメント法理………………3
メディアでの被害者の身元公表禁止
　（フランス）……………………………………218
もののいえない職場……………………………25
モラル・ハラスメント罪（フランス）
　……………………………………65, 85, 116

や行

ヨーロッパ社会憲章……………115, 181, 182

ら行

連邦人事制度保護委員会の1994年調
　査（アメリカ）……………………………23, 38
労働監督官のセクシュアル・ハラスメ
　ントに関する事実認定権限………………191
労働契約上の安全配慮義務の法理………24
労働における男性と女性の尊厳の保護
　に関する勧告（EU）………………115, 118

わ行

わが国独自の法的対応………………………229

〈著者紹介〉

山﨑　文　夫（やまざき　ふみお）
　　1949年，千葉県野田市生まれ
　　明治大学法学部卒業
　　明治大学大学院法学研究科博士後期課程修了
　　博士（法学）（明治大学・2005年）
　　現在，平成国際大学法学部教授

〔主要著書〕
『フランス労働法論』（総合労働研究所・1997年）
『セクシュアル・ハラスメントの法理』（総合労働研究所・2000年）
『改訂版セクシュアル・ハラスメントの法理』（労働法令・2004年）

学術選書
116
労働法

❀❊❀

セクシュアル・ハラスメント法理の諸展開

2013年（平成25年）8月30日　第1版第1刷発行
6716：P248　￥7800E-012：050-015

著　者　　山　﨑　文　夫
発行者　　今井　貴　稲葉文子
発行所　　株式会社　信　山　社
〒113-0033　東京都文京区本郷 6-2-9-102
Tel 03-3818-1019　Fax 03-3818-0344
henshu@shinzansha.co.jp
笠間才木支店　〒309-1611　茨城県笠間市笠間 515-3
Tel 0296-71-9081　Fax 0296-71-9082
笠間来栖支店　〒309-1625　茨城県笠間市来栖 2345-1
Tel 0296-71-0215　Fax 0296-72-5410
出版契約 2013-6716-7-01011　Printed in Japan
Ⓒ山﨑文夫, 2013　　印刷・製本／ワイズ書籍 Miyaz・牧製本
ISBN978-4-7972-6716-7 C3332　分類328.618-b002 労働法

JCOPY 〈(社)出版者著作権管理機構 委託出版物〉
本書の無断複写は著作権法上での例外を除き禁じられています。複写される場合は、
そのつど事前に、(社)出版者著作権管理機構（電話 03-3513-6969，FAX 03-3513-6979，
e-mail: info@jcopy.or.jp）の許諾を得てください。

労働法判例総合解説シリーズ

分野別判例解説書の決定版　　　　　　　　　　**実務家必携のシリーズ**

実務に役立つ理論の創造

労働者性・使用者性 5751-9	皆川宏之	年次有給休暇 5772-4	浜村　彰
労働基本権 5752-6	大内伸哉	労働条件変更 5773-1	毛塚勝利
労働者の人格権 5753-3	石田　眞	懲戒 5774-8	鈴木　隆
就業規則 5754-0	唐津　博	個人情報・プライバシー・内部告発 5775-5	竹地　潔
労使慣行 5755-7	野田　進	辞職・希望退職・早期優遇退職 5776-2	根本　到
雇用差別 5756-4	笹沼朋子	解雇権濫用の判断基準 5777-9	藤原稔弘
女性労働 5757-1	相澤美智子	整理解雇 5778-6	中村和夫
職場のハラスメント 5758-8	山田省三	有期労働契約 5779-3	奥田香子
労働契約締結過程 5759-5	小宮文人	派遣・紹介・業務委託・アウトソーシング 5780-9	鎌田耕一
使用者の付随義務 5760-1	有田謙司	企業組織変動 5781-6	本久洋一
労働者の付随義務 5761-8	和田　肇	倒産労働法 5782-3	山川隆一・小西康之
競業避止義務・秘密保持義務 5762-5	**石橋　洋**	労災認定 5783-0	小西啓文
職務発明・職務著作 5763-2	永野秀雄	過労死・過労自殺 5784-7	三柴丈典
配転・出向・転籍 5764-9	川口美貴	労災の民事責任 5785-4	小畑史子
昇進・昇格・降職・降格 5765-6	三井正信	組合活動 5786-1	米津孝司
賃金の発生要件 5766-3	石井保雄	**団体交渉・労使協議制** 5787-8	**野川　忍**
賃金支払の方法と形態 5767-0	中窪裕也	労働協約 5788-5	諏訪康雄
賞与・退職金・企業年金 5768-7	古川陽二	**不当労働行為の成立要件** 5789-2	**道幸哲也**
労働時間の概念・算定 5769-4	盛　誠吾	不当労働行為の救済 5790-8	盛　誠吾
休憩・休日・変形労働時間制 5770-0	**柳屋孝安**	争議行為 5791-5	竹内　寿
時間外・休日労働・割増賃金 5771-7	青野　覚	公務労働 5792-2	清水　敏

各巻 2,200 円〜 3,200 円（税別）　※予価